聰明思考

大師教你100多種關於生活、財富、職場、人生的智慧推論心智工具讓人做出正確抉擇

Richard E. Nisbett 著
陳映廷、謝孟達 譯

MINDWARE

Tools for Smart Thinking

目錄

PART

6

認識世界

推薦序

恭喜你找到一本含金量最高的好書

劉世南　成大創意產業設計研究所所長
台灣設計研究院顧問

如何找到一本好書？三十年大學教書的經驗告訴我，特別是大師窮盡一生嚴謹的學術研究與洞察，所綜整出來的見解，通常就是含金量最高，值得閱讀的好書，可以讓我們站在巨人肩膀上「獲得智慧」。就像賀伯特．賽門（Herbert Simon）所寫的《人造的科學》（*The Science of the Artificial*），康納曼的《快思慢想》，以及理查．塞勒的《推出你的影響力》。這三位都是獲得諾貝爾經濟學獎的行為科學家，皆對人類思考決策行為的瞭解有極大的貢獻。

而李查．尼茲比所寫的《聰明思考》也正是這類的出版品：一位時代傑出的社會心理學家，綜整畢生在人類推理思考研究的舍利子，轉化為應用知識的實踐。

二〇〇三年，我有幸受本書作者邀請到密西根大學訪問一整年，與他合作文化與創意的研究。當時我也正在翻譯他亟具影響的重要著作：《思維的疆域：東方人與西方人的思考如何與為何不同》。我記得有次我們聊天，他提到正在規劃出版《人類智慧以及如何獲得》。我說：「您現在對人類的思考，無論是如何獲得以及如何分化，都已有了詳盡的介紹。而接著，一般的讀者可能想更進一步知道：如何能夠更聰明的思考？」

這本書就是幫助人們能夠更聰明思考的一套認知工具。內容有六大部分，優雅地概括人類思考的重要議題。首先，認識人們實際上是如何思考又有何限制？接著指出行為經濟學對於決策與選擇行為事實的發現，修正理想古典經濟學的基本規範。第三部分談論人類知識系統的基本建構與運作，如何去分類理解以及推論。第四部分討論因果的推論判斷。這正是目前建立在相關資料的大數據運算與人工智能時，所缺乏的「因果革命」（如同 The Book of Why: The New Science of Cause and Effect）。第五部分是作者在文化與認知研究很重要的貢獻：從東西方找出的兩種推理系統（辯證推理和形式邏輯），及未來如何互惠整合。最後，論述對現象的發現與理解，需要建立理論跟事實的不斷辯證與試驗，這也正是科學的基本典範。

本書推薦一套科學的方法，讓我們鍛鍊更聰明的思考，而本書的寫作也很科學：將紮實的科學發現，以有趣與啟發的實驗研究介紹，是非常好讀的科普。而在每章最後單元：「你可以學到的事」，彙整具體可以增進思考的實踐應用。這是一本認識自己的思考，進而鍛煉自己思考能力的好書。

近來無論在設計，管理，工程與醫療，以及產業與社會創新，風行「設計思考」，作為問題解決的創意方法：亦即如何去問對問題，找到最佳解方。然而這種操作性的步驟架構，依然缺乏如何有效的推理與判斷。這本書，也正是對這種知識實踐的發展，很有用的思考工具。

在虛實整合的人工智能物聯網的趨勢，帶來「監控資本主義」媒體操控的新威脅，引爆了第二波工業革命，人們將具備強力的人工智能科技，**這個時候更需發展的正是聰明思考的能力**。「科技是答案，那問題是什麼？」，面對未來的智能文明，人們更需能問對問題，實踐價值，為人工智能工具找到使用的目的，這也正是本書所提供：如何聰明思考，獲得智慧。

推薦序

大師教你聰明思考之道

謝伯讓　台大心理系教授

本書作者尼茲比，美國密西根大學心理系講座教授，也是社會心理學大名鼎鼎的代表人物之一。他的生涯獲獎無數，更是首位獲選美國國家科學院院士的社會心理學家。

你應該聽過光暈效應，也就是某個人或物品的某項特質出眾時，大家就會以為該人或該物的其他特質也必然超群。首次明確以實驗方式證實光暈效應的社會心理學家之一，就是尼茲比。一九七七年間，尼茲比在一項實驗中，讓受試者觀看一位帶有特殊口音的教師影片，其中一些受試者看到這位教師在影片中發表正面言論，另外一些受試者則看到這位教師發表負面言論。結果發現，看完教師發表正面言論的受試者，會認為這位教師的外表和口音都頗有魅力；相反的，看完負面言論的受試者，則認為該教師外表和口音都令人厭惡。尼茲比的實驗證據，讓世人確切地認識光暈效應這種以偏概全的錯誤認知。

除此之外，你應該也有聽過東方人與西方人的認知差異，最早以實驗刻畫此現象的貢獻者之一，也是尼茲比。在一九九九年的一項研究中，尼茲比與彭凱平教授（現任教於北京清華大學）發現在同時面對兩種衝突的訊息時，中國學生偏好求同妥協，而美國學生則偏好衝突擇一。在二〇〇一年的另一項研究中，尼茲比與增田貴彥教授（現任教於加拿大亞伯達大學）讓日本與美國的學生觀看水中生物的圖片，結果美國的學生傾向把焦點集中於圖片中顯眼的大魚身上，而日本學生則傾向把焦點集中在圖片的背景和細節。這個實驗顯示出了不同文化之下的認知差異。

事實上，「文化社會心理學」這個社會科學子領域的最早推動者之一，就是尼茲比。尼茲比根據其理論及實驗成果，突顯出西方個人主義式的分析（analytic）思維和東方集體主義式的整體（holistic）思維間的可能差異，對之後的文化社會心理研究影響卓越。

在這本書中，尼茲比不但統整了他一生在社會心理學中的研究與智慧，更匯集了其他相關領域如行為經濟學、邏輯以及統計學中的各種重要思考工具。批判有方，思索有道，這本書用科學的方法，為你指出聰明思考的明確方向。

推薦序

看清世界的必備工具

蔡宇哲　台灣應用心理學會理事長

現在是個知識爆炸的社會，大眾多半單純認為這是好事，但其實這也伴隨著不少負面影響，例如偽知識越來越多、人與人之間越來越疏離、個人的不確定感越來越高……等。這些現象層出不窮，使得科技越發達，人心反而越受挫。但知識與科技的進展是不可能停下的，因此必須靠自我的提昇，才能因應越來越複雜的世界。

偶爾會在社群媒體上看到一種言論：「學某某科目根本無用，畢業後完全不會用到。」這類想法，我還在大學心理系教書時也曾遇過，學生疑問說以後不想走學術路線，不做研究，所以學統計學、實驗法等方法學知識，以後也都用不到啊。曾有一次我問學生說：「你希望被別人蒙在鼓裡或是看清真相呢？」當然大家都選了後者。人人都希望自己是個明白人，但可沒有那麼好當，本書介紹的許多方法學帶來的思考，正是看清世界的必備工具之一。

常聽到有人說「數據會說話」，但數據也可以說謊話，這牽涉到解讀數據的人是誰，而他是如何擷取數據的。因此必須瞭解一些基礎的統計學與方法學概念，才能真正看懂數據想說的話，而不會被呼嚨。許多機構都會做民意調查，但不同機構對同個議題做出來的結果，經常是大相逕庭。什麼樣的提問方式才能獲得正確的回應而不會誘導答案，這也是方法學議題；假新聞越來越多，澄清的速度與成效卻遠慢於資訊的流動，該怎麼辦？治本之道還是自己得先有科學的思考。

方法學知識所帶來的思考，不是只有做研究會用到，而是可以讓人更理解這個世界。

有一次跟學生聊天時提到，很多設計師在製作網頁時，會先花大量時間發想：如果整體網頁要美觀，那麼要採用什麼顏色、形狀、大小等細節，最後達到最佳的設計。但設計師只會決定大致的內容，至於那些關鍵的細節，則直接交給使用者決定，亦即製作幾個不同版本同時推出，累積一段時間從後台看：哪種設計可以讓使用者有更多的點閱、停留更久，這就是最好的設計。

上述這樣的測試方法，正是心理科學裡最核心的訓練之一。看來方法學知識除了可以幫助我們理解世界之外，它更是非常有用的知識。

雖然我不確定自己讀了這本書更有智慧了，但比較確定的是，透過心理學家的思考方式，可以看見這個世界更多的層次與脈絡，也讓我們的生活豐富了起來。

簡介

科學邏輯，就是生意與生活的邏輯。

——約翰・史都華・彌爾（John Stuart Mill）

以往土地測量的工作需要很多人才能完成，所以進入頂尖大學的學生幾乎都會三角學還挺有道理的。隨著社會的演進，今天必備的基礎知識換成了機率、統計與決策分析。

——勞倫斯・薩默斯（Lawrence Summers），哈佛大學前校長

從此再也沒聽人提起過「餘弦」這個詞了。

——洛斯・查斯特（Roz Chast），《長大的秘密》（*Secrets of Adulthood*）

你花三百多元買了張電影票，看了半小時後發現這部片實在難看。此時該繼續看完，還是

乾脆離開？

你手上有兩檔股票，一檔過去幾年間表現亮眼，另一檔在買進之後已下跌。你現在需要用錢，必須賣掉一支。應該要賣掉賺錢的那支，免得實現虧損，還是要賣掉虧錢的那支，讓賺錢的那支繼續替你生財呢？

公司來了兩位應徵者，職缺只有一個。應徵者A比較有經驗，而且推薦人大力背書。可是面試之後你發現應徵者B比較有朝氣、有活力。這時該錄取誰呢？

假設你是公司人資主管，收到不少女性來信抱怨：應徵貴公司時，職位都被條件相對較差的男性搶走了。你要怎麼去查核是不是真的有性別歧視的問題？

《時代雜誌》（*Time*）最近刊出了一則報導，建議家長不要控制孩子的飲食，因為那些會控制孩子飲食的家長，比較可能養出過重的孩子。你覺得這個論點有哪邊怪怪的嗎？

比起完全不喝酒，一天喝上個一、兩杯還比較不容易罹患心血管疾病。假如你現在沒喝到一兩杯這麼多，那麼要多喝一點嗎？那如果已經喝超過一兩杯了，需要減量嗎？

以上這些問題，智力測驗上找不到，不過，處理起來有比較聰明的辦法，也有沒那麼聰明的辦法。**這本書將給你一整套的認知工具，幫助你用新的方式解決這類問題**，未來就算是面對千千萬萬道難題，你都能拿出優質思考來解決。書中的思考工具總計約有一百項，都是各領域科學家發展出來的概念、原則與推論規則，出自統計學、邏輯學、哲學，其中又以心理學與經濟學為多。

很多時候，用常識解決問題反而會出問題，導致判斷失準，行動失利。**本書會幫助你更有效地思考、更有效地行動**，書中介紹的點子就像常識補充包一樣，提供規則和原理，幫助你自動又輕鬆地處理日常生活裡層出不窮的大小難題。

本書內容是關於「如何動腦推理做決策」（reasoning）以及「有效推論」（inference）的最基礎問題：如何求得有意義的解釋（為什麼某人這麼討厭？為什麼我們的產品會慘敗？）、如何得知某兩件事是真的互為因果，還是單純因為時空巧合而讓人聯想在一塊呢？什麼樣的知識稱得上準確無誤，而什麼樣的知識又純屬推測猜想？好的科學理論及生活理論，必須具備什麼樣的特性？如何分辨有造假嫌疑的理論和貨真價實的理論？如果手上的理論顯示某種商業模式或專業工法十分有效，那我們要如何用令人信服的方式去驗證呢？

媒體不斷對我們進行科學資訊轟炸，但其實很多內容根本都是錯的。面對媒體上相互矛盾的科學主張，我們該如何評判呢？什麼時候該相信專家（如果有專家），什麼時候又該打個大大的問號呢？

最重要的是，該如何提升我們做選擇的品質，既能切合我們的目標，同時也提高自己和他人的生活品質呢？

各領域都通用的點子

我當初會起心動念寫這本書，是被一個論點深深吸引：「科學家在某個領域的想法，很可能在其他領域也會很有價值」。學術圈最熱門的流行話就是「跨領域」，我滿確定有些人在使用這個詞的時候，也說不出為什麼跨領域研究這麼有價值。可是跨領域概念的含金量確實相當高，讓我來告訴你為什麼。

科學常被形容成「毫無縫隙的網絡」，意思就是某個領域發現的事實、方法、理論與推論規則，對其他領域也可能有所貢獻。可以說哲學和邏輯對推理概念的影響幾乎遍及各大科學領域。

物理學的場域理論（field theory）催生了心理學的場域理論；粒子物理學家使用的是專門為心理學家開發的統計學；研究農業法時發明的統計工具也讓行為科學家獲益良多；心理學家整理出老鼠學習走迷宮的理論，引領了電腦科學家教導機器學習的方法。

十八世紀蘇格蘭哲學的社會系統理論啟發了達爾文的天擇說，尤其是亞當・斯密（Adam Smith）的理論，斯密認為社會財富來自理性人類自利追求的結果。[1]當今的經濟學對人類智力與自我控制的研究貢獻卓著，他們借用認知心理學的觀點，經調整後，提出關於人類決策的想法，而且經濟學的科學工具也因為採用了社會心理學的實驗方法而得以大幅擴展。

十八、十九世紀的哲學將社會的本質理論化，大大造福了現代社會學；認知心理學與社會心理學把哲學拋出的問題加以拓展，並試著回答懸而未解的哲學難題。道德與知識理論的哲學問題可以說是心理學與經濟學的研究燈塔，而神經科學的研究與概念也正在改變心理學、經濟學，甚至是哲學。

我本身的研究就有不少學門跨域取經的例子，看得出來這種現象十分普遍。

我接受的是社會心理學的訓練，早期的研究是餵食行為與過重現象。我剛進這行的時候，不管是外行人還是科學界、醫學界，都認為飲食過量是造成過重的原因，但最後卻發現其實大部分過重的人都在餓肚子。後來研究過重現象的心理學家借用了生物恆定概念裡的「設定值」（set point），譬如說，身體會維持一定的溫度設定值。體重過重者的體內脂肪與其他組織的設定值比例，與體重正常的人並不相同，只是社會價值觀會讓過重的人想要追求纖細的體態，所以他們才會長期處於飢餓的狀態。[2]

後來我開始研究人會如何解讀自身與他人行為背後的原因。物理學場域理論催生出的研究顯示，情境與脈絡往往是產生行為的重要因子，更甚個人特質（如性格、能力與偏好）。理解這點之後就很容易看出，人經常會高估性格因素對行為的影響，低估了情境因素對行為的影響，而且不論是自身的行為，還是對他人甚至是物體的行為，都看得到這種歸因傾向。

在研究歸因理論時，我發現人並不是很清楚自己行為背後的原因，也沒辦法直接看到自己的思考過程，這點在研究中一覽無遺。化學家出身的哲學家麥可．波蘭尼（Michael Polanyi）是研究「自我覺察」主題的重要人物，[3]他主張人類的知識（甚至連我們的專業知識也如此），主要都處於「內隱」的狀態，不是難以明說，就是無從明說。我和其他研究這方面的專家都發現，「內省」這件事深不可測又變幻無常，因此凡是以「自我陳述」為工具而對心智過程與人類行為原因所做的研究，都該質疑。因為我們研究的成果，使得心理學、行為科學、社會科學的測量工具統統都改變了。這些成果也影響了法律圈，法律圈從此才瞭解，人關於「動機」與「目的」的自我陳述非常不可靠，這並不是因為人想要美化或保護自己，而是因為心理世界裡有太多的區塊我們實在是無法觸及。

既然知道了自我陳述會漏洞百出，我開始擔心起我們日常所做的推論到底準不準確。

於是我延續認知心理學家阿摩司．特沃斯基（Amos Tversky）與丹尼爾．康納曼（Daniel Kahneman）的研究，在比較了人在科學、統計與邏輯標準的推理表現之後，我發現了大量系統性的錯誤判斷。實際上，人在推論事情時常常不會遵守統計、經濟、邏輯與基本科學的方法學。這些相關的心理研究也影響了哲學界、經濟圈與決策階層。

最後，我的研究顯示，東亞人與西方人對於世界的推論規則存在著根本上的差異，而這項研究便是受到了哲學、歷史與人類學的啟發。漸漸地，我開始相信東方社會的辯證思維是一套強而有力的思考工具，可以讓西方世界獲益良多，不亞於西方數千年以來讓東方受惠的程度。[4]

學習科學與哲學思維，可以改變日常決策

對推理的研究，深深影響了我日常生活中判斷事物的方法，科學界流傳的思維也不斷影響我專業上和私底下的做事方法（雖然我也常意識到自己其實並沒有充分發揮教學與研究上習得的推理工具）。

於是，我忍不住想知道，其他人在學校學習的思考模式，是不是真的會影響他們的日常思維。我自己是長期接觸推理工具的人，但一般人只花了一兩堂課的時間，學習一兩種推理技巧，

真的會有同樣的效果嗎？

結果我發現事實上，大學課程確實會影響人看待世界的方式，而且往往非常深遠。邏輯規則、統計原則（大數法則、均值迴歸）、科學方法（探究因果關係時如何定義控制組）、古典經濟原理、決策理論等等，在在影響著大家如何看待日常生活的大小問題，[5]像是怎麼談論運動競賽、什麼是最佳的徵才方法、甚至是要不要吃完難吃的餐點這類雞毛蒜皮的小事。

既然知道了大學有些課程會對日常推理產生重大的影響，於是我試著在實驗室裡教教看這些概念。[6]我和同事整理出一些可幫助我們處理日常生活和職場專業難題的推論規則，然後為這些推論規則設計出教學法。結果顯示，實驗課程雖然短暫，但受試者都可以學到東西。他們學習了統計概念的大數法則之後，會開始用不同的視角思考：需要哪些證據數量，才能精確判斷人、事、物；他們學習了經濟原理的機會成本之後，會開始改變自己分配時間的思維。有時候，我們會等到實驗課程結束幾個星期之後，才去測試受試者的學習成果，而且是在他們不知情的狀況下（例如假裝成民調電話），而結果十分令人驚喜。我們很開心地發現：受試者在實驗課程當中學習到的概念並沒有流失多少，而且還能夠應用到實驗以外的日常課題。

最重要的是，我們發現了要如何把這些推論規則，擴大應用在日常生活裡。或許我們原本已熟悉某個領域內的推理原則了，只是還沒有充分應用在日常生活裡。其實，推論規則可以更全面有效地加以運用，關鍵就在於：①學習如何用框架（frame）把待處理的問題建構起來，以便清楚看見各種可能解決方案的優劣，②學習如何將待處理的問題加以編碼（code），以便讓解決方案可以套用到這些問題上。

我依照以下標準，挑選出收錄在本書中的原理原則：

1. 收錄的原理原則，必須是對科學和人生都重要的概念。自中世紀以來，三段論的推理概念多如牛毛，但卻只有幾條勉強能和日常生活稍微沾上邊，而這本書要討論的正是這些條目。推理謬誤的類型百百種，但是會讓聰明人偶爾栽個跟頭的只有少數那幾種，我要處理的就是這些少數。

2. 我覺得要放進來的，至少是要能教得來的概念，亦即那些能夠應用在追求科學與專業上，也能夠落實在日常生活中的原理原則。我自己在大學課堂上和實驗課程短短的場合中便傳授了許多這種原則，而且非常成功。除了上面說的之外，我還把具有類似特質的概念也放進這本書裡。

3. 書中絕大多數的內容，都是會形成思想系統核心的概念，譬如說，統計課程第一學期會教的重要概念都有納入，因為它們很重要，而且可廣泛運用在推理上——無論你要選擇哪種退休方案，還是要考慮現有訊息是否足夠去判斷應徵者會不會是好員工，這些概念都能派上用場。單單聽一堂統計課，無法幫你解決上面的問題（因為統計的教法只是使用在特定的數據及問題類型上），還會需要這本書記載的知識，也就是利用統計原則去編碼事件與對象的能力，而且只需要用到大概的統計原則就可以了。本書中還有許多個體經濟學與決策理論最重要的概念、用基本科學原則解決日常問題的案例、形式邏輯的基本道理、辯證推理較不為人知的原則，以及哲學家在研究科學家和一般人如何思考（或應該如何思考）之後整理出來的重要概念。

4. 書中的概念會以三角驗證法加以剖析，以求從不同的角度來理解同一個問題。譬如說，我們生活中常見的一個嚴重錯誤，就是對人、事、物只做了少量觀察，就對整體情況做出過度的概括類化。這種錯誤至少混雜了四種偏誤，層層疊疊一路錯下去，包含了心理學、統計學、知識論（探討知識的理論）與形上學（探討對世界本質的認知）。徹底理解上面所有的概念之後，就可以拿來套用到眼前的問題，彼此補足、互相加強。

書裡的每一個概念都和生活與工作息息相關。若在證據不足的狀況下妄下定論，我們可能會失去結交新朋友的機會；若高估第一手資訊，低估其他來源更完整、更重要的資訊，我們可能會無法雇用到能力最好的人；若不瞭解標準差與均值迴歸這類的統計概念，我們可能會造成財物上的損失；若不清楚稟賦效應這類的心理概念，我們可能會盲目緊抓著某些東西不放；若不知道沉沒成本這類的經濟概念，我們可能會繼續把錢丟在錯誤的地方；若不明白如何評判所謂的科學發現對於健康生活的詮釋，我們可能會攝入對身體不好的食物、藥物、維他命或營養補充品。社會之所以會持續容忍對我們有害的政府制度與企業系統，正是因為一開始在建立制度時，缺乏有效的評量程序，而且在立下規矩後又年久失修、未經檢驗，長達數十年都沒有加以評核，而平白浪費了上億經費。

本書內容簡介

第一部份的主題是我們對世界和自身的看法，討論如何思考、如何出錯、如何修正，以及如何才能好好利用心智的「暗物質」——無意識（unconscious，有人會稱之為潛意識）。

第二部份的主題是選擇，探討古典經濟學家如何看待選擇，他們認為該如何選擇。本章也會說明為什麼現代行為經濟學所提出的實際行為決策，有時會比古典經濟學更為巧妙。這一章還會建議如何建構人生資訊，避免落入各種不同的決策陷阱。

第三部份的主題是如何更精準地分類世界上的事物，如何洞察事件彼此間的關係；還有一件同樣重要的事，就是如何避免捏造自以為存在、但其實毫不相干的關係。這章會檢視該如何偵測媒體上、職場裡與閒談時犯下的推理錯誤。

第四部份的主題是因果關係，讓讀者辨識出哪些是真正存在因果關係的事件組合，哪些只是時空相近但缺乏因果的事件組合；辨識出哪些情況下透過實驗——唯有實驗——我們才能確信得證某些事件之間存有因果關係。本章也教你瞭解如何藉由對自己做實驗來讓生活更開心、更有效。

第五部份的主題是兩種非常不同的推理模式，其中一種是邏輯推理，這是重要的西方思想傳統，重視抽象與形式；另一種是辯證推理，這種決策原則一直是東方傳統的核心，強調看待世界的真相與命題的實用價值。其實自蘇格拉底以來，西方思想裡一直都看得到各類型的辯證思考，只是到了近代，思想家才嘗試有系統地去討論辯證推理，或是將辯證推理和形式邏輯的傳統擺在一起。

第六部份的主題是看待世間某些事物時，什麼才是好的理論。我們要怎麼確定自己相信的就是真正的事實呢？為什麼簡單的解釋往往會比複雜的解釋還要管用呢？我們要如何避免推導出馬虎粗略、過於輕率的理論呢？理論又該如何驗證？還有，如果某項主張無從反證（或至少在理論上做不到），為什麼我們因此就該對它戴上懷疑的眼鏡？

這本書的所有章節都環環相扣。在理解**心智**有哪些地方觀察得到、哪些地方觀察不到之後，我們可以知道在解決問題時，什麼時候應該要跟著直覺走，什麼時候應該要尋求明確的規範，去分類、選擇、評量因果關係。學習了如何將**決策效益**極大化之後，我們需要加深對無意識的認識，也會需要拉高無意識的地位，讓它與意識思考並駕齊驅，來幫助我們決定採取什麼行動、判斷什麼是快樂的元素。掌握了**統計原則**之後，我們會知道何時應該拿出規則來衡量因果關係；而熟悉了**衡量因果關係的方法**，就會讓我們更相信實驗，而不會只是仰賴單純的觀察結果，同時也會讓我們意識到實驗非常重要（也非常簡單），因為實驗可以幫助我們找出對自己最有利的商業習慣與個人行為。認識了**邏輯推理與辯證推理**之後，我們看待世上不同事物時就可以型塑出不同的理論，而這樣又可以接著理解到如何找出檢驗理論的必要測試。

看完本書，你的智商不會增加，但是你會變得更聰明。

PART

1

關於思考這件事

心理研究至今已整理出三種心智運作的主要模式。知道這三種模式之後，會改變你怎麼去看待「如何思考」這件事。

第一，我們對世界的理解一直都是以「構念」（construal）為基礎——牽涉到推論與詮釋。我們對人和情境的判斷，甚至是對物質世界的認知，都是建築在既有的知識與潛藏在內的思維過程之上，從來都不是直接去判讀現實世界。人是藉由推論去感知這個世界，若能充分理解這點，就會明白為何改善我們的推論工具是如此重要了。

第二，我們身處的情境會左右我們的想法，支配我們的行為，影響之大遠遠超出了認知的範圍。另一方面，人的「性格」（每個人不同的特質、態度、能力、品味等）的影響力其實遠比想像中還要小。因此，在判斷自己和他人想了什麼、做了什麼的背後原因時，人很容易犯錯。但我們可以設法克服這種「基本歸因謬誤」。

第三，「無意識」的地位在心理學家的眼中變得越來越重要，因為我們的無意識能夠注意到大量的環境資訊，這是自覺意識所不及的。其實，許多認知與行為的重要因子我們都渾然不覺，我們也無法直接窺探產生認知、信念與行為的心理機制。很幸運的是（或許也可以說很驚人的是），無意識和自覺意識一樣理性，能夠處理很多自覺意識無法有效解決的問題。只要透過一些簡單的策略，就可以幫助我們善用無意識解決問題。

第1章
萬事皆是推論

如果沒有大量簡化，世界會陷入無限糾結，混沌未明，我們將無所適從，不知所措……所以不得不將所知的資訊化約為基模。

——普利摩・李維（Primo Levi），《溺死之人與獲救之人》（*The Drowned and the Saved*）

棒球裁判甲：「我看到什麼球，就怎麼判。」

棒球裁判乙：「那是什麼球，我就怎麼判。」

棒球裁判丙：「在我判之前，那顆球什麼也不是。」

我們看著一隻小鳥、一張椅子或落日，感覺上好像只是我們注意到了世界上存在的東西，可是實際上，我們對外在實體世界的感知，大多來自內隱的知識，以及我們渾然不知的心智流程，這兩者會幫助我們感知事物，精確分類。我們現在已知「感知是來自內心對外界證據的塑造」，因此我們可以創造出一種人為的環境，讓自動導航的推論過程把我們帶入歧途。

請看看下面兩張桌子。有一張明顯比另一張還要長、還要窄。

當然很明顯。不過，你錯了。其實這兩張桌子的長與寬一模一樣。

感知機制自動幫我們做了決定，叫我們要去看右邊桌子的左右兩邊，以及左邊桌子的上下兩側，而這才產生了錯覺。大腦的設定「拉長了」從我們這端往外延伸的線條。其實這是好的現象。人類在三度的空間裡演化，如果不修改落在視網膜上的視覺感官印象，眼睛在看遠方的東西時，看起來會比實際大小還要小得許多。可是在二度的空間中，無意識的感知會誤導正在看圖片的我們，所以大腦自動放大遠方的物體時，右邊的桌子看起來就會比實際上還要長，左邊的桌子看起來就會比

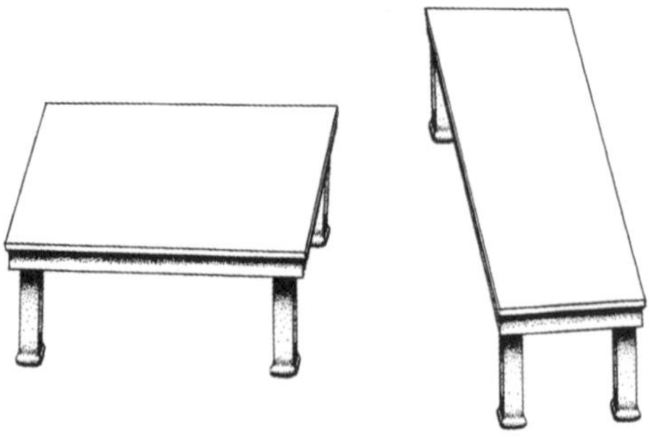

圖 1.　心理學家羅傑．謝伯德（Roger Shepard）繪製的錯覺圖。[1]

實際上還要寬。因此，當物體不是真的向遠處延伸時，視覺修正就會產生錯誤的感知。

基模

許多無意識的機制能幫助我們正確解讀外在的實體世界，雖然腦袋被迫處理二度空間裡不自然的影像時會犯錯，但畢竟大家還是住在三度的空間裡，所以這沒什麼好擔心的。不過，面對非物質的世界（如他人的特質），我們也極度仰賴既有知識與潛藏在內的推理，這才令人感到不安。

請看以下虛構人物「唐納」的故事：

唐納花了滿多時間追求他口中所謂的刺激。他攀登過險峻高山，體驗過急流獨木舟，參加過撞車大賽，還在不是很懂船的狀況下駕駛過噴射快艇，多次面對受傷甚至是鬼門關的考驗。現在，唐納想要尋找新的刺激，他盤算著要不要去高空跳傘，還是要乘著帆船穿越大西洋。對了，從這些行爲來判斷，其實不難看出他很清楚自己的能力很強。除了生意上的往來之外，唐納接觸的人並不多，他覺得自己不是很需要其他人的幫助。一旦他下定決心要去做某件事，不管要花多久時間、不管過程有多困難，他就會去做。即使是不該做的事，他也很少會改變心意。[2]

實驗人員還沒說出唐納的故事之前，會先讓受試者做一場假的「感知實驗」，給受試者看一些關於人格特質的字詞。一半的受試者會看到「自信」、「獨立」、「冒險精神」與「堅持不懈」；另外一半受試者會看到「魯莽」、「自負」、「孤僻」與「固執」。接著，受試者會進行下一個「研究」，給他們閱讀唐納的故事，然後為他的人格特質評分。唐納的故事故意寫得十分模糊，他可以是很迷人又勇於冒險的人，也可以是不討喜又魯莽行事的人。先前的感知實驗會產生降低模糊空間的效果，並在讀者心中型塑出唐納的形象：看到「自信」與「堅持」的那組大多給予唐納正面的評價，因為這些字塑造了一個積極有趣又令人興奮的角色「基模」（schema）；看到「魯莽」與「固執」的那組則會觸發另一種基模，想到的會是一個不討喜的角色，只在乎自己享樂，一心想追求刺激。

一九二〇年代起，心理學便開始大量導入基模的概念，基模指的是我們用來賦予世界意義的認知框架、模版或是規則系統。提出現代基模概念的是瑞士發展心理學家尚・皮亞傑（Jean Piaget），譬如說，他主張兒童會形成「質量守恆定律」（conservation of matter）的基模，知道不管容器的大小或形狀如何變化，質量還是不會變。如果將水從高瘦的容器倒入矮胖的容器中，這時問幼兒水是變多了、變少了還是沒有變，答案通常會是「變多了」或「變少了」，可是大一點的孩子就會知道水量並沒有改變。皮亞傑也觀察到了其他抽象規則系統的基模，如：孩子認知機率的基模。

對於接觸到的所有事物，我們幾乎都會發展出基模，諸如「房子」、「家庭」、「內戰」、「昆蟲」、「速食餐廳」（有許多塑膠製品，主色調為亮色，到處都是小朋友，食物普普），以及「高檔餐廳」（安靜，裝潢雅致，價格昂貴，很可能可以吃到美味的菜餚）。我們仰賴基模去型塑所見物品與所處情境的構念。

基模不僅影響我們的行為，還會影響我們的判斷。社會心理學家約翰・巴奇（John Bargh）請大學生將打散的字詞排列成符合文法的句子，如：「紅瑞德燈闖」。[3]字詞其實事先經過刻意分組，其中一組受試者拿到的詞彙會凸顯年紀大的刻板印象，如：「佛羅里達州」、「老」、「灰」、「智慧」；另一組受試者拿到的詞彙則沒有這類的刻板印象。完成句子重組的任務之後，受試者就可以回去了。這時，實驗人員測量他們離開實驗室的速度有多快：接收到暗示老人家字詞的那組，花了比較多的時間才走到電梯。

如果要和老人家互動，基模會告訴你最好不要跑來跑去或是活蹦亂跳，這就是剛剛句子重組喚起的基模。（假如你對年長者抱持著友善的態度，就會避免莽莽撞撞，可是如果本來就不怎麼喜歡老人家的受試學生，反而會在看到暗示意味的文字之後，走得更快！[4]）

如果沒有基模，我們的人生就會像威廉・詹姆斯（William James）所說的名句，「絢爛盛開，嗡嗡作響，盡是困惑」。如果我們沒有婚禮、喪禮或是看醫生的基模，就會因為不瞭解情境背後隱含的行為準則，而搞得天下大亂。

這種類推的道理也適用於「刻板印象」（stereotype），或是對於特定人物類型的基模。刻板印象包含「內向者」、「派對動物」、「警察」、「長春藤名校校友」、「醫生」、「牛仔」、「牧師」等，伴隨而來的是與他們互動時的行為慣例，或是應該表現出來的行為。

一般而言，刻板印象帶有負面的意涵，可是如果少了刻板印象，我們可能會把與警察相處的那一套拿去用在醫生身上，或是對內向型人格以及即時行樂主義者一視同仁，這下可就糟了。然而，刻板印象本身會有兩個問題，那就是可能會出現片面或全盤的錯誤，也可能會過度影響我們對人的判斷。

普林斯頓大學的心理學家讓學生觀看一支影片，描述一名四年級小孩漢娜的生活。[5]其中一個版本的影片將漢娜的父母設定為專業人士，影片裡清楚拍到漢娜玩耍的地方屬於中高階層的環境；另一個版本中，漢娜的父母是勞工階級，玩耍的背景也比較破舊。

接著，影片轉到漢娜參加學術測驗的畫面，考題共有二十五題，包含數學、科學與閱讀。

漢娜的成績是好是壞並不是很明顯，有些困難的題目她答得不錯，但是有些簡單的題目卻分心搞砸了。研究人員問受試者，漢娜的成績與同學相比會怎麼樣。看到中高階級家庭的那組認為會高於平均，看到勞動階級家庭的那組覺得會低於平均。

令人難過的是，假如你越清楚漢娜家落在社會的哪一個階層，真的就能越精準預測她的學業表現。因為總體來說，中高階級出身的孩子在學校確實會表現得比勞動階級出身的孩子還要好。就算手上的直接證據模糊不清，在看待一個人或一件物的時候，基模或刻板印象這類的背景知識確實可以提高判斷的準度，因為刻板印象某程度上可以提供一些事實基礎。

更令人難過的是，勞動家庭出身的漢娜一出生就會遇到兩道阻礙：大家對她的期望和要求會比較低；大家也會覺得她的表現比較糟——劣於出生在中高階層家庭的漢娜。

我們仰賴基模和刻板印象的時候，會碰到一個很嚴重的問題：不相關或誤導性的偶發事件，會觸發基模和刻板印象。我們遇到的任何刺激，都會啟動「擴散激發模式」（spreading activation），指引到相關的心理概念。也就是說，人接收到一個概念時，便會擴散到記憶中相同刺激連結到的所有概念。如果你聽到「狗」這個字，「吠」這個概念就會出現，「牧羊犬」的基模也會出現，鄰居家養的狗「瑞克斯」也會同步啟動。

認知心理學家發現，假如我們接觸到某個字詞與概念，就能夠更快地辨識其他相關的字詞與概念，這就是擴散激發模式。譬如說，在問別人是非題的時候，如「醫院是不是服務病患的地方」，如果問之前你先跟他們說「護理師」這個詞，他們可以比較快答出「是」。[6]稍後我們會看到，偶發的刺激不僅會影響我們判斷事實的速度，還會影響我們實際的信念與行為。

現在先讓我們回到本章開頭引文出現的裁判。大部分的時候，我們的思考方式很像裁判乙，認為自己看到的就是世界真實的樣子，所以「是什麼球，就怎麼判」。這裡的裁判就是哲學家和社會心理學家口中「天真的現實主義者」，[7]相信感官會直接提供世界的原貌。可是事實上，我們對事件性質和意義的構念十分仰賴既有的基模，以及被基模啟動、引導的一整個推論過程。

日常生活中，我們或多或少都意識到了這個事實，也知道自己會很像裁判甲，只是「看到什麼球，就怎麼判」。至少在我們眼中，別人就是這個樣子。我們很容易會這樣想：「我看到的就是世界本來的樣子，如果你的觀點不同，那就是你眼力不佳，思緒不清，要不就是你別有私心。」

裁判丙則會想：「在我判之前，那顆球什麼也不是」。所有的「現實」都只是世界隨意形成的構念。這項觀點背後的歷史很長，現在提倡這種觀點的人會自稱是「後現代主義者」或「解構主義者」，符合這些標籤的人有滿多會支持世界就是一個「文本」的說法，並沒有所謂最精確的詮釋，到第十六章我們會再討論到這個觀點。

要抓住他的心，先抓住他的胃

在擴散激發模式的運作之下，即使是我們不想要的因素，也全部都會介入我們的判斷和行為。那些進入認知思流的偶發刺激會影響我們的思考與行為，甚至是跟當下任務毫不相干的刺激也一樣。字詞、畫面、聲音、感受，甚至是味道都可能會牽動我們對事物的理解，也會直接左右我們的行為。這可以是好事，也可以是壞事，要看狀況而定。

哪個颶風比較致命？海瑟兒還是賀睿斯？想也知道沒有差別。名字能有什麼意義？而且還是電腦隨機選的。但實際上海瑟兒比較致命，[8]因為感覺上使用女性名稱的颶風比較不危險，所以大家會比較疏於防範。

想要員工更有創意嗎？那就讓他們待在看得到蘋果（Apple）logo的地方，[9]而且要避免出現IBM的logo。

把工作環境布置成綠色或藍色（但一定不要用紅色），也可以激發員工的創意腦。[10]想要衝高你在交友網站的點擊率嗎？大頭照就穿上紅色的襯衫吧，或是至少要在照片加個紅色邊框。[11]想要納稅人支持教育債券的發行嗎？那就遊說政府將多數的投開票所設置在學校裡吧。[12]想要推動法案，禁止懷孕後期實施墮胎嗎？可以想辦法把教堂當作主要的投開票所。

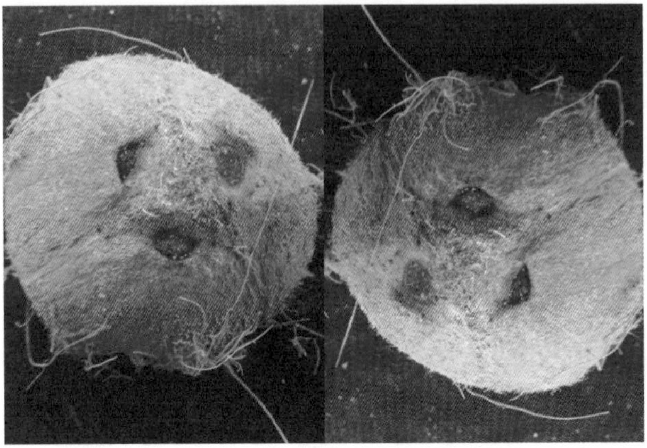

想要讓喝咖啡的人很誠實地把錢投入自助投錢箱？可以在咖啡機上面放一棵椰子，要像上圖左方那樣擺，比較能夠激發出誠實的行為。如果把椰子擺歪了（如上圖右方），那麼很可能會一毛錢也拿不到。因為左邊的椰子會讓人聯想到一張人的臉，所以大家會下意識地認為有人在看著自己的一舉一動。（但如果有人認為那個椰子是一張真人的臉，那麼他最好趕快去檢查眼睛或腦袋。）

其實，只要貼出三個點，而這三個點的排列角度就仿照上圖左的椰子那樣，即可讓捐錢箱內的錢增加。[13]

想要拿一篇媒體的評論去說服別人相信某件事嗎？那麼字型必須清楚、吸引人，因為雜亂的訊息視覺會大大降低說服力道。[14]如果對方是在海產店或碼頭邊閱讀社論，他的接受度可能就會比較低。[15]當然，這是在英語系國家才會這樣，因為英文的「魚」（fish）會和「疑」（fishy）聯想在一起。對其他國家的人來說，魚腥味不影響判斷。

想要創立一間提高兒童智力的公司嗎？公司命名千萬不可以呆板無聊，像是「某某出版學習事業股份有限公司」之類的。可試試「大隻腦.com」（FatBrain.com）。逗趣的公司名稱才比較抓得住消費者和投資人的心。[16]另外，真的「大隻腦.com」已經被人採用了，他們把原本單調的名稱改掉之後，事業一飛沖天。

身體訊息也會微妙影響我們的認知思想。想要獲得假釋嗎？那就努力爭取排在午餐之後的聽證會。在以色列，調查員發現法官如果剛吃飽，那麼有六成六的機率會對假釋投下贊成票，[17]可是如果聽證會之後緊接著才是午餐，那麼假釋的機會就是：零！。

想要讓等等見面的人覺得自己溫暖又可人嗎？那就為他們雙手奉上一杯溫暖的咖啡，而且絕對不要想用冰咖啡來代替。[18]

你可能會對電影《捍衛戰警》（*Speed*）裡的一幕有印象：兩位素未謀面的人，就是基努·李維（Keanu Reeves）和珊卓·布拉克（Sandra Bullock）飾演的角色，才剛剛從失控的巴士劫難中驚險地逃過一死，便立刻熱烈地擁吻了起來。這真的可能會發生！如果女生請男生填寫問卷時，兩人是站在下臨溪水的搖晃吊橋上，男生會比較想要約女生出去；換做是在穩固的陸地上寫問卷的話，男生想邀對方的動機沒那麼強。[19]這項研究，和許多類似研究都告訴我們：人會對事件引發的生理反應做出錯誤的歸因，錯將兩件完全不同的事連結在一起。

類似上述關於「偶發刺激的重要性」的研究，心理學家做過太多了，這些研究最重要的意涵就是：其實我們可以操控環境，讓環境內出現某些刺激，以便使你這個人、你的產品或你的政策目標顯得更有魅力。這樣講就清楚了吧？還有另外兩個意涵：①偶發刺激的效應可能十分巨大，②你可以習得什麼樣的刺激會產生什麼樣的效應。亞當・奧特（Adam Alter）的書《粉紅色牢房效應》（*Drunk Tank Pink*）就是一本很棒的彙整作品，收錄了許許多多已經發現的效應（他的書名其來有自，許多監獄官和研究員都相信，在擁擠的監禁室裡，粉紅牆面可以減少喝醉的人出現暴力行為）。

關於人類容易受到偶發刺激的影響，還有個較不明顯的意義，那就是要做出重大的決定時，最好要先在不同的情境下進行多次接觸，尤其在品評一個人的時候更需如此，因為這樣才能將偶發刺激的連結一一斬斷，以形成更精確的印象。林肯總統曾經說過：「討厭一個人的時候，就必須更瞭解他才行。」在這句名言上，我想再多補充：「要盡可能在多元的脈絡中去觀察對方。」

框架效應

有個故事說，修士甲問修道院長，祈禱時可不可以抽菸，院長十分震驚，說道：「當然不行，那是褻瀆神啊。」修士乙問院長，抽菸時可不可以禱告，「當然可以，」院長說：「任何時刻神都願意傾聽。」

我們對於事、物的構念不只會受到特定情境觸發的基模影響，還會受到自身判斷的「框架」影響。我們接收資訊的先後順序也是一種框架的建構，修士乙在提問時，就非常清楚要如何建構訊息順序的框架。

在這個到處是「標籤」的世界裡，框架可以幫助我們做出選擇。標籤不僅會影響我們看待事情的方式、採取的行動，還會影響產品的市場表現、公共政策的討論結果。

你口中「尚未登記的勞工」可能是我眼中「非法移民」；你講的「自由鬥士」可能是我說的「恐怖分子」；你認為是「遺產稅」，我覺得是「死亡稅」；你支持墮胎因為這是「選擇」的問題，我反對墮胎因為我「支持生命」。

同樣是加工肉，我的產品是百分之七十五瘦肉，聽起來就是比你百分之二十五脂肪還要好聽；[20]挑選保險套時，你會比較喜歡成功率百分之九十的牌子，還是失敗率百分之十的牌子呢？

將學生分為兩組，一組聽到保險套通常可以避孕成功，一組聽到保險套有時會避孕失敗，那麼第一組學生會對保險套有比較好的印象。

有時候框架左右的可能是生死交關的大事。心理學家阿摩司．特沃斯基和同事提供醫生某種癌症的治療數據，告訴他們進行手術和放射治療的效用比例。[21]一組醫生聽到一百次手術中，術後有九十位病患活了下來，一年後有六十八位還在世，五年後有三十四位還在呼吸。於是在這組醫生當中，有百分之八十二的醫生會建議要動手術。另一組醫生得到的資訊內容完全相同，只是順序不同：研究人員說一百次手術中，有十位病患會在術中或術後死亡，三十二位在一年後離世，六十六位在五年後就不在了。聽到這個版本的醫生中，只有百分之五十六會建議要動手術。可見框架的角色確實重要，而且是非常重要。

黃疸療法

做出判斷、解決問題的時候，我們常會使用「捷思法」（heuristics）——也就是萬用的經驗法則。其實心理學家已經辨識出好多種捷思法，譬如說「努力捷思法」：我們會認為花費較多時間和成本的專案，比花費較少的專案有價值。事實上，捷思法往往非常有用。「價格捷思法」讓我們假定同類型的商品中，昂貴的會比便宜的還要好，而在大多數的時候確實也是對的。「稀缺捷思法」讓我們認為同樣的東西，越稀少就會越珍貴。「熟悉捷思法」讓外國人覺得法國馬賽的人口比尼斯多，而尼斯的人口又比土魯斯還要多。這類捷思法都有助於引導我們做出判斷，也常常可以提供正確的答案，一般來說會遠優於胡亂瞎猜。馬賽的人口確實比尼斯的還要多，但土魯斯的人口勝過尼斯。

許多重要的捷思法都是出自以色列認知心理學家阿摩司・特沃斯基和丹尼爾・康納曼。其中，最重要的就是「代表性捷思法」（representativeness heuristic），[22]這個法則十分仰賴「相似性判斷」——我們會認為與典型標準越接近的事件，就越有可能會發生。在絕大多數狀況下，代表性捷思法非常有用，這點毫無疑問，例如比起氣喘死亡和自殺死亡，謀殺致死是更具代表性的死因，所以看起來謀殺致死似乎比氣喘死亡和自殺死亡還要容易發生。沒錯，謀殺確實比氣喘更致命，可是美國一年當中自殺死亡的人數，是謀殺致死的兩倍。

要判斷某人的政黨屬性是否屬於某個顏色，在不知道其他資訊的情況下，代表性捷思法是我們的最佳工具。不妨先看看自己心目中對於該顏色政黨的刻板印象，再拿來對照那個人，答案就呼之欲出了。

不過，上述那樣使用代表性捷思法的時候，會出現一個嚴重問題：我們手邊通常已經擁有其他資訊，足以告訴我們「別那麼倚賴相似性判斷」。這邊有個格外令人不安的例子，說明了代表性捷思法很可能會讓我們錯看「琳達」這個人。「琳達三十一歲，單身，講話直率，腦袋非常靈光。主修哲學，從學生時期就很關注歧視與社會正義的議題，也曾參與過反核遊行。」閱讀完這段文字後，研究人員要求受試者針對八項琳達可能的未來職業走向進行排序，[23]其中兩項是「銀行行員」以及「積極參與女權主義運動的銀行行員」。大部分的人都把「積極參與女權主義運動的銀行行員」排在「銀行行員」前面。也就是說，他們認為「有女權意識的銀行行員」比「銀行行員」的描述更接近上述文字。但這顯然是一個邏輯謬誤：兩個事件「連結」在一起同時發生的機率，不可能高於單一事件發生的機率，銀行行員本身便包含了女權主義者、共和黨與素食主義者。只是這段對琳達的描述文字比較能代表具女權意識的銀行行員，而不單只是銀行行員，所以才會產生錯誤的連結。

檢視下面四行數字，有兩行是亂數產生器隨機排列的，另外兩行則是我寫的。你覺得哪兩行最有可能是亂數產生器的隨機組合呢？我等一下很快就會告訴你答案。

1 1 0 0 0 1 1 1 1 1 1 1 0 0 1 0 0 1 0 0 1

1 1 0 0 0 0 0 1 0 1 0 1 0 1 0 1 0 0 0 0 0

1 0 1 0 1 1 1 1 0 1 0 1 0 0 0 1 1 1 0 1 0

0 0 1 1 0 0 0 1 1 0 1 0 0 0 0 1 1 1 0 1 1

代表性判斷會影響所有類型的機率預測，康納曼和特沃斯基曾用下面的題目去問從沒修習統計課的大學生。[24]

小鎮裡有兩家醫院，較大的醫院每天約有四十五名嬰兒出生，小醫院則是十五名。嬰孩當中，有百分之五十的機率會是男生，只是每天男嬰誕生的比例都不相同，有時候會高於百分之五十，有時低於百分之五十。

一年後，兩間醫院統計了男性新生兒超過百分之六十的天數。你覺得哪間醫院的數字會比較高呢？

大多數的學生覺得兩間醫院男嬰的百分比應該要一樣，認為答案是大醫院的人，與認為答案是小醫院的人數則相當。

實際上，有很高的機率是小醫院會出現比較多的男嬰超過百分之六十天數。不論醫院大小，百分之六十對於人口數值來說同樣具有（或不具有）代表性，可是異常的數值比較可能會出現在案例少的地方。

如果你懷疑這樣的結果，請看看下面的例子。有兩間醫院，一間每天有五名嬰兒誕生，另一間是五十名。同一天相比的話，你覺得哪一間醫院的男寶寶出生率比較可能會大於等於百分之六十？你還是要堅持原本的看法嗎？那如果是拿五個新生兒和五千個新生兒來比呢？

代表性捷思法會影響非常多事件的機率預測。我祖父在奧克拉荷馬州務農，本來過得還不錯。有一年，他的作物被冰雹毀了，當時他沒有保險，而且隔年也懶得買保險，因為他認為同樣的事情不太可能連續兩年都碰到。用這個觀點來看冰雹，就不具代表性了，畢竟冰雹本來就很少見，所以「不管在哪裡」都很難會遇到。不幸的是，冰雹根本不會記得去年是下在東邊還是西邊，隔年，祖父又遇上了冰雹，這次他還是沒有為下一年買保險，因為真的很難想像冰雹會連續三年都下在同一個地方。可惜事與願違。祖父破產了，因為他依賴代表性捷思法去判斷機率。正因為如此，我現在是心理學家，不是小麥大亨。

回到先前我列出的那四行數字，前兩行才是隨機產生的，我用亂數產生器做了三行，我選了前兩行。真心不騙。我沒有特別選過。後面兩行數字是我亂編的，因為它們看起來比真正的隨機序列還要有隨機代表性。問題在於我們對於隨機典型的概念就是不平衡，但其實連續數字

（00000）和規律排列（01010101）實在太多了，和它們「該有」的樣子很不一致。下次看到籃球員連續五次進球得分時，記得要把這個概念放在心裡，這時不要一直把球傳給他，反而可以傳給其他人。雖然連續得分的球員看起來打得「正上手」，但其他同季表現相當的球員命中率並不會比較低。[25]（你越懂籃球，就越不會相信這種說法；你越熟悉統計和機率理論，就越容易相信這個論點。）

籃球偏誤是眾多錯誤推論的一種典型。簡單來說，我們在沒有什麼模式可言的世界裡看到了許多模式，因為我們不知道隨機序列看起來有多麼不隨機。倘若有人骰子連續擲出三個7，我們忍不住就會懷疑他是不是作弊，可是實際上出現7、7、7會比3、7、4和2、8、6的機率還要高。如果朋友去年買的四支股票表現都優於整體市場，我們會封他為股票大師，可是四支全好的組合，並不會比二好二壞或是三好一壞還要罕見，所以你暫時還不必請這位朋友幫你選股。有時候代表性捷思法會影響人對因果關係的判斷。在甘迺迪總統遇刺一案當中，我不曉得槍手奧斯華（Lee Harvey Oswald）是單獨行動還是有其他同夥，不過，我能理解為什麼許多人會懷疑背後一定有陰謀，因為實在很難相信這麼一個不起眼的人可以獨力撐起這麼重大的行動。

有些重大的因果判斷涉及了疾病與療法的相似之處。從前中非的阿桑德人（Azande）相信燒過的紅灌木猴頭骨可以有效醫治癲癇，因為紅灌木猴發狂似的急抽動作很像癲癇痙攣的症狀。

一直要到近代，西方的醫生才開始覺得阿桑德人的癲癇療法並不合理。十八世紀的醫生相信「藥效形象說」（doctrine of signatures），認為大自然裡和疾病特徵類似的物質就會有療效。黃色的薑黃就被視為治療黃疸的有效藥材，因為得黃疸的人皮膚也會變黃；狐狸的肺活量很大，所以牠們的肺臟也被當作醫治氣喘的藥方。

藥效形象說是有神學根據的，因為造物主希望幫助我們找到疾病的療法，所以會提供有用的提示，像是顏色、形狀和動作，祂知道我們會期待療法能夠代表疾病。聽在今天多數人的耳裡，這很不可信。然而，代表性捷思法依舊持續影響著另類療法，像是順勢醫學與傳統中醫，這些派別在西方社會越來越受歡迎。

即使其他的資訊幫助才更大，我們卻常常會拿代表性來當作預測的基礎。我研究所畢業大約二十年後，有次和朋友討論到同輩科學家有誰發展得還不錯，結果很驚訝地發現自己錯得非常離譜：念書時大家以為會在科學界發光發熱的人畢業後居然差強人意，反觀那些不起眼的人卻表現得十分亮眼。在探究為什麼會錯得這麼誇張的過程中，我們漸漸意識到自己有多依賴代表性捷思法。當年的預測是建立在同學有多符合我們心中傑出心理學家的刻板印象，要才華洋溢、博覽群書、善於洞悉人性，還要口才佳。接著，我們試著想想看有沒有辦法可以做出更精準的預測，答案很快就昭然若揭：在研究所表現很好的人後來在職涯上的表現也很優秀，在學校表現還好的人後來工作上也沒多大的成就。

這可是心理學裡最重要的事之一。**預測未來行為的最佳依據就是過去的表現**，而且很難再找到更好的依據了。這個人未來誠不誠實，要看他過去誠不誠實，就算他正眼看著你說他最近信教了，這番話還是不如他過去的表現。要看這個人是不是好編輯，最好的方式就是看他以前是不是好編輯，或是至少可以看看他文章寫得好不好，而不要信他舌燦蓮花。

特沃斯基和康納曼的另一個重要發現就是「可得性捷思法」（availability heuristic），這是拿來判斷特定類型事件頻率和可信度的準則。腦中最容易浮現的事件就越常發生，可信度也越高。絕大多數的時候，這條規則非常好用。列舉偉大小說家時，俄羅斯小說家要比瑞典小說家容易列舉出來，而前者的數量也確實比後者還要多。不過，龍捲風是堪薩斯比較多，還是內布拉斯加比較多呢？很想說堪薩斯，對吧？可是你想的堪薩斯龍捲風應該從來都不存在，沒關係的。（按，因為名著《綠野仙蹤》被龍捲風吹走的故事發生在堪薩斯。）

第一個字母是 r 的英文單字比較多，還是第三個字母是 r 的字比較多？大部分的人會說開頭是 r 的字比較多。要舉出 r 開頭的字要比 r 在第三個的字簡單得多，因為我們會以單字的字首去「歸檔」，所以在記憶中翻找時，r 開頭的單字會比較容易浮現。可是第三個字母是 r 的單字其實比較多。

使用可得性捷思法去判斷頻率或可信度的問題在於，「可得性」和「顯著性」會交纏不清：比起死於氣喘，我們對地震奪走的人命會更有印象，所以我們會大大高估了地震死亡的頻率，而大大低估了氣喘帶走的人命。

捷思法常會在腦中無意識地自動運作，代表性捷思法和可得性捷思法都是如此。這表示我們很難確切知道捷思法真正的影響力，但是認識它們依舊可以幫助我們反思在特定情境下被誤導的可能性。

你可以學到的事

光是記得以下的簡單建議，你就可以減少誤判的機會。

所有的認知、判斷與信念，都不是直接反映出真實的世界，都是人推論之後得到的結果。意識到這點後，對於自己的判斷力，我們應該要抱持保留的態度和一顆謙卑的心。比起自己內心的直覺，別人不同的觀點可能還更加正確。

我們的基模會影響構念。基模與刻板印象會引導我們去理解這個世界，但也可能讓我們犯下意想不到的錯誤，所以我們必須意識到「自己有可能會太過依賴基模與刻板印象」，才比較不會落入思想陷阱。可以試著練習一下，看看自己因為刻板印象做了哪些判斷，也看看其他人基於刻板印象做了哪些判斷。

請留意：偶發事件、不相關的看法與認知，會影響我們的判斷與行為。即使我們不知道背後還有多少影響因素，都應該要有自覺，知道還有許許多多未知的因子在左右著我們的思想與行為。這樣講的意思是：如果你必須針對某些人、某些事做出重要的判斷，在決定前最好能夠盡量在不同的情境下多多接觸這些人事物，再下決策。

要時時提醒自己，捷思法可能會影響判斷。物品和事件的相似點可能會誤導我們的判斷。別忘了，有時候「起因」與「結果」之間完全看不出相似性質。腦海裡浮現事件的速度會影響我們對事件機率和頻率的判斷。

本書探討的許多概念和原則都能幫助我們減少這章提到的推理錯誤，這些新的概念和原則可以補足我們平常會使用的原則，有時甚至還會直接取代原本的概念。

第2章
情境的力量

前章講到有些難以察覺它們存在、八竿子也打不著關聯的偶發刺激，會影響我們的判斷與行為，而我們甚至不自知。不幸的是，我們還常常會無視那些很明顯、不是偶發刺激、而且影響我們判斷與行為的關鍵因素。尤其是我們常會低估、甚至沒注意到一些非常重要的**情境因素**，但這些情境因素對於信念與行為的影響卻非常強烈。

這就是所謂的「脈絡盲目」（context blindness）。人如果持續這樣脈絡盲目下去，直接造成的後果就是會放大特定情境之下「性格」——例如個人偏好、人格特質、能力、計畫與動機——對於行為的影響。

我們在分析自己的判斷理由與行為歸因時，經常會輕忽脈絡，放大內在因素。在幫他人做行為歸因的時候，問題還會更大。我在做出判斷、採取行動時，必須考量各種脈絡與情境，但我可能難以看見與其他人相關的情境，所以我非常有可能會低估他人行為背後的情境因素，反而高估了內在因素。

我相信，人在推論時最容易犯下的嚴重錯誤，就是沒有認清脈絡與情境的重要，導致過分放大個人性格的影響力。社會心理學家李・羅斯（Lee Ross）把這個現象稱為「基本歸因謬誤」（fundamental attribution error）。

不同的文化，對於基本歸因謬誤有很大的差異。因此，生活在容易接納外來影響文化當中的人，某程度上比較能避免基本歸因謬誤。

基本歸因謬誤

比爾・蓋茲是全球首富，十九歲就從哈佛輟學，創立微軟。短短幾年之內，微軟一躍成了世界上最賺錢的企業。實在讓人忍不住會覺得他是有史以來最聰明的人。

比爾・蓋茲聰穎過人這點是毋庸置疑，可是比較少人知道的是，他從小就很幸運可以大量接觸電腦。一九六八年他在唸八年級，他覺得西雅圖公立學校十分無趣，所以父母將他轉學到私立學校，那裡剛好有一台連接著電腦主機的終端機。於是，他得以長時間探索效能極高的電腦，這可是少數人才有的機會。在接下來的六年裡，蓋茲持續受到幸運之神的眷顧，學校讓他自由地寫程式，他還幫忙測試在地公司的電腦軟體，常會在凌晨三點跑去華盛頓大學的電腦中心，因為只有那個空檔中心才會對外開放。應該沒有什麼青少年有這個機會可以像蓋茲一樣，能夠常常碰到電腦。

許多成功人士的背後都有著一連串的機運，只是我們不清楚罷了。甲教授在經濟學期刊上的研究文章比乙教授多兩倍，我們自然會覺得甲教授比乙教授更才華、更認真。然而，經濟學家拿到博士的那一年，如果恰逢各大學大量開缺招募新老師，則日後他們的職場表現和學術成就，就會優於畢業於「那年很少學校在招募新老師」的博士。或許，甲教授和乙教授的成就，和狗屎運還比較有關係，而不是聰明才智。只是我們沒有看到而已。

一九二〇年代美國經濟大蕭條時期畢業的大學生，很多人一輩子的發展都很不順利。「失業率高」之所以是壞事，不僅是因為找不到工作會讓人很挫折，更因為失業的餘波沒完沒了，影響深遠。家長可能很困惑：到底是不是自己教養孩子的方法有哪裡不一樣，才會使得二〇〇九年大學畢業的阿珍工作總是不順，但二〇〇四畢業的小瓊就就一帆風順。

有些重要的影響因素可能是隱而未顯，但有些影響行為的重要因素就算擺在我們鼻子前面，我們也會視而不見。

一九六〇年代經典的實驗中，社會心理學家愛德華．瓊斯（Edward Jones）與維克多．哈里斯（Victor Harris）將兩篇關於古巴政治制度的文章拿給受試者看，告訴他們這是教授出給大學生的作業。[1]其中一篇支持共產古巴，另一篇立場相反。如果拿到的是親古巴的版本，實驗人員會說那是政治學老師（或辯論老師）出的作業，叫學生從認同古巴共產的立場寫作文；如果拿到的是反古巴的版本，實驗人員會說老師有指定要從反對的立場下筆。關於學生對古巴政治的真實態度，我想大家都可以同意：受試者根本無從得知，可是在評分時，受試者認為第一位學生的立場比第二位學生更加偏袒古巴，分數差異還非常大。

我們常會忽略深深影響人類行為的因素，而且每天都在重蹈覆轍。有位教授朋友在史丹佛大學定期開有兩門大學部的課，一門教統計，一門是社群推廣。統計課學生的期末評鑑說我朋友呆板僵化、缺乏幽默感、給人的感覺冷冰冰的；去上社群推廣的學生則說他彈性有趣、溫暖待人。

要評價某人是英雄暖男，還是冷血無情，情境因素的影響力遠遠超乎我們的想像。社會心理學家約翰．達利（John Darley）和比布．拉丹（Bibb Latané）進行了一系列的實驗，後來稱為「旁觀者效應」（bystander intervention）。[2]他們設計了一些緊急事故場景，如癲癇發作、屋裡的書架倒下來壓到人，地鐵上有人昏倒等。會不會出手相助「遇難者」，有很大程度取決於在場的人數：如果覺得自己是唯一的目擊者，人通常會願意伸出援手；如果在場還有「另一個人看到」（通常是串通好的實驗人員），挺身而出的人會大幅減少；如果在場有「很多人看到」，那麼站出來幫忙的機率微乎其微。

在達利和拉丹的「發病」實驗中，受試者被安排使用對講機和他人進行群組聊天。如果聊天對象突然發病，而自己是唯一一個在和對方聊天的人時，有百分之八十六的人會馬上求助。假如還有其他兩個人也在群組中一起聊天，願意幫忙的人會降到百分之六十二；如果有其他四個人也在群組中聽到求救，那就只有百分之三十一的受試者會伸出援手。

為了充分解釋情境因素比善良和關懷等特質還要重要，達利和丹尼爾．巴森（Daniel Batson）針對神學院的學生進行了一項實驗。我們對神學院學生的既定印象是他們比較樂於助人。[3]研究人員請一群神學院的學生依照指定的路線穿過校園，到另一頭的教室裡講道，主題是「好心助人的撒瑪利亞人」。研究人員告訴一組學生時間還早，告訴另一組說他們已經遲到了。在前往講道的途中，兩組人都會經過一扇門，門前坐著一名低著頭的男子，不斷咳嗽呻吟，明顯需要人幫。在不趕時間的狀況下，有將近三分之二的學生會主動幫忙；在趕時間的狀況下，只有百分之十的學生會出手相助。

假如你只知道誰有幫忙、誰沒有幫忙，很自然地會對伸出援手的那個人留下比較好的印象，你根本不會想到沒有幫忙的人之所以不是「好心的撒瑪利亞人」，其實是因為他在趕時間。事實上，研究人員在說明這個實驗的設定時，聆聽者壓根不會想到：有沒有遲到這個情境因素，竟然會影響神學院學生出手救人的意願。[4]正是因為這個緣故，我們才會覺得：某人見死不救，是因為他人品惡劣（事實上人品是很內在的，外人難以輕易探知）。

潛藏的情境因素也可以影響一個人「看起來有多聰明」。社會心理學家李．羅斯邀請學生參加類似機智問答電視節目的研究，隨機抽選一位學生負責問問題，另一位負責答題，提問者需要想出十題「有挑戰性，但不至於難到無法回答的題目」，回答者必須大聲說出答案。因為提問者負責出題，所以有機會展現自己的學問有多麼淵博，例如「鯨魚身上聞起來甜甜的蠟質常被用來作為香水的基底，請問那是什麼物質？」（先爆雷：答案是龍涎香）。

提問者提出的問題當中，結果回答者只答對了其中幾題而已，大部份題目都沒答對。問答結束後，再請全部的受試者和觀察者，都針對提問者和回答者的常識打個分數。可能你會覺得受試者和觀察者都應該看得出來，提問者比較吃香，因為太明顯了，提問者這個角色完全不會顯露出無知的那一面，回答者卻沒辦法選擇展現比較好的那一面。可是，顯然參賽者和觀察者都沒有體認到「提問者擁有角色優勢」這個事實。因此，參賽者和觀察者都給提問者的博學多聞打了很高的分數，不僅遠遠高於參賽者，更遠遠高於大學生的「博學多聞程度平均值」。

這項問答研究和日常生活密切非常相關。組織心理學家羅納德．韓弗瑞（Ronald Humphrey）在實驗室打造了一個小型商業辦公室，[5] 告訴受試者他想探討「人在辦公室裡一起工作的情形」。有些受試者擔任「經理」，握有監督責任；有些受試者扮演「職員」，必須遵守指令。研究人員故意很明顯地隨機選任經理或職員（讓受試者都看見）。韓弗瑞給這些經理一些時間閱讀任務守則，經理在做功課時，實驗人員帶著職員看信箱、歸檔系統等等。接著，這支新的辦公團隊就要開始為期兩個小時的運作了。職員被指派去做各式各樣重複的低階工作，沒什麼自主性可言；這邊的經理就像真正在辦公室的經理一樣，負責處理高階事務，指揮職員工作。

模擬結束後，經理和職員需要進行角色特質的評分，包含自評和他評，諸如領導力、智力、願意承擔的動機、魄力、支持度等。在這些特質中，經理們給彼此的分數，都比給職員的高；而職員給經理的分數也都高於職員之間給彼此的評分（只有一個項目例外：工作努力度）。

即使是經由隨機分配的角色，也會有明顯的角色優勢，但大家還是很難打破外在條件而察覺到社會角色對行為的影響。當然在日常生活中，大家擔任各自角色的原因更不明顯，也就更難將角色需求與優勢和那個人的本質分開來看。

我也是在認識這類實驗後才恍然大悟，明白了為什麼我總是會覺得學者同事在博士候選人最終口試的提問都聰明絕頂、令人驚艷，而對自己學生不那麼犀利的回答稍稍感到失望。

基本歸因謬誤常常是我們的絆腳石。我們信任不該信任的人，遠離真正的大好人，雇用無法勝任工作的人，都是因為忽略了可能會影響人類行為的情境因素。於是，我們依據某人現在的行為，而對他的性格產生了想像，並且期盼他未來的行為可以印證我們現在的想像。（我們先前雖然說過「過去的行為是未來行為的最佳預測指標」，但那個意思是要經過長時間、在不同情境之下觀察到的過去行為，才會是絕佳的預測指標。只看少數幾個情境並不是好的行為觀察模式，尤其是只在相同的情境裡面取樣。）

為什麼有些孩子長大後主持高峰會，有些進了黑社會？

把你花最多時間相處的五個人相加平均，就會知道你這個人的模樣。

——吉姆．羅恩（Jim Rohn），美國企業家、激勵講者

我兒子十五歲的時候，有天我從辦公室的窗戶往外看，剛好看到他和另一個男孩走過停車場，兩人都在抽菸，但我確信我兒子沒有抽菸的習慣。那天晚上，我跟兒子說：「我今天看到你在抽菸，我很失望。」「對啊，我是在抽菸啊，」他叛逆地說：「但不是因為同儕壓力。」其實他就是因為同儕壓力才抽菸。或者，不管怎麼說，他會抽菸確實是因為同輩當中有很多人都在抽。我們常常會因為其他人都在做某件事就也跟著跑去做，他們的行為變成我們的榜樣，有意無意之間鼓動我們追隨他們的腳步。這些人成功說服我們跟風的機率超乎想像。

在所有社會心理學的領域之中，**社會影響**或許是研究得最透徹的一塊。我們的盲點不只會在觀察他人行為的時候出現，還會在對自身行為進行自我解釋的時候出現。

一八九八年，諾曼·崔普來特（Norman Triplett）進行了第一場社會心理實驗，[6]他發現與其他自行車手競爭的時候，表現會比單純自己計時的時候還要好。後續有許許多多的實驗也證明了同樣的現象，人不只是在競爭的場合中會顯得更加積極，就算只是有人在旁邊觀看也會有一樣的效果，甚至在狗、負鼠、犰狳、青蛙和魚的身上也都可以觀察到「社會激發效應」（social facilitation effect）對表現造成的改變。

那蟑螂呢？沒錯，牠們也一樣！社會心理學家羅伯特·札榮茨（Robert Zajonc）觀察打開電燈時蟑螂躲藏的速度，如果旁邊還有別隻蟑螂，牠們就會跑得更快，就算別隻蟑螂只是在一旁看著，躲藏的速度也一樣會變快（旁觀的蟑螂則是待在科學家特置的蟑螂看台上）。

多年前我買了一台紳寶（Saab）汽車，之後立刻就注意到有很多同事原來也開紳寶。後來，我和妻子開始打網球，也很驚訝地發現原來很多朋友和熟人都在打網球。這樣又過了幾年，漸漸地我們不再打網球，以前常去的網球場不再大排長龍，反而變得空蕩蕩的。我們開始玩越野滑雪之後，差不多同一時期很多朋友也在做同樣的事，後來我們不那麼熱衷滑雪了，多數朋友或多或少也半途而廢了。類似的例子就不用多說了，像是開休旅車、去欣賞看不懂的藝術電影等等。

我現在可以很清楚地看到朋友鄰居對我們夫妻倆的影響，可是當時我完全不自知。那時我應該會認為，自己是因為媒體上對紳寶汽車的評價很好，才會選用該車；我和妻子想要定期運動，家裡對面剛好有座網球場，所以那看起來是很自然的選擇吧。我們永遠可以想到其他原因來解釋自己的行為，而不是承認受到了親朋好友的影響。

我們要慎選往來的對象，因為他們對我們的影響真的很大——這點對年輕人來說格外重要，因為人越年輕，就越容易受到同儕態度和行為的同化，[7]為人父母需要確保孩子的朋友能帶來正面的影響，這份工作非常重要、非常困難。

經濟學家麥可．克里莫（Michael Kremer）與丹．李維（Dan Levy）研究了大一新生的學業成績平均（GPA）和室友的關聯，宿舍室友都是隨機分配。[8]調查人員統計了每位學生高中時喝了多少酒，發現如果室友高中很愛喝酒，那麼他們的GPA會比室友不喝酒的人少了〇．二五點。也就是說，會是B+和A-的差別、C+和B-的差距。如果自己上大學前就喝很多，加上現在室友也愛喝，那麼這位學生的GPA會整整少上一點！這可能意味著他能不能進到頂尖醫學院啊。（我是故意使用男生的「他」，因為室友喝不喝酒並不會影響女生的成績。）

這群學生幾乎不可能意識到「室友的喝酒習慣是造成自己學業表現低落的主因」，研究人員也不是很清楚室友會如此關鍵的確切原因。或許，有個愛喝的室友會讓喝酒看起來是很自然的消遣娛樂，而且你喝得越多，當然書就念得越少，真正拿起書來念的時候效率也就更差。只要不經意地提到學校學生喝了多少酒，就可以減少學生喝酒的量。[9] 其實其他人喝得遠比他們想的還要少很多，於是自己也會開始減量，盡量趨近同儕。

> 我可以理解爲什麼歐巴馬總統要你去念大學，因爲他想要你變得跟他一樣。
>
> ——參議員瑞克．桑托倫（Rick Santorum），二〇一二年競選總統時說的話

大學真的像參議員桑托倫說的那樣嗎？真的會讓人往歐巴馬總統的左派陣營靠攏嗎？

當然會。經濟學家艾美．劉（Amy Liu）和同事針對一百四十八位來自不同大專院校的學生進行調查，這些學校有大有小，有公立有私立，有教會學校也有一般學校。[10] 結果發現到了接近畢業時，說自己政治上是自由派或是極左派的人，比大一時多了百分之三十二，說自己是保守派或極右派的人少了百分之二十八。在大麻合法化、同婚、墮胎、廢死、增加富人稅等議題上，學生向左靠攏了。如果念大學的人少一點，共和黨就可以拿下更多選戰。

或許你在大學時也向左傾了。假如真是這樣的話，當年你有沒有意識到這是因為教授的自由主義思想？你有沒有意識到這是因為你被優秀的學長姐影響了？我賭你沒有。你當年一定認

為，你是因為你把社會本質看得更透徹了，也更清楚什麼樣的價值會讓社會進步了，所以你的思想變了。你一定不會認為自己是因為像海綿一樣吸收了教授的觀點，或是帶有奴性想模仿其他同學，所以轉變了立場。

然而，大學生之所以會向左靠攏，有很大的程度當然是因為受到了其他師生的社會影響。教授影響的不只是學生，他們也會影響彼此，某保守派學生團體聲稱從聯邦選舉委員會公開的數字可以看到，在二〇一二年時，長春藤聯盟有百分之九十六的教授政治獻金都流向了歐巴馬總統。只有一個人，唯一的一個布朗大學教授把錢捐給了共和黨的米特・羅姆尼（Mitt Romney）。（而且這個教授很可能只是為了唱反調，不是真的認同政治理念才捐錢的！）

或許政治獻金的趨勢被誇大了，但作為社會心理學家，我也在長春藤聯盟教過書，我可以跟你保證這些教授①真的是超級自由派，而且②看不到「求同壓力」對他們立場的影響。

有些產業領域也是非常傾向政治上的自由派立場。曾有共和黨黨工想要吸收 Google 的技術人員，不料卻發現與其要這些高科技人員公開承認自己是共和黨，他們還比較樂意承認自己公開出櫃當同志。

同樣地，也有些社群是保守派的大本營，例如教會主辦的包伯瓊斯大學（Bob Jones University）和德州的達拉斯商會（Dallas Chamber of Commerce）都是個中翹楚。

當然，並非整個國家正在快速左傾。自由風氣大學出身的學生進入社會之後，接觸多元觀點的世界，平均起來會把他們往右邊、保守觀點帶過去。

他人對自己的影響，並不僅限於態度和意識型態。你和他人聊天時，不妨故意改變一下自己的姿勢，雙手交叉個幾分鐘，把身體重心放到一隻腳上，或把一隻手插進口袋。每次改變姿勢後，觀察一下和你講話的那個人——然後盡量不要笑出來。不知不覺中，「意動模仿」（ideomotor mimicry）正影響著我們。假如對方沒有進行意動模仿，反而會讓我們覺得不自在、不舒服，[11]只是我們也說不上來是哪裡怪，只會說「他好冷漠」或者是「我們沒什麼交集」。

覺察社會影響

社會心理學家喬治．歌索斯（George Goethals）與理查．瑞克曼（Richard Reckman）開啟了社會影響研究之風氣，告訴了我們社會影響的力量有多大，以及如果沒有察覺到社會影響，其實是件好事。[12]他們問白人高中生對爭議社會議題的立場（當年為了種族融合，實行的黑、白學生共學校車政策）。[13]幾週之後，研究人員打電話給受試者，邀請他們參加共學校車政策的討論會。每四位受試者一組，裡面會安排三位立場接近的人，大家都表明過自己支持與反對的立場，第四個人是假學生，會用強而有力的論點表達相反的意見。討論結束後，受試者會填寫問卷，其中一題就會問到他們對於共學校車政策的看法。

原本反對共學校車的學生，很明顯地往支持方傾斜，大多數支持共學校車的學生則全部跑票，變成反對共乘。研究團隊請學生盡力回想當初對於共學校車的看法，不過在開始之前，有先提醒學生他們手上握有學生原本立場的量表，會拿來檢視回憶正不正確。沒有參加討論會的受試者可以十分正確地回溯原始的立場，可是在參與討論的受試者當中，原本反對的人在「回想」時，會以為自己原本就是支持方，而原本支持的人，平均來說，則以為自己原本是反對方。

歌索斯和瑞克曼的研究顯示了社會影響的強大威力，也指出我們對自己遭受到的社會影響幾乎是毫無所知。他們的研究透露出一個更重要、更令人憂心的現象：我們面對許多事物（包含一些重要議題）的態度，並非出自胸有成竹的思考，反而是未經深思熟慮、臨時產生的想法。同樣令人不安的是，過去觀點的認知也常常是編織出來的。二〇〇七年的時候，我朋友說只要是共和黨的候選人，他都會投下去，因為他才不會投給沒有經驗又只是短期爆紅的歐巴馬。可是到了二〇〇八年，正當他興匆匆地要把票投給歐巴馬時，我跟他提起了之前的對話，他非常生氣，認為是我在亂編假故事。常有人告訴我，我現在很強烈的主張和我以前的立場完全不同。每次碰到這種情形，我完全無法想像那個人——也就是我自己——怎麼可能會有那種想法。

行動者與觀察者的分歧歸因

幾年前，我的研究生告訴我一件怎麼樣也想不到的事：他曾經因為殺人而入獄。扣扳機的不是他，可是兇手是他朋友，開槍的當下他也在場，於是被視為幫凶而定罪。

我印象特別深刻的是他在獄中遇到殺人犯的經歷。殺人犯會把痛下殺手的原因，歸咎於當時的情境，例如「我告訴店員，把收銀機裡的錢拿出來給我，可是他卻把手伸到櫃臺下面，這樣我當然要開槍打他啊。我也覺得遭透了。」

這些歸因當然有自我開脫的成分，但重點是，不論是善行義舉或者殘暴惡行，人通常會覺得「自己的」行為是面對當時情境之下拿出來的合理反應。然而，我們卻常常忽略了「其他人」做出反應的情境因素，所以在評判他人的時候很容易會犯下基本歸因謬誤，錯把性格因素當作行為主要或唯一的解釋。

今天你問一名年輕男生為什麼要和那個女生約會，他很可能會說：「因為她很暖。」然後繼續拿同樣的問題問他，只是這次把他自己換成他認識的人，答案很可能會變成：「因為他需要一個沒有威脅感的女朋友。」[14]

如果你問別人：他們覺得自己的行為及他們最好朋友的行為，所反映的是人格特質還是因為環境使然，則他們通常會回答，朋友的行為，在各種不同的情境之下，會比自己的行為還要一致。[15]

行動者與觀察者會出現歸因的分歧，原因在於：對行動者而言，情境一直都顯而易見，我需要知道現在這個狀況的重點是什麼，才能做出相應的行為（當然，我會遺漏掉很多重要的資訊，或者是根本不會看到）。不過，「你」不太會重視我面臨的處境，因為在你眼中，行為比處境還要清楚，而且你也傾向從我的行為特質（好或不好）直接去歸納出我的人格特質（親切或殘酷）。你往往看不到——或者是忽視——我的處境裡有什麼關鍵的地方。所以你很輕易就會從行為去推導到性格。

文化、脈絡與基本歸因謬誤

受西方文化薰陶長大的人，生活上的自由度和自主性都很高，可以開心追求自己的興趣，不太管別人的眼光。不過，其他文化背景的人就有更多的框架和限制。西方的自由價值始於古希臘十分重視的個人行動主體性概念，而同樣古老又先進的中國文明則站在光譜的另一端，注重團體的和諧關係勝於個人的自由行動。中國社會裡的有效行動都必須兼顧平順的人際互動，顧及上級、長輩和同輩。東方相互依存與西方個體獨立的差異至今依然存在。

《思維的疆域》（*The Geography of Thought*）一書中，我說明了社會取向是源於經濟因素。[16]希臘社會的工作相對偏向單打獨鬥型如交易、捕魚、畜牧，還有果菜園和橄欖園等農業活動；中國社會賴以為生的農業更依賴團體合作，例如種稻。在一個不可能「只管自己，不管別人」的社會裡，或許專制政體（有時是賢君，有時是昏君）會是效率比較高的運作模式。

因此，希臘人不需要太過重視社會情境，可是中國人非常需要。滿多實驗都可以看到這種東西方的差異，對照的正是傳承希臘獨立精神的西方人與繼承中國儒家傳統的東方人。我個人很喜歡的實驗是社會心理學家增田貴彥（Takahiko Masuda）的研究，他請日本大學生和美國大學生看上圖，去解讀中間那個那個卡通人物的表情。[17]

如果背景人物的表情是悲傷或生氣的，日本學生會覺得中間的人比較不快樂。美國學生則比較不會受到周圍角色情緒的影響。（也有一些圖片是讓表情難過或生氣的人站在中間，後

面換成開心、難過、生氣的臉，實驗的結果也差不多。）

對情境的注重，也出現在真實的實體環境裡。為了觀察對情境有多重視，我和增田貴彥請過很多人看一支二十秒的彩色水底畫面（如上圖），並請他們說說看到了什麼。[18]

通常美國人一開始就會說：「我看到三條大魚在往左游，有粉紅色的魚鰭，白色的肚子，背上還有垂直的線條。」日本人的開場則會像這樣：「我看到的應該是一條小河，有綠色的水域，底部有石頭和貝殼，有三條大魚朝左邊游過去。」日本人會先定調整體的情境，再聚焦去形容美國人眼中十分明顯的元素（三條大魚）。總體而言，日本人對背景的描述比美國人多了百分之六十。所以面對亞洲人的時候，你最好要知道，他們會比西方人更在意脈絡。

因為有著情境重視程度的差異，可以看到東方人傾向用情境去解釋行為，西方人則傾向用性格去解釋行為。韓國社會心理學家的研究發現，如果你告訴他們某個人在特定情境下的行為，和類似情境下多數人的行為相同，韓國人會因此推定：那個情境就是驅使那種行為的主要因素。[19]可是，如果換成美國人，他們會用那個人的個性去解釋行為，至於別人在相同情境下會有相同表現這點，美國人會直接忽略。

東方人一樣會犯下基本歸因謬誤，只是沒有西方人那麼嚴重。譬如說，在瓊斯與哈里斯的研究裡，受試者會認為寫作業的人立場會和作業的要求一致。崔仁哲（遠流出版暢銷書《框架效應》作者）也做過類似的實驗，發現美國受試者犯的錯誤韓國受試者也會犯。[20]可是，如果讓受試者自己去面臨必須寫下特定立場的壓力時，韓國人就會看出問題在哪了，也不會再認為學生真正的態度和作業的立場會一樣。反觀美國人，則完全看不出這麼明顯的情境提示，還是死命相信可以從文章中看出學生的觀點。

東方習慣以「整體」的視角看待世界，[21]他們看到的是處在脈絡之中的物體（與個人），傾向用情境因素去看行為歸因，也更會去注意人與人之間的關係、物與物之間的關係。西方則是戴著分析的眼鏡，把注意力放在物體本身，留意物體的屬性，從屬性幫物體分類，再依照各類規則去看待物體。

這兩種觀點都有適用的地方。西方稱霸科學界，我想和分析視角絕對脫不了關係，科學的基礎就是去分類、去發現適用各類別的規則。事實上，希臘人發明科學的時候，同時期的中國文明雖然在數學和其他領域都已經很進步了，但卻還沒有發展出任何實質上的現代科學傳統。

不過，整體視角讓東方人不會犯下嚴重的錯誤，誤判他人行為背後的原因，而且由於比較少會使用性格歸因，東方社會傾向相信人是有能力改變的。後面第十四章會討論到辯證推理，東方文化相信人類的行為具有可塑性，所以在一些重要的議題上面，西方搞錯的地方，反而是東方的看法會比較正確。

你可以學到的事

前兩章有個重點，那就是我們的腦袋裡，還有許許多多我們未知的運作機制。這方面的研究發現對於日常生活深具意義。

多留意情境，可以讓你更正確地看待影響自己和他人行為的情境因素。對脈絡多費點心的話，還可以讓你更能察覺到社會影響。也許透過自我反思，你無法知悉自己的思考和行為到底受到哪些社會影響，可是透過觀察社會影響對「其他人」的作用，你應該可以肯定自己也無法免於這些社會影響。

情境因素對我們和他人行為的影響，比表面上還要深遠，性格因素的影響則沒有我們以為

的那麼深。不要只看到一兩個情境下的行為，就覺得你可以預測他未來的行為，也不要認定性格、信念或偏好就是行為的原因。

別人會把他們的行為歸因於情境因素，我們卻不以為然，但是他們可能才是對的。畢竟他們比你還要清楚自己的處境，也比你更清楚自己過去的相關經歷。

人都會變。自古希臘以來，西方社會就相信基本上世界是靜止的，恆常不變的性格是決定物品與個人行為的根源。一直以來，東亞人都認為唯一不變的是改變，環境改變了，人也改變了。後面幾章也會延續這個討論，基本上，「可變」的概念會比較正確，比要有用。

這些概念可以作為你理解世界的心理工具，越使用這些工具，在使用其他工具時就會越上手，因為你看到了概念的功用，也連帶擴展了可以應用概念的範圍。

第3章
無意識：非常理性的好幫手

我們都覺得自己很懂我腦袋裡在想什麼，也很清楚思考的過程是什麼。可是這種認知，真的與現實差很大。

看了前兩章之後你應該很清楚，影響判斷和行為的機制有很大一部分我們是毫不知情的。有些刺激幾乎不會觸動我們的意識雷達，但很可能正支配著我們的行為。有些刺激我們確實注意到了，只是它們的影響遠遠超出了可信且合理的接受範圍。

想到老人家的時候，我們會不自覺地放慢腳步；想到小珍的表現比小潔好的時候，我們並沒有意識到，有一部分的原因是我們事先已經知道小珍來自較高的社經地位；我們一改原先的立場，投票贊成高稅率以支持社區的教育，此時我們並不曉得是因為投開票所就設在學校，所以可能會讓我動搖；我們簽署支持小黃的公投案，但沒有支持小英的提案，我們不知道部份原因來自於小黃使用的字體比較清楚；我們和小邁一起喝熱咖啡，和小文一起喝冰茶，渾然不知這會讓自己覺得小邁比小文還要暖心。雖然感覺上我們有管道得以一窺心智運作的模式，但其實我們知道的只是冰山一角，可是人卻能在短時間內為自己的判斷與行為做出解釋——只是這個解釋並不正確。以上這些關於覺察和意識的事實，對於我們的日常生活言行舉止有著極為重要的意涵。

意識與虛構

多前年，提摩西．威爾森（Timothy Wilson）和我著手進行一項研究，想知道人是如何向自己解釋日常生活中會影響判斷的認知過程。[1]我們的預期是，人如果不知道大腦如何運作的理論，或是擁有錯誤的理論，則可能會誤判真實的狀況。原因在於，人無從探知認知過程，僅擁有一些可能說得通的理論。

有個簡單的研究是這樣子的，我們先請受試者背誦一組一組的詞彙，接著進行詞彙聯想，例如背誦的詞彙當中有一組是「海洋、月亮」，詞彙聯想時我們請他們說出一種清潔劑的名稱。因為受試者剛剛已經背過詞彙組了，所以他們說出「汰漬」（按，英文Tide意為浪潮）這個名稱的清潔劑，應該不令人驚訝。（當然，也安排了沒有接觸過「海洋、月亮」詞彙組的受試者，才有對照的基準。）詞彙聯想的任務結束後，我們問他們為什麼會想到剛剛那款產品，幾乎沒有人提到是因為之前看到的詞彙組，反而會在產品的獨特之處多加著墨（「汰漬是最棒的清潔劑」），強調是私人因素（「我媽用的就是汰漬」），或者解釋說是情緒上的反應（「我喜歡汰漬的盒子」）。

如果特別去問受試者有沒有受到詞彙組的影響，有三成的人回答有些字可能有影響，但這不表示他們真的有意識到背後的連結。有些詞彙組其實連結力很強，可是卻沒有任何受試者提到有受影響。至於很多受試者認為有關聯的詞彙組，其實根本只有很少數的人真的有受到影響。（會這樣說，是因為我們知道詞彙組對目標詞彙的影響程度有多大。）這項研究顯示，人不僅無法意識到腦袋運作的過程，而且有人直接問他們的時候，也無法真正回溯運作的過程。

人不但無法識別出「A因素影響了B結果」，還可能會相信「其實是結果B去影響了因素A」。

在一些我們的研究中，受試者提到影響他們做出判斷的原因，其實這些原因反而才是結果。譬如說，我們給學生看一段大學教師的訪談，他帶有歐洲口音。有一半的受試者看到的是版本A的訪談，老師表現得很溫暖、親和、熱情，另一半的受試者看到的版本B的訪談，呈現出冷漠、獨斷、嚴格、不信任學生的一面。接著，受試者要為老師的討喜程度以及三項特質打分數：外表、舉止、口音。本質上，這三個特質並不會因為這兩種實驗情境的不同而改變。

看到溫暖版本的那組當然比看到冷漠版本的那組還要喜歡老師，從學生給出的特質分數可以非常明顯地看到「月暈效應」（halo effect）——如果知道一個人有哪點很棒（或很糟），就會連帶地影響到對他的整體評價，這就是月暈效應。看到溫暖老師的受試者中，大部分都認為他的外表和舉止很吸引人，在口音上面大部分是抱持中立的態度；看到冷漠老師的受試者中，絕大多數會認為全部的特質都令人不快、令人厭煩。

看到友善版的受試者知道自己對老師的好感影響了特質的評價嗎？看到冷漠版的受試者知道他們對老師的惡感影響了特質的評價嗎？我們問了一些受試者，他們都強烈否認好感與惡感有影響到特質評分。（實際上，他們是這樣說的：「拜託，我當然有能力不帶個人情感地好好評價一個人的口音好嗎。」）至於其他的受試者，我們問的是相反的問題，也就是他們對老師個人特質的感受有沒有影響到整體的好感度？看到溫暖版的受試者否認特質帶來的感受有影響到整體的評價，可是看到冷漠版的受試者認為可能是因為那三個特質都不喜歡，所以整體的評價才會不高。這組受試者的反應完全相反，他們不喜歡老師，所以對他的外表、舉止和口音給了負評，可是又否認這層影響，反而認為是因為不喜歡這些特質，所以才拉低了整體評價。

總之，面對真正影響到我們的因素，我們可以拍著胸脯保證說沒被影響；面對不會影響到我們的因素，我們也能夠信誓旦旦地說有被影響。這種混亂的程度足以讓我們嚴重誤判一個人。我們無法確知自己「為什麼」喜歡或討厭某個人，所以和他們打交道的時候，很有可能會犯下嚴重的錯誤，譬如說，我們會試圖要他們改變某些我以為惹到我的特質和行為，但其實這些特質和行為完全是中性的，完全和我對他們的整體觀感無關。

你不知道你在感知：閾下知覺與閾下說服

就算對刺激毫不知情，我們也會受它影響。「閾下」（subliminal）指的就是意識沒有察覺到的刺激。（閾值就是刺激能被感覺到的點，如：光、噪音或任何刺激。）

心理學有個很著名的研究發現，只要人越接觸某種刺激，就會變得越喜歡那個刺激（只要一開始不討厭那個刺激），如歌謠、中文字、土耳其文、人臉。[2]這就是「單純熟悉效應」（mere familiarity effect）。有個研究是這樣的：讓人一邊耳朵聽著一段訊息，另一邊耳朵聽著各種音調序列，結果發現，某一種音調序列聽到越多次，就會變得越喜歡它。即使是在不知情的狀況下聽到音調，結果也一樣，而且實驗結束後，也分辨不出聽了那麼多次的音調和從沒聽過的音調有哪裡不同。

心理學家約翰．巴奇（John Bargh）和寶拉．皮爾多摩納科（Paula Pietromonaco）讓一些單字閃現在電腦螢幕上，出現時間只有零點一秒，而且為了確保不讓受試者知道自己剛才看到什麼單字，還在原本單字的位置放上一長串X，以便遮蔽剛剛的刺激。[3] 一組受試者接觸到的是具有敵意的單字，另一組分配到的是中性的單字。接著，讓受試者閱讀一個人物「唐納」的故事，在故事中他的行為可以解讀成具有敵意，也可以中性解讀（推銷員來敲門，可是唐納不讓他進來）。比起看到中性單字那組，看到敵意單字那組會覺得唐納散發出更多的敵意。剛讀完唐納故事之後給受試者看剛才閃過的單字，受試者看不出來哪些單字有看過，哪些沒看過，甚至連有單字閃過都還不知道。

這類研究引發了一個問題，那就是真的有閾下說服這種現象嗎？也就是刺激的強度很低，低到人無法察覺到自己有看過，可是卻又能促使人去相信某件事，或者是去做某件事。多年來，學者前仆後繼投入這個主題，但都無法提出令人信服的解釋。

近期的行銷研究指出，閾下刺激能夠影響產品的選擇。譬如說，先製造口渴的情境，再讓口渴的人在短到無法察覺的情況下，看到特定的品牌名稱。接著，要選擇買哪牌的飲料時，他比較可能會選擇剛剛出現過的品牌。

若這個刺激屬已達「閾上刺激」（supraliminal，可以意識到的程度），只是看起來非常偶然又難以察覺，那麼毫無疑問還是會影響消費者的選擇。[5] 即使是再微小的刺激也都會有影響，如：筆的顏色。[6] 在填寫消費調查中，用橘筆寫字的人比用綠筆寫字的人還要容易去選擇橘色的產品。和其他訊號一樣，脈絡訊號在消費選擇上扮演著重要的角色。

讓無意識為你做出正確選擇

在大眾眼裡，無意識主要是儲存暴力、性這種壓抑想法之處。事實上，我們也很常有意識地想到性和暴力。如果發給大學生一個蜂鳴器，告訴他們每次蜂鳴器響起時，就要記下自己當下在想什麼，你會看到很多和性有關的思緒。而且他們大多有過殺人的念頭。[7]

無意識並非只存放難以啟齒的想法，其實無意識一直都在做很有用的事，甚至可說它的功能非常不可或缺。

無意識能幫我們「預先感知」（preperceive），其實我們的感知系統一直在無意識的狀態下監看著大量的刺激，這些刺激只有一小部份會被意識注意到。無意識會將我們感興趣、需要處理的資訊傳送到意識那邊。

如果懷疑這個論點的話，請想像一間擺著老爺鐘的房間，不管你有沒有發覺，其實你一直都有聽到滴答聲。我為何如此肯定？那是因為如果時鐘停了下來，你馬上就會注意到。或者可以想想「雞尾酒會現象」：擁擠的房間裡，在一片嘈雜聲中，你很努力想要聽到聊天對象的聲音，其他人在說什麼你都聽不到，只聽得到對方的聲音。其實不然，你的耳朵還是一直在接收其他的聲音。假如一公尺外有人提到你的名字，你一定馬上會有反應，朝那邊看去。

無意識比意識還能容納感知訊息，能夠同時承接多項各種類型的訊息，所以假如你讓意識介入，反而可能會擾亂了你對事物的評價。如果有人要你針對某幾款海報或某幾款果醬立刻做出選擇，而且要你在選擇的當下說出你為何喜歡或不喜歡這些物品，則此時你做的選擇，一定劣於慢慢想清楚再做出的選擇。[8]我為什麼會知道當下做的選擇，不會是最佳選擇呢？因為事後詢問那些人的時候，他們都會表示對當下的選擇並不滿意。

用意識去思考反而會讓腦袋迷路的原因在於，意識只會把注意力放在可以用語言表達的特性之上，但這些特性往往並非全部的重點。無意識不但能處理可以用語言表達的資訊，也能處理無法用語言表達的資訊，因此能做出比較好的選擇。

假如在選擇的過程中不讓意識思考介入，有時反而結果較佳，有份研究就支持了這項論點：荷蘭研究員請學生從四間公寓當中挑出最好的一間，每間公寓都有吸引人的地方（例如地點絕佳），也有不吸引人的地方（惡房東）。[9]其中一間在客觀條件上比其他的都好，共有八項優點、四項缺點、三項中性的條件，可說是四間當中較好的物件。第一組受試者必須馬上選擇，沒有太多的思考時間（不管是有意識的或無意識的思考）；第二組受試者可以好好想個三分鐘，仔細檢視所有的資訊，有充裕的時間進行意識思考；第三組受試者也會拿到同樣的公寓資訊，但他們無法好好進行意識思考，因為在接下來的三分鐘裡，他們必須操作另一項很困難的任務，此時即使他們的大腦有在處理公寓的資訊，那也是無意識的思考。

結果十分驚人，比起有時間好好進行意識思考的第二組，要分心去做困難工作的第三組做出正確選擇的人，竟然多了將近三分之一，而且第二組的決定比沒什麼時間思考的第一組還要糟糕！[10]這個發現顯然和我們的日常選擇與生活決定有著密切的關聯，本書稍後還會再討論到這題，探討人類選擇的理論，看看如何將最佳決策的機率拉到最高。

無意識可幫助你學習

學習高度複雜的規則或模式的時候，無意識會表現得比意識好，而且無意識可以學會意識學不來的東西。帕威爾・路維奇（Pawel Lewicki）和同事讓受試者盯著分成四等分的電腦螢幕，[11]字母X會出現在其中一個區塊裡，受試者的任務是按下按鍵去預測X會出現在哪一個區塊。不過，受試者不知道的是，背後主導的規則十分複雜，譬如說，X絕對不會連續兩次出現在同一個區塊；X會先在另外兩個區塊出現過後，才會回到原本的位置；X出現的第二個位置會決定X出現的第三個位置；X的第四個位置是由受試者剛剛猜的那兩個位置而定。人類有辦法學習這麼複雜的規則系統嗎？

可以。原因在於，①受試者按下正確按鍵的速度越來越快，②規則突然改變時，他們的表現會變得很差。可是意識思考並未參與這個過程，受試者甚至不會意識到有個模式「存在」，更別說會知道是什麼樣的模式了。

不過，受試者顯然很擅長描述自己表現突然變差的現象，這樣說應該不會錯，因為這個研究的受試者是心理學教授（而且他們知道自己正在參與無意識學習的研究）。規則改變後，有三位教授描述自己「節奏亂了」，兩位教授還說研究人員在螢幕上放了會干擾人的閾下訊息。

為什麼我們無法有意識地辨識出剛剛學習到的模式呢？容我這樣問：「為什麼我們應該要知道？」重點是「我們有能力學會新模式」，而不是「我們必須要有精確闡述模式規則的能力」。

無意識非常善於偵測各式各樣的模式。想像一個布滿一千黑白畫素的網格，選擇一半的網格，然後將一部分的畫素隨機分配成黑色或白色。接著，把這半邊網格翻過來，創造出網格鏡像，再把兩塊網格擺在一起，你應該能夠立刻辨識出它們是對稱的樣子。你是怎麼看出來兩邊是完全對稱的呢？肯定不是有意識地去計算、推敲每個畫素的對應位置，因為要這樣算，必須做五十萬次的計算才能確認有沒有對稱。今天就算是用電腦，這類運算也無法快到哪裡去。

顯然大腦在處理複雜的模式時，並不是藉由吃力的計算去偵測。我們會立即、自動辨識出鏡像圖，換句話說，圖片真的有對稱的話，你「無法看不到」。然而，如果有人問你畫素確切的排列方式，你應該會被難倒（除非它們排列成很清楚的形狀，可以立刻描述出來）。你的神經系統是精心設計來偵測模式的，只是我們不瞭解這裡的辨認過程而已。

可惜的是，我們好像有點太會偵測模式了。我們往往會在沒有模式之處，看到模式的存在，本書第三部份就會談到，我們常常會很肯定地認為完全隨機的事件組合其實是由某個媒介促成的，譬如說是某個人的緣故才會發生。

無意識很會解決問題

質數就是只能被一和本身整除的數字。早在兩千多年以前，歐幾里得（Euclid）就證明出了有無限個質數的存在。有趣的是，質數常常會以「孿生」的模樣出現，也就是彼此只相差2，如3和5，17和19。那麼孿生質數也是無限多個嗎？這個問題吸引了無數頂尖的數學家和業餘人士爭相求解，可是一直懸而未解。電腦算出最大的孿生質數是3,756,801,695,685×2666,669+1，可是光靠電腦粗暴的運算力是永遠也無法找到真相，於是孿生質數的謎題一直是數學界的聖杯。

二〇一二年四月十七日，《數學年刊》（*Annals of Mathematics*）收到一份投稿，來自新罕布夏大學（University of New Hampshire）名不見經傳的數學講師，聲稱他在孿生質數猜想上找到了重大的突破。[12]這位數學家是五十多歲的張益唐（Yitang Zhang），進入新罕布夏大學之前，他做過好多不同的工作，當過會計，甚至還在連鎖速食 Subway 待過。

數學期刊上，華而不實的理論層出不窮，可是《數學年刊》的編輯發現張益唐的論點好像有幾分道理，於是立即將這篇文章送出去請人審查。經過三個星期後（以學術標準來看可謂超級快速），期刊得到口徑一致的回覆，大家都說這個論點是合理的。

張益唐證明了世界上存在著無限多組的孿生質數，而且相差不會超過七千萬。無論你探索的質數範圍有多浩瀚無垠，無論孿生質數出現的頻率變得有多低，你都會在七千萬的差以內找到孿生質數。

數論家宣告這個發現「非常震撼」，哈佛大學邀請張益唐前去演講，分享研究成果，台下擠滿了劍橋學者。他的演講感動了台下的聽眾，就像他的研究震撼了審查的學者一樣。

當時，張益唐已經鑽研了三年孿生質數猜想，但毫無斬獲。可是突然之間，他靈光一閃，那不是他在辦公室埋頭苦幹的時候，而是他坐在科羅拉多朋友家後院的時候，當時他正準備要去聽一場音樂會，他說：「當下我就知道這個解法可行。」現在無意識把該做的做完了，就交棒給意識思考繼續努力。張益唐又花了幾個月的時間才確認完細節。

張益唐的故事是用創意解決問題的典型，而且還是層次很高的那種。創意工作者談到創作的時候都有相似之處，包含藝術家、作家、數學家、科學家。美國詩人布魯斯特·吉斯林（Brewster Ghiselin）蒐羅了大量描述創意思考過程的文章，集結成冊，從數學家龐加萊到畫家畢卡索，都是各個領域具有高度創造力的人才。[13]吉斯林說：「幾乎沒有創作是單靠意識思考就完成的。」相反地，他的書中人物幾乎都把自己形容為旁觀者，透過旁觀的角度，看見藏在意識思考背後的東西，成為第一個見證到問題解決過程的人。

吉斯林書中的人都堅持：①他們幾乎都不知道催生解法的因素是什麼，或者是根本摸不著頭緒，②有時候，甚至連與問題相關的思考有沒有在運作也不知道。

數學家雅克·阿達馬（Jacques Hadamard）曾經表示：「突然間我被外面的噪音驚醒，一直以來在尋找的解答就這樣出現了，可是我完全沒有在思考啊……而且結果和我之前努力的方向完全不一樣。」數學家亨利·龐加萊（Henri Poincaré）說：「旅途中的變化，令我忘記了數學工作……就在我一腳踏上公車時，腦中突然浮現了一個想法，可是這個想法似乎也不是之前思考鋪陳而來的，我發現先前在富克斯函數裡使用的轉換組合和非歐幾里得幾何的轉換組合幾乎一模一樣。」哲學家兼數學家阿爾弗雷德．諾斯．懷海德（Alfred North Whitehead）寫道：「想像奔馳、混亂焦慮之後，接著便能成功歸納出結論。」

詩人史蒂芬．史班德（Stephen Spender）形容：「朦朧的靈感之雲啊，我覺得必須將它們化作一連串的文字才行。」詩人艾咪．羅威爾（Amy Lowell）這樣認為：「點子會毫無來由地跳出來，《青銅馬（The Bronze Horses）》這首詩就是這樣誕生的。我只是覺得用馬當題材不錯，如此想想而已，就再也沒有有意識地去思考這件事了，我真正做的是把題材丟進潛意識裡，就像是把信件丟進郵筒一樣。六個月之後，詩句開始在腦海中浮現，套句我自己的話來說，這首詩就這樣憑空出現了。」

這些人都是歷史上數一數二的創意奇才，他們在處理精彩點子時得到的啟發，也能套用到你我的日常瑣事上頭。

接近一個世紀以前，心理學家梅爾（N. R. F. Maier）向受試者展示了兩條掛在天花板的繩子，同時間實驗室裡面還到處放置著許多不同的物品，如夾子、鉗子、延長線，[14]受試者的任務就是要把繩子下垂的兩端綁在一起。困難之處在於兩條繩子的距離抓得剛剛好，受試者無法左手抓著這條，再用右手構著另一條。但他們很快就想到了許多解法，例如用延長線綁在一條繩子的尾端。每想出一種解法，梅爾就會告訴受試者：「現在，再想想還有沒有另一種方法。」其中有一種解法特別困難，多數受試者都無法單靠自己想到。看到受試者滿臉困惑地站在那裡，梅爾會在實驗室裡走來走去。假如他們卡了好幾分鐘，梅爾便會不經意地晃動其中一條繩子。看到這個舉動，受試者通常能夠在四十五秒內想到這個方法：拿起實驗室的砝碼，綁在其中一條繩子的末端，然後甩動繩子如鐘擺一樣，接著再跑到另一條繩子那邊，抓住第一條綁著砝碼的繩子。這時梅爾會立刻問他們是怎麼想到鐘擺的解法，得到的答案是「就是突然想到的」、「只剩下這種方式了」、「我發現如果綁上砝碼，繩子就能擺動了」。

一位受試者是心理學教授，他的回答特別詳細：「在用盡各種辦法之後，就剩下擺動了，我心中出現的畫面是抓著繩子盪到河對岸，或是一群猴子在樹上盪來盪去。這個畫面與解法同時出現，就大功告成了。」

聽完這些解釋之後，梅爾繼續盤問受試者，那條擺動的繩子有沒有任何影響。將近三分之一受試者承認有受到擺動繩子的影響，但這不代表他們真的有意識到那條繩子發揮的作用，很有可能只是覺得梅爾提出的這個問題很合理，就同意了。為了確認受試者是真正的沒有意識到擺動繩子的影響，梅爾進行了新的研究，這次他將砝碼綁在其中一條繩子上。這個提示完全沒用，沒有人在砝碼綁上去後解開難題。而在面對另一組受試者的時候，梅爾則是將砝碼拿在手上晃動，然後大部份的受試者就能立刻想到鐘擺解法。事後訪談時，受試者全都堅稱那個晃動的砝碼有幫到他們，可是卻都否認擺動的繩子有發揮提醒的效果！

梅爾的實驗結果深具意義：解決問題的過程，就像其他的認知過程一樣，是意識思考難以觸及的地方。

那為什麼我們還要有意識思考？

關於無意識，該知道的最重要一點就是：意識思考處理得很糟糕的事，往往就是無意識最擅長處理的問題。但是，儘管無意識可以譜寫交響曲，可以解決世紀數學難題，卻不會處理173×19這種題目。你不妨在睡前自問173×19的答案是多少，看看明早刷牙的時候會不會跑出答案。肯定不會的。

可見有一套規則是無意識無法運作的——可能是許多簡單的規則，像乘法那樣簡單。（當然，指的是你我這種平凡人的無意識碰到這些規則就沒辦法運作，但不知道為什麼專家的無意識就是可以。）這樣說起來似乎很矛盾。隨便一個國小四年級的小孩能靠著意識思考處理的東西，卻無法以基於馮紐曼模型所建構的電腦來進行無意識處理。可以確定的是，無意識有著一套規則在走，但是到目前為止，我們還沒有整理出一套很好的方法，可以說明意識思考和無意識思考的規則長什麼樣子，也不知道有沒有規則是兩邊通用的。

我們只知道，某件任務可以用意識思考來處理，也可以靠無意識思考來完成，只是一般來說兩邊的解法應該會天差地遠。諾貝爾經濟學獎得主賀伯・賽門擁有經濟學、電腦科學、心理學、政治學背景，他反對提姆・威爾森（Tim Wilson）和我的論點，認為並沒有什麼「用意識來觀察心智過程」這回事。他發現，人如果能一邊解決問題，一邊放聲思考，就能夠精確地描述處理的過程。然而，他的例子只能解釋人有能力說出解法規則的理論，而且有時候這些理論是正確的，但這並不完全等同於能夠觀察過程。

當我們的「意識思考」在解決問題時，我們應該可以意識到：①腦中特定的思維與感知是什麼，②我們認為實際掌管（或應該掌管）這些思維和感知的特定規則是什麼，③從腦袋裡的心智過程產出哪些認知與行為結果。例如我知道我自己會乘法，我知道出現在腦中的是173和19，我知道必須用3乘以9，把7寫下來，2要進位……等等。我可以對照「意識思考用的規則」和「應該使用的規則」是否一致。然而，這些並不代表「我知道進行乘法運算的過程是什麼」。

賽門有次告訴過我一個很完美的例子，可以說明一件事既可以透過無意識規則執行，也能透過意識規則處理。

第一次玩西洋棋時，我們應該都說不出自己是按照哪個規則來移動棋子。不過，玩家確實是遵循著規則在下棋，這種技巧叫做「低階棋手策略」（duffer strategy），專家都很清楚。

接觸西洋棋一陣子後，讀了相關的書籍，又和技藝高超的棋手聊聊，新手就會開始意識到自己的下棋策略，也能夠準確地描繪自己的規則。即便如此，我還是會堅持他們「肉眼看不到」腦中的機制，因為他們只能確認自己行為和意識思維裡的規則是否一致，或者是確認自己行為和使用規則時的想法有沒有一致。

很可惜我們無法看到解決複雜問題的過程，但更可惜的是我們常常以為自己看得到。如果一個人認定自己就是知道思維是怎麼運作的，就很難改變他們怎麼看待策略和技術背後蘊含的智慧，他們也不會認為自己正在犯下你指出的錯誤。

棋手成為真正的專家時，他們又會再度陷入規則無以名狀的階段，一部分是因為他們不再有意識地使用中階時期學到的許多規則，部分是因為無意識已經開始接手主導策略，而正是這些策略讓他們成為下棋高手或大師。

從兩方面來看，就比較可以理解，為什麼我們看不到判斷成形的過程了：

1. 我們宣稱自己知道判斷和行為背後的過程，我們卻不會主張自己能夠意識到認知背後的過程或是從記憶提取資訊的過程。我們知道後面這種過程完全超出了人類能力所及的範圍。生成感知與記憶的精巧過程，是我們無法察覺的。既然如此，那又為什麼會相信自己看得到認知過程呢？

2. 從演化的角度來看，我們能夠看到處理事情的心理過程有很重要嗎？意識思考要做的事情已經夠多了。

這邊說我們無法直接得知心理過程，意思並非在說我們常常會搞錯背後的運作機制。我們經常可以在合理自信的範圍內，說出自己現在最重要的刺激是什麼，也可以說出行為的原因。我知道我之所以轉彎，是為了避免車子撞到小動物；我知道自己之所以會掏錢，主要是因為辦公室裡其他人都在捐款；我知道要考試了我很焦慮，是因為我沒有好好念書。

然而，要找出我的判斷和行為背後的正確驅動因素，就必須要有正確的理論。下面這些我都沒有理論可以說明：在自助投錢箱上面放一張椰子圖，我就比較不會存有苟且之心不投錢；投票所設在教堂裡面，我就比較可能對墮胎投下反對票；餓著肚子的時候，我對應徵工作的人會比較沒有同情心；如果旁邊有魚腥味，我就會對手邊的文章起疑；假如手裡握著一杯熱咖啡，我就會覺得你是個溫暖的人。關於上述這些事的理論，會長什麼樣子呢？有什麼會比「我怎知有哪些因素在影響我的行為」還要更籠統、更無用呢？

上述這些行為背後的心理過程是什麼？若能用理論加以說明，則我們就會把這些理論當作行為的原因。其實很多時候我們會去對抗這些心理過程，也往往能得到更好的結果。然而，正因為缺乏思考過程的理論，我們才會無法正確解釋行為產生的原因。

你可以學到的事

本章內容非常重要，告訴了我們該如何在日常生活中應對。以下是重點：

不要認為你知道為什麼自己會這樣想、這樣做。偶發因素很難被注意到，更容易被遺忘，而且我們也不知道偶發因素有什麼作用。就算是那些非常明顯的因素，我們也還是常常無法確定它們扮演著什麼樣的角色。所以，我們應該降低自信嗎？其實，如果你抱著健康的懷疑態度去思考「我真的知道自己在想什麼嗎？我真的知道自己行為的原因嗎？」那麼在做決定時，就不太可能會錯過最佳選擇。

不要認為別人給出的理由和動機，會比你給出的理由和動機還要正確。我常常會發現自己在告訴別人為什麼我要這樣做，當下也很明白自己在邊說邊編，所以不管我說了什麼，你都應該要抱持懷疑才行。可是在對話當中，對方通常會點點頭，看起來深信不疑的樣子。（我在和心理學家聊天時，通常會很有風度地提醒他們不用太相信我。但別把這番話告訴非心理學專業的人。）

然而，雖然我有體認到自己的解釋是介於「可能是真的」和「沒人知道是不是真的」之間，可是碰到別人說出來的理由，我還是常常照單全收。有時候，我確實會注意到有人只是在編織似是而非的解釋，而沒有據實以告，但我也會買帳，正如其他人會對我的解釋深信不疑那樣。我真的不知道為何自己這麼好騙，但我還是想提醒你，別人說的話不要輕信。

現在連法律界有都有概念了，知道不要輕信別人告訴你他們為什麼那樣判斷、那樣表現，不能太相信證人、被告、陪審團，不論是他們口中自己行為的原因，還是做出結論的理由都一樣。甚至在人最誠實的時刻你也不能盡信。[15]

你要協助無意識，好讓它來幫助你。音樂神童莫札特創作時似乎信手拈來，電影《阿瑪迪斯》（*Amadeus*）當中把他的創作過程描繪成行雲流水，一顆音符都不會寫錯。可是凡夫俗子想用創意解決問題的話，必須要在以下兩個關鍵時刻，動用意識思考才行：

1. 在找出問題的元素以及產生解法的雛形時，意識思考不可或缺。雜誌《紐約客》（*New*

Yorker）的作家約翰．麥克菲（John McPhee）說他在真正下筆之前，一定要先打草稿，草稿寫得再差也不能省略。「假如沒有草稿，也就是說草稿不存在的話，顯然你就不會去思考要怎麼打磨文字。簡單來說，可能一天真正寫作的時間只有二、三個小時，可是不管是用哪種形式，你的大腦都會二十四小時持續運作，沒錯，連你睡覺時也在運轉，只是運轉的前提是必須先有初稿或草稿。草稿出現之前，寫作就還沒真正開始。」他說還有一個啟動寫作過程的好方法，那就是寫封信告訴媽媽你要寫什麼。

2. 去檢查、去發揮無意識思考得出的結論時，意識思考至關重要。數學家在靈光乍現之後，會告訴你他花了上百個小時，有意識地去確認神來一筆的解答到底對不對。

整本書我想告訴你最重要的一點就是，**絕對不要浪費無意識自動導航帶來的好處**。每次帶領討論會的時候，我都會列出一張思想題目表，作為下一堂課討論的基礎。如果我是拖到下一堂課討論之前才開始設計問題，花的時間會比較長，問題的品質也會比較差。其實只要提早個兩、三天就會很有幫助，坐下來好好思考重要的問題有哪些，花個幾分鐘就能大功告成。拖到比較晚再開始認真設計問題時，我老是覺得自己只好想到什麼就寫什麼，而不是真的在提出優質的問題。假如你是學生的話，我問你：學期最後一堂課要交期末報告，那什麼時候開始寫比較好呢？答案是第一堂課。

如果手上的問題毫無進展，那就放下它，先去做做別的事。讓無意識接手試試看吧。我以前做微積分的時候，總是會遇到遲遲無法突破的關卡，反覆想很久，然後才很沮喪地去做下一題，偏偏後面的題目越來越難，越想越痛苦，最後只好絕望地合上書本。而我有個朋友，碰到微積分卡關的時候他就直接去睡覺，隔天早上再處理那一題，這時正確的解題方向常常就會自己跳出來。

在瞭解心智是如何運作之後，我希望你會更能理解本書提到的概念是多麼好用。也許你會覺得某些概念看起來沒什麼用，但只要知道這些概念，或許日後就會派上用場。你越常使用某個概念，就越不會感受到自己正在使用它。

PART 2 有用的經濟學工具

想到經濟學家時，最常浮現的畫面很可能會是教授、政府官員或企業主管正在埋頭處理方程式，計算著各國的國內生產總值GDP，試圖預測明年的煤礦市場，建議美國聯準會（Federal Reserve）該如何訂定隔夜拆款利率。這些大規模的計畫叫做「總體經濟學」，現在的人已經不像以前那樣尊重總體經濟學家了。諾貝爾得主保羅．克魯曼（Paul Krugman）也提到，幾乎沒有經濟學家預測到二〇〇八年的金融海嘯。（不過倒是有人連續做出九次衰退的預測，後來實際上只發生了五次！）有些批評家質疑，都是投資銀行與信用評等公司裡面的經濟學家採用了錯誤的數學模型，才會釀成經濟衰退的災難。

二〇一三年諾貝爾經濟學獎有兩位得主，獲獎理由是因為告訴大家股票和債券市場非常精準、非常理性，不管在任何時刻，股票和債券的出售價格都能夠完全反應實際價值，所以不可能靠著計算時機去打敗大盤。其實，當年還有另一位諾貝爾經濟學獎得主，他則主張市場並不是完全理性，而是會受到情緒反應的影響，所以把握時機去賺錢是有可能的！（經濟學家朋友告訴我，這兩種觀點並不算完全矛盾。）

先不論哪個立場是對的，其實你並不一定需要擁有豐富的總體經濟知識才能有效生活。不過，另一支經濟學就確實是與我們日常生活切身相關了。「個體經濟學」討論的是個人、企業與整體社會是如何做選擇的，個體經濟學家常會告訴我們「應該」如何決策。「描述型」（descriptive）個體經濟學和「指示型」（prescriptive）個體經濟學充滿爭議，過去一百年來，專家提出了許多不同的描述型選擇理論和指示型選擇理論，經濟圈偶爾也會有幾乎快要達成共識的時候，但這時又會有人提出新的典範，再次點燃論戰。

後來認知心理學家和社會心理學家也加入了戰場，於是掀起了最近一次的個體經濟論戰。「行為經濟學」融合了心理理論與研究以及新穎的經濟觀點，企圖翻轉傳統描述型與指示型的選擇理論。於是，行為經濟學家也加入了幫助人類決策的行列，他們不只會告訴你該如何選擇，還會自行建構世界，幫助你做出他們眼中最佳的選擇。聽起來有點獨裁，其實不是的。有些行為經濟學家會開玩笑說，他們在做的事情是「自由派家長主義」（libertarian paternalism）：他們會告訴你如何做出選擇，如何安排世界以做出好的決定，可是他們不會強迫你做選擇，你可以不理他們。

正如你所料，心理學踏進經濟領域時，也一併帶入了一些前幾章討論到的基本假設，例如我們並不清楚知悉自己做決定的原因，而且我們的選擇和行為都不是完全理性的。說到這裡，行為經濟學家又會跑出來說他們可以幫你做選擇了。

第四章將會介紹傳統的經濟理論，探討如何做選擇，又該如何做選擇。基本上使用的資料是多數經濟學家認可的內容，但包含了一些較大膽的行為經濟觀點。第五章會討論我們處理日常生活大小選擇時，可能會犯的錯誤，本章可以讓你知道該如何面對一道又一道的日常選擇題。第六章從行為經濟的觀點去看人是如何做決定、該如何做決定，讓專家從旁協助你，往更優的選項靠近，也去瞭解為什麼這樣做會比較好。

第4章
像經濟學家那樣思考

眼前的狀況或決定之所以困難，是因為我們在思考的時候，沒辦法一次完整地想出全部的好處與壞處……我的解決辦法是拿張紙，在中間畫一條線，左邊寫上「好處」，右邊寫上「壞處」。接著在標題下方簡短寫下各種動機的關鍵字：為什麼支持、為什麼反對……盡量衡量各個選項，左右在兩邊找到權重相等的項目時，便一起劃掉。如果看到一項好處可以抵掉另外二項壞處，就把這三個都劃掉。這樣讓我能夠充分檢視，找到平衡點。雖然理由的權重無法像代數那樣，可以得出精準的數字，可是在逐一檢視、各自掂量、相互比較之後，便能看到整體的分量。相信這樣做能夠幫我做出比較好的判斷，也比較不會草率行事。

——班傑明．富蘭克林（Benjamin Franklin）

富蘭克林對於下決定的建議，就是我們現在所說的「決策分析」（decision analysis）。

表1. 帕斯卡賭注的報酬矩陣

	上帝存在	上帝不存在
相信上帝	＋∞（收穫無限）	－1（損失有限）
不相信上帝	－∞（損失無限）	＋1（收穫有限）

十七世紀中期法國數學家、物理學家、發明家與基督教哲學家布萊茲．帕斯卡（Blaise Pascal）率先提出了決策方法，富蘭克林的思考過程可說是這個方法的進一步發展。你在做「期望值分析」的時候，會列出每個選項可能帶來的所有結果，決定各自的價值（正面或負面），計算每個結果出現的機率。接著，將價值乘以機率，得出的數字會是每種行動的期望值。最後，你就選擇期望值最高的付諸行動。

帕斯卡利用他十分出名的賭注哲學來形容決策理論：每個人都必須決定要不要相信上帝。分析核心就是我們今天所說的「報酬矩陣」（payoff matrix），如表1。

假如上帝存在，我們也相信祂，報酬就是永生。假如上帝存在，我們不相信祂，代價就是永世的地獄。如果上帝不存在，但我們相信祂，雖然會有損失，但損失不大，頂多就是不能犯罪、不能自私害人。如果上帝不存在，我們也不相信祂，便會多出那麼一點點的收穫，可以放縱自己享受罪中之樂，活得自私。（今天有許多心理學家會說帕斯卡爾可能把「收穫有限」和「損失有限」弄反了，因為施比受更有福，給錢會比拿錢更能令人心靈富足，所以不犯罪不害人應該算收獲；[1] 替他人著想也會讓自己更快樂，所以活得自私應該算損失。[2] 可是這都不至於影響到帕斯卡爾報酬矩陣的邏輯。）

帕斯卡爾的報酬矩陣裡，假設上帝存在那邊沒錯的話，那麼無神論者就可憐了，只有蠢蛋才不會相信上帝。可惜的是，我們無法只是嘴巴說說就生得出信仰來。

不過，面對這種狀況，帕斯卡有個解法。為了解決這個問題，他開創了一個新的心理學理論，就是我們今天說的認知失調論。假如我們的信念和行為不同調，勢必有一方需要改變，不是信念就是行為。我們無法直接控制自己的信念，可是我們可以控制行為。由於失調會讓人難受，所以我們的信仰和行為就會趨於一致。

帕斯卡對無神論者的建議是：假裝相信，喝聖水，做彌撒，這些行為會讓你真心相信……反正有什麼好損失的呢？

社會心理學家會說帕斯卡講得一點都沒錯，改變人的行為，心與腦就會跟著改變。基本上，帕斯卡的決策理論從此成為常規決策理論的核心思想。

成本效益分析

經濟學家可能會這樣說，假如決定會帶來後果，那我們就必須進行「成本效益分析」（cost-benefit analysis），來計算期望值。正式的定義是，在所有可能的行動方案之中，應該要選擇可以產生最大淨效益的那一個，淨效益就是效益減去成本。說得更明確一點的話，就是我們應該要依照下面的建議去做：

1. 列出各種可行方案。
2. 找出受影響的各方。
3. 算出各方的成本和效益。
4. 選擇計算的方式（通常是金錢）。
5. 預測期間內，成本和效益帶來的所有結果。
6. 依照機率來權衡如何預測結果。
7. 隨著時間的前進，要將預測的結果折算為現值。（一棟新屋在二十年後的價值會比現在低，因為你能享受這棟房子的時間變少了。）打折後得出的結果就是「淨現值」（net

present value）。

8. 進行敏感度分析，譬如說，預測成本效益時可能會出現誤差，預測機率時可能會犯錯，所以需要進行相應的調整。

看起來很複雜，不過它們已經經過簡化了，而且還有些步驟沒有收錄。

實務上，成本效益分析會更簡單。電器生產者可能需要決定要不要拿掉新果汁機的一兩個顏色，汽車製造商可能要在兩個車款當擇一。此時要找出成本和效益還算容易（只是機率可能會很難預測），用錢來算就能一清二楚，而且兩個車款（或兩種顏色）的折現率相同，敏感度分析也相對好處理。

同樣地，個人決策也沒有那麼複雜。我們來看一個實例，這是我朋友遇到的狀況：舊冰箱快要壞了，選項A是買台普通的冰箱，這是大多數人的選項，費用約一千五百到三千美元，依品質和功能而定。這種冰箱有些缺點，例如容易壞，使用壽命也比較短，應該只能用十到十五年。選項B是買台優質冰箱，規格比較完備，功能無可挑剔，不用常常維修，可以用上二十到三十年。但就是會比一般的冰箱貴上好幾倍。

這邊要計算期望值並不會很難，因為成本和效益一目了然，機率也不會很難預測。對我朋友來說，雖然選擇本身可能還是很困難，但最終他們都會滿意自己的選擇，因為知道自己已經把該考慮的都考慮進去了，有計算出成本和效益合理的價值，也思考過成本和效益的機率。

現在來看個比較困難、有更多成本和效益項目的例子。假設你考慮要買本田或豐田的車，如果兩者價值相當，但本田售價比較貴的話，你就應該選擇豐田。

看起來是廢話。可是魔鬼就藏在細節裡。

第一個問題是要如何縮減「選擇空間」，留下真正要考慮的選項。誰說你只能選本田和豐田？馬自達呢？為什麼一定要日本車？福斯也很好，福特也不錯呀。

第二個問題是什麼時候該停止搜尋資訊。你真的把本田和豐田的各項特性都看好看滿了嗎？你真的清楚每年的耗油量了嗎？折舊換新比較了嗎？後車廂容量確認了嗎？在真實世界裡，「最優化」選項並不實際，也就是說，「找出最佳選擇」不會是務實的目標。如果我們真的試圖去優化選項，就會變成哲學家口中的驢子，在兩堆乾草間猶疑不定，最後餓死。（「這堆看起來比較新鮮，那堆看起來草比較多，但這堆離我又比較近。」）

前一章提到的賀伯．賽門再度登場，就是那位精通經濟學、政治學、心理學、電腦科學、管理理論的人。他試圖用成本效益理論去解決上面的兩個問題。賽門主張，追求最優化選項並不理性，這應該是擁有無窮資訊、高速運算電腦的工作，不是我們這些凡人該去處理的。我們的決策是出自「受限的理性」，我們不應該努力追求最優化的決策，反而應該努力使用「滿足法」（這是「滿意」「足夠」合成的字）。我們應該依照重要程度，來決定要分配多少時間和精力在決策上面。這個說法修正了標準的個體經濟學理論，截至目前為止，也確實是正確的，賽門便是因為提出了這個原則而獲頒諾貝爾經濟學獎。因此，如果有人花了十分鐘在選擇巧克力還是香草冰口味，那這人不正常；倉促決定婚姻大事，這種人也不ＯＫ。

不過，滿足法的概念有個問題：這個原則作為「規範性論述」（normative prescription，你應該做什麼）沒什麼問題，但作為描述性論述時，卻無法描述人類實際的行為：常見到有人挑襯衫的時間比挑冰箱還要久，或是研究烤肉架花的精力超過了找房貸利率。

人並不會依照選擇的重要程度去分配思考的時間，以下是一個好例子：絕大多數的大學老師只花了兩分鐘，就決定一輩子最重大的財務決策。大學新聘任的教師在填寫員工資料時，行政人員會問他們想要如何分配退休投資方案的股票與債券組合。新進老師通常會問：「其他人都怎麼做？」行政人員回答：「大部分的人會一半一半。」「那我也一樣好了。」但以過去七十年股市表現來看，一半股票一半債券的資產配置，會造成老師們退休後的財富大幅縮水，還不如一開始就決定全部押股票。（我不是真正的分析師，但如果你想照我的話，把全部身家都押在股票上，那麼別忘了有些分析師會建議，退休前幾年要把多數的股票轉移到債券和現金，這樣在退休之後，才不會因為股市重挫蒙受太大的損失。）

那麼，買新車要花多少時間考慮才算合理呢？當然，「合理」會因人而異。有錢人就不需要擔心該怎麼選，全部帶走就對了！萬一選錯，反正口袋夠深，只要再丟些錢也就可以解決。可是對多數人而言，花上幾個小時，甚至是好幾天去研究汽車，都是合理的。

現在我們來看看極端複雜、影響深遠的選擇題。在我寫這本書的期間，我有個朋友在中西部的大學教書，但加州有間大學請他過去創立一間研究中心，專門研究他共同創建的某個醫學領域，世界上還沒有這個領域的研究中心，醫學院的學生和博士後的研究生也沒有其他地方可以去研究這個領域。朋友非常希望能設立這樣的研究中心，也非常希望自己能夠成為重要的推手。

以下列出一部分他需要考量的成本與效益：

1. 選項很簡單，只有兩個：過去、留下。
2. 影響的人：他自己、他老婆、已經成年的小孩（兩個孩子都住在中西部），還有未來的大學生、醫學院學生和博後研究生、全世界的人等等，因為這個領域如果有任何新發現，都會對醫學界造成重大的影響，而且有研究中心的話，說不定可以催生更多重要的發現。
3. 他們夫妻倆的成本和效益就複雜了。有些效益很好辨識，像是打造新研究中心與推進研究領域的興奮心情、逃離中西部的冬天、更高的薪水、改變學術風景。有些可能的效益評估起來就不是那麼容易。有些成本也一樣很好找出來，像是搬家很麻煩、要跑行政流程、加州夏天熱死人、要離開現在珍貴的朋友和同事。至於對世界的貢獻呢？分析起來並不容易，因為研究成果無從預知，甚至也無法知道研究中心在我朋友的帶領下，會比其他學者帶領下多出多少新發現。我朋友妻子的成本效益項目相對比較少，她的工作是寫小說，到處都可以工作，不用因此轉換跑道。不過，她那邊的價值與機率也同樣難以估量。

4. 用什麼度量衡來計算呢？薪水可以用金錢衡量，可是攝氏十六度的晴朗冬天，以及零下七度的陰暗冬天，要怎麼去比較呢？成立研究中心的興高采烈以及之後徵人、管理的辛苦又該怎麼計算呢？對於未知的發現要怎麼計算成本和效益（金錢和其他）呢？無法可解。
5. 該怎麼折算成現值呢？薪水很好換算，但其他項目不是很難轉換，就是無法轉換。
6. 那麼敏感度分析呢？只能說，成本與效益項目的價值，變動範圍都很大。

既然有這麼多無法計算的項目，那到底為什麼還要做成本效益分析呢？因為如同富蘭克林所說的，做了之後你的判斷會更周全，也比較不會做出草率的決定。不過，我們也得知道，並非每次都有辦法能得到一個具體數字，可以清楚告訴我們該怎麼做。

有一次我朋友在做一個重要的決定，所以進行了成本效益分析，快做完的時候他恍然大悟：「可惡，得與失根本不能平衡嘛！」於是答案昭然若揭。如同帕斯卡說的：「你的心會知道為什麼，只是理智不知道。」佛洛伊德（Freud）也說過：「小事上，我發現做損益比屢試不爽，但是在大事上，應該交給我們的內心，交給無意識來幫忙決定。」

在我朋友的例子中，心的感受適時推翻了大腦的思考，但我們別忽略一點：人的心也是會受到資訊的影響。就像前一章提到的，無意識需要的是「全部有關聯的資訊」，而且有些資訊還只能藉由意識思考來提供。意識會把取得的資訊傳送給無意識，無意識算出答案後會再回傳給意識。因此，面臨非常重要的抉擇時，要先盡可能使用成本效益分析，然後再把一切都拋諸腦後。

機構選擇與公共政策

寫到這裡，我還沒談到期望值理論和成本效益分析裡的一個大問題，因為這個問題就很像是拿蘋果成本去和橘子效益比較一樣。機構（例如政府）很需要用同一條量尺去看成本和效益。如果能把成本與效益用「人類福利單位」或是「實用點數」來表示，那麼當然會很好，問題是並沒有人想得出合理的計算方法來處理這些概念。最後，我們只好選擇用金錢來衡量。

高度複雜的政策選擇，可以用成本效益來分析嗎？舉例來說，為窮困、少數的兒童提供高品質學前日托服務，到底值不值得？這類分析還真的有諾貝爾獎得主做過，那就是經濟學家詹姆斯．海克曼（James Heckman）和同事的共同研究。[3] 選項很具體，就是高品質日托以及沒有日托這兩種。接下來研究團隊必須定義受影響的各方，並且衡量一段時間過後的效益，於是他們直接認定：孩子到四十歲的時候，效益就會終止。學者們把成本效益全部換算成金錢，也選定了折現率。成本效益的機率與價值不需要全部算出來，因為有些項目已經在先前的研究中算過了，如省下來的社會救濟經費、因特教與留級需求降低而省下來的錢、貧窮小孩後來去念大學的成本、四十歲前增加的收入等。其他方面的結果就必須計算，例如高品質日托與控制組一般日托或沒有日托的成本相比較（沒有相差太多）。

計算犯罪成本的時候，海克曼等人以每年一點三兆美元的犯罪成本作為基準，這個數字是從國家統計當中的犯罪案件數量與犯罪嚴重程度估算出來的。可是犯罪成本的計算並不可靠，因為很遺憾的是，國家的犯罪統計數據也不可靠。要依據個人的逮捕記錄去預估這些貧窮的學齡前兒童到四十歲以前可能會出現的犯罪數量與類型，顯然也非常不可靠。小時候有沒有遭受虐待或疏於照顧，長大後會不會反過來虐待別人，這兩者都難以衡量，也難以用金錢計算，所以海克曼他們乾脆把價值訂在零。

表2

海克曼計算了「派瑞學前教育」（Perry Preschool Program）的經濟成本與效益（2006），所有的價值計算都是以2004年的美元為基準，也都折現3%。「收入」、「福利」、「犯罪」指的是成年後的表現，並且全都轉換為金錢形式（比較高的收入、省下來的救濟金、降低犯罪成本）；「幼兒園到12年級」指的是補救教學省下來的費用；「大學／成年」指的是學費成本。本表經《科學》期刊（Science）許可後重製。

托育	986美元
收入	40,537美元
幼兒園到12年級	9,184美元
大學/成年	−782美元
犯罪狀況	94,065美元
社會救濟	355美元
總效益	144,345美元
總成本	16,514美元
淨現值	127,831美元
效益成本比	8.74

要找出所有受到高品質日托服務影響的人，幾乎是不可能的任務，因此無法計算這些未知人數的成本與效益。事實上，海克曼的團隊並沒有把所有已知的效益都納入計算。舉例來說，童年接受高品質日托的人長大比較不會抽菸，這樣會為個人帶來多少效益、會為不確定有多少的其他人帶來多少效益，都很難計算——例如我們要繳納比較高額的保費，以便分攤其他人因抽菸引起的相關疾病治療費用。還

有，犯罪受害者的財務損失只用金錢計算，但並沒有納入痛苦與受創的成本。最後，因為高品質日托服務而提高了自我價值的價值該如何定義呢？別人從他們身上得到更多的滿足感又要如何計算呢？

這裡存在著許多未知的議題。不過，海克曼的團隊還是為日托服務定出了價值，得出8.74的效益成本比，差不多是每花一美元，回收將近九美元。這數字也未免太精確了，尤其是這份分析當中，充滿了猜測與假設。相信以後你看到經濟學家類似的分析時，會持保留的態度。

雖然成本效益分析的結果只是編出來唬人的簡單說法，難道過程就毫無意義了嗎？並不盡然。因為接下來我們就要進入敏感度分析的最後一個階段。我們知道許多數字都不能令人盡信，可是假設犯罪降低後省下的成本被誇大了十倍，淨效益也還是正值。最重要的是，海克曼他們省略了許多效益，不是因為那些效益無從得知，就是因為去預測那些效益的金錢價值和機率顯然毫無意義。

因此，除了表2所列舉出來的之外，既然沒有什麼已知的巨大成本，而且目前遺漏的也只有效益而已，可想而知高品質日托服務可說是十分成功、非常划算。除此之外，成本效益分析就是想要去影響公共政策，就像那句名言：「在政策的遊戲裡，有數字總比沒數字來得好。」

雷根總統於一九八一年上任後，推行了許多重大措施，包含「日後政府頒布的新規範都要有成本效益分析做依據」，當時不少左派強烈反對。之後的每一任總統都遵行這項政策。歐巴馬總統規定全部「現有」的規範都要以成本效益分析為依歸。政策負責人宣稱，已經幫人民省下了龐大的預算。[4]

一條人命值多少錢？

企業與政府的一些重大決策真的會涉及人命，這是必須計算的效益（或成本）。但我們有算過人命值多少嗎？

不管你有多排斥這個問題，都必須同意我們至少得有一個默認的價值。假如全國各地停滿救護車，當然可以隨時救人，但你想採用這個政策嗎？這種錢花下去，或許每個禮拜可以拯救一兩條人命，但成本會太高，也會排擠其他的資源，導致教育、休閒設施、各項公共服務、醫療照護等等項目都缺乏資源。然而，以一座城市來看的話，究竟你願意犧牲多少教育經費，以換取合理的救護車數量呢？我們可以算出明確的答案，也可以默默估計就好。但不管決定如何，我們都會賦予人命價值。

那人命值多少呢？或許你可以參考各個政府機關的答案。[5]二〇一〇年，美國食品藥物局

（FDA）把人命的價值訂在七百九十萬美元，這顯然是個任意數字，因為這比兩年前的五百萬美元又高了一級。美國運輸部也隨意訂了個六百萬美元。

其實，也是有比較仔細的訂法。美國國家環境保護署（Environmental Protection Agency）的數字是九百一十萬美元（確切說來是二〇〇八年的數字），[6]計算的基礎是人願意花多少錢去避免風險，而公司又願意額外花多少錢給員工，叫他們從事高風險的工作。[7]另一種衡量人命價值的方法則是我們願意花多少錢去拯救別人的性命，史丹佛商學研究所的經濟學家用人類洗腎的花費來計算，[8]如果沒有洗腎治療，隨時都可能會有幾十萬人死去。調查人員將「健康人年」（quality adjusted life）的洗腎成本訂在一年十二點九萬美元，由此推論，社會認為改善人類生活的價值是十二點九萬美元。（由病患一年的洗腎生活來推得所謂的健康人年，但是平均生活品質只會有健康生活的一半，因為調整後的生活無法盡如人意。畢竟和同年齡的人比起來，洗腎病患更有可能會面臨失智症和其他失能的問題。）這份洗腎的分析把五十年的人命價值訂在一千二百九十萬美元（129,000元 ×2倍 ×50年）。

透過這些「非任意」方式計算出來的價值，是經濟學家口中的「顯示性偏好」（revealed preference）。一個物品的價值，反映在人們真實掏出多少錢來，而不是嘴上說願意花的錢，兩者會差很多。因為口頭上描述的偏好可能會自我矛盾，也可能不夠合理充分。你不妨隨機選一組人，問他們願意花多少錢拯救兩千隻被原油汙染的鳥類，再隨機選另外一組人，問他們願意花多少錢拯救二十萬隻被原油汙染的鳥類。[9]可以很明顯看到，面對被原油污染而瀕臨絕種的小鳥，人人心中都有一個既定的預算，不管有幾隻，都不會超出這個預算！

為了訂出公保與私保的醫療費用標準，絕大多數的已開發國家都把一年的健康人年訂在五萬美元。這個數字毫無科學基礎，單純只是因為多數人覺得這個數字十分合理。五萬美元代表著如果今天要救一個七十五歲、預期壽命還有十年的健康個人，國家會願意支付價值五十萬美元的治療方式。但是如果要花六十萬美元就不行（或是比五十萬元多一塊錢也不行）。如果今天是一位才五歲、預期壽命還有八十年的小孩，政府願意掏出四百萬美元來保住他的性命。（對於生命價值，美國保險並沒有一致的標準，不過民調顯示，大家至少還算是可以接受這類的計算。）

那如果是開發程度較低的國家人民呢？譬如說孟加拉或坦尚尼亞呢？這些國家不算富有，但我們好像也不能說他們的命比較不值錢。

可是其實，我們確實會這樣說。根據國際組織的計算，已開發國家人民的性命的確是比開發中國家人民的性命值錢。另一方面，站在後者的角度來看，還是有好處的。跨政府氣候變遷委員會（Intergovernmental Panel on Climate Change）就認為，如果要避免氣候變遷帶來的死亡，已開發地區需要付出的費用是開發中地區的十五倍。

講到這裡，我相信你應該會對人命價值的算法產生懷疑了。其實還不止於此：保險公司願意給付給白領階級的理賠金額，高於煤礦工人——只因為選擇了危險的職業，煤礦工人的命就變得比較不值錢了！上個世紀福特汽車公司決定不要召回 Pinto 車款換裝安全的油箱，因為召回會讓公司損失一點四七億美元，可是消費者若因車商過失而死亡，公司只要賠償四千五百萬美元就能搞定！

不過，我們還是需要某種基準來計算人命的價值，否則我們可能會花了一大筆錢，結果實施的規範也只能延長少部分人的健康人年，而不是撥一筆適度的預算，去擬定能夠幫助幾十萬人延長健康人年的政策。

共有財悲歌

成本效益理論有個問題，那就是我的效益可能會變成你的成本。想想著名的「共有財悲歌」（tragedy of the commons），[10]有片草地人人都能放牧，牧羊人會盡量增加自己羊群數量。可是如果每個人都增加草場上的羊隻數量，最後會造成過度放牧，影響到所有人的生計。這個悲劇問題之所以會形成，是因為每增加一隻羊，牧羊人獲得的收益就是加 1，可是這對共有財造成的損失只是幾分之減1（減1後，要再除以共享草場的牧羊人總數）。我追求我的利益，別人也追求他們的利益，總和起來就是滿盤皆輸。

這時就需要一個政府，可以是各利害關係人自組而成，也可以由外部組織強制籌組。牧羊人必須同意每人放養的羊隻數量上限，否則就得由類似政府的組織出面訂定上限。

汙染也會釀成類似的共有財悲歌。我喜歡坐飛機，吹冷氣，開車出去玩，可是這樣空汙會增加，導致環境越來越危險，最後還可能為全球氣候帶來災難性的改變。這些經濟學家口中的「負面外部性」（negative externality）將會傷害到地球上的每一個人。汙染和氣候變遷當然也會影響到我，雖然舒適中帶點罪惡，但是卻能為我創造加1的價值，而我負擔的成本只會有

$$\frac{-1}{7,000,000,000}$$

從個人層面來看，要全地球七十億人都自我治理是不可能的，因此國家層級的社群「自治」才是唯一可行的解法。

本章提到的成本效益分析並不是新穎的概念，我們在日常生活中都做過類似的分析。然而，成本效益的意涵並非全部都是顯而易見的，本章中我們已經討論過一些意涵了，在下一章我們會看到，如果沒有找出並運用那些隱而不顯的成本效益面向，會出現哪些悲劇結果。

你可以學到的事

個體經濟學家對於人如何做決定、應該如何做決定，還沒有達成共識。不過，他們同意成本效益分析是一般人會採取、也是應該要採取的方式。

決定本身越複雜、越困難，成本效益分析就越重要。而且決策本身越複雜、越困難的話，分析完成後立刻暫時拋諸腦後也就越明智。

即使成本效益分析有很明顯的缺陷，但有時候還是可以幫忙找到答案。或許敏感度分析會告訴我們成本效益的價值範圍太龐大，可是這樣做還是能夠凸顯出最明智的那一個選項。話雖如此，看到經濟學家的成本效益分析時，還是請你做好心理準備，不要傻傻的全部相信。

世界上沒有所謂完全充分的成本效益衡量指標，不過，還是要把成本與效益加以比較。雖然找不到理想的指標，但「錢」往往是最可行最務實的衡量標準。

將人命稱斤論兩令人反感，有時候還會被過度濫用，可是這往往是制訂合理政策的必經之路。否則我們投注的大量資源可能只能拯救極少數的性命，而沒能分配合理的資源去挽救更多的生命。

共有財悲歌就是我的獲益會造成你的外部成本，所以通常只能仰賴有效力、有強制力的方法來介入處理。各方利害關係人或者是地方、中央、跨國政府間會需要協議進行。

第5章
打翻的牛奶與免費的午餐

你有沒有過這樣的經驗：到餐廳花了錢，但還沒吃完就走了，因為菜太爛？

你覺得，經濟學家會說走出餐廳是個明智的選擇嗎？

假設你要去看演出，票價一千五百元，你也覺得這價錢可以反映出這齣劇在你心中的價值。後來發現票不見了。你會再花一千五百元買另一張票嗎？也就是總共花了三千元。

你會不會請人幫你處理煩人的家務呢？像是打理庭院、油漆、打掃。

公立醫院即將要拆除新建。但翻修舊醫院的費用和新建醫院的費用差不多，而當初蓋這間醫院的時候也是下了重本。你會選擇翻修還是新建呢？

看完這章後，你可能會有不一樣的答案。有些成本效益理論的意涵並不明顯，卻對日常生活至關重要，它們和理論的主要訴求——選擇淨效益最大的選項——同等重要。巧的是，你可以從這個主要訴求的邏輯推導出其他隱而未現的意涵，也很可能會發現原來自己一直沒有正確選擇效益最大的選項。認識這些意涵可以為你省下許多時間與金錢，還能大大提升生活品質。

沉沒成本

你在一個月前就買好了籃球賽的門票，打算到離家四十八公里的城市看球。球賽就在今晚，可是最強的球星選手今晚不會出場，所以比賽不會像原本想的那樣精彩，而且外面開始下雪了。票價是兩千五百元。你還會想去看比賽嗎？還是放棄好了直接待在家裡呢？聰明的人會怎麼做呢？聰明的經濟學家又會怎麼做呢？

經濟學家此時會叫你做思想實驗，叫做「假設你還沒買票的話」，也就是說你打算要買，只是忘記了。假設這時朋友打來，告訴你他有球賽的門票，可是他自己不去了，他可以把門票免費送你。如果你的答案是「好呀，太好了，我現在立刻就過去拿」，那麼你就應該去看這場自掏腰包買票的球賽。可是如果你的答案是「拜託，明星球員又不打，而且外面下雪欸」，那麼表示你不應該去，即使這意味著門票錢白花了。如果這樣的球賽抉擇讓你很為難，那就表示你的決策過程還沒有完全納入「沉沒成本」（sunk cost）這個概念。

沉沒成本原則認為，做選擇時只應該考量未來的效益與成本。你花在球賽上的錢早就不見了，已經沉沒了，去看球賽也拿不回來，所以除非你覺得淨收益大於0，不然就不應該去看。如果你這樣跟自己說：「好吧，球星不打，外面還下雪，可是我今晚真的很想看場球，新聞都已經看完了，電視節目也沒什麼東西好看」，那你就去吧。反之，就不要去，因為那會在無法回收的成本上再加上一筆成本。

舊醫院過去的造價昂貴，和現在到底是要翻新還是要打掉新建，一點關係都沒有。上一代的人繳稅蓋醫院都已經是陳年往事了，那些支出不會因為你決定要保留舊醫院就跑回到口袋裡。保留或拆除應該只能取決於對未來的考量，只需要去比較建造新醫院和翻新舊醫院的淨收益就好了。

這頓飯實在難吃，但價格很高，你應該吃完嗎？除非你窮到買不起花生醬回家自己做三明治，要不然就別吃了吧。如果在湯裡找到一隻蒼蠅，或許你還可以要求退費，但你應該不會因為難吃這個因素就客訴要求退費吧。所以說這頓飯的錢已經沉沒了，沒必要再因為吃下難吃的食物而增加額外的成本。

如果覺得三百元的電影索然無味，而且也沒有任何好轉的跡象，你應該看到一半就走人嗎？那當然。

經濟學家的座右銘就是「餘生從現在開始」，這也應該是你的座右銘。從前種種譬如昨日死，實在沒必要為了打翻的牛奶哭泣。

非經濟學背景出身的決策者常常會把你的錢花在沒有意義的地方，他們常想要救回已經花出去的錢，「沒錯，這個武器系統並不好，可是我們已經投入六十億美元研發，我們可不想浪費納稅人的錢。」你應該提醒這些民意代表「不要花冤枉錢」的道理，冤枉錢早就沉沒了。更糟糕的是那些疾呼要繼續打仗的政治人物，他們讓更多的人陷入險境，只是為了「不要讓之前的人白白犧牲」。

藥廠會說需要「回收研發成本」，來合理化過份昂貴的藥品定價。這都是在糊弄人，研發費用早就花下去了，市場願意花多少錢買新藥，藥廠就會想要收多少，就算研發成本很低也一樣。藥廠之所以能夠躲在這種說法後面，是因為大眾並沒有完全瞭解沉沒成本的概念。

不過請小心，如果你開始注意到生活裡面的沉沒成本，那麼可能偶爾會犯下面的錯。我再也不會在表演中途離席，因為中場休息過後，空蕩蕩的座位可能會讓演員氣餒。碰到無聊透頂的電影時，我再也不會問老婆他要不要繼續看完，好幾次我們的對話都很尷尬：「你喜歡這部電影嗎？」「喔，算喜歡，可是如果你想走的話，我們可以離開。」「不，沒關係，我不介意繼續看。」然後我們兩人都會很不開心地坐在電影院，老婆不開心，因為知道我不想看但還是留了下來，我也不開心，因為我讓她看電影的興致大減。

講到婚姻，有些人在接觸了沉沒成本這個觀念後，會認為不應該因為已經結婚很久了、已經投注了很多心力，就勉強維持婚姻關係，因為付出的時間和精力已經沉沒了。這類的推論要小心看待，因為投資的時間和精力，真的可以構成維持婚姻的原因。時間和精力在過去有價值的話，在未來也可能會有價值。不妨聽聽這句話：「婚姻是為了度過不相愛的時刻」。

機會成本

我媽會開車到遠方，就為了要用報紙剪下來的二美元折價券去買清潔劑。以前我都會覺得很困擾，因為開這趟車是有隱藏成本的，有汽車加油和維修的支出，而且這些時間可以拿來讀讀小說，玩玩橋牌，這些活動對她或許更有價值。換句話說，媽媽為了更划算的價格開來開去，其實已經付出了「機會成本」（opportunity cost）。

機會成本就是說選擇了一個行動之後，就會失去次優選項帶來的好處，適用於資源有限、選定行動會排除其他所有選項的狀況。這邊的成本不是剩下選項的「總和」，而是放棄選項中「最好」的那一個。任何有價值的事物都可以算入機會成本，像是金錢、時間、享受。

農夫選擇種下高麗菜，就代表放棄了種玉米的利益。小孩成功選上了足球校隊，就等於放棄了美式足球或是樂團演奏的樂趣。

人生處處是機會成本，無法避免。不過，我們有辦法避免為了價值較低的事物付出機會成本。

經濟學家不會自己除草，也不會自己洗車。問題是，你呢？只有在以下狀況下才應該親自動手：ⓐ你喜歡除草，ⓑ你沒錢，無法享受躺在吊床上看著十四歲鄰居小屁孩替你除草。如果自己的草自己除，你就無法去做可能會讓你更開心的事，如整理花園。動手做的過程和產出的結果可能可以帶給你更大的滿足感。

有些人選擇自己開車，而不是搭乘大眾運輸工具，他們把錢都花在買車，還要加油、維修、保險，這些錢原本是可以拿來旅行或是翻修房屋。可是擁有一輛車的成本往往在購買後就隱藏起來了，每天搭公車通勤、偶爾坐計程車的成本反而會十分突出，所以自己開車的成本看起來會比較小（既然我有車，那就開吧），反倒是其他的交通花費都會讓人小小心痛（搭個捷運就要二十五塊？）。現在許多年輕人已經體認到開車比較貴，所以比起爸爸媽媽，他們也比較不買車（汽車共享服務商 Zipcar 和其他同業也推了一把）。

假如辦公室是自己的，你一定會覺得沒有租金支出，會計師當然也不會把租金記在帳上。可是事實上你還是付出了些什麼，也就是把辦公室租出去可以得到的租金。因此，如果可以找到條件相當或是條件更好的辦公室，而且租金低於你把現有辦公室出租的價格，那麼這就是使用自有辦公室的機會成本——隱而未現，但真實存在的成本。

有句朗朗上口的話，很適合拿來提醒大家要避免機會成本：「天下沒有白吃的午餐」。（這句話來自經濟大蕭條時期，酒吧為了吸引顧客，祭出免費的午餐優惠。午餐是不用錢，可是啤酒要錢。）選擇了一就表示無法擁有二，而且經過三思之後，你可能還會比較喜歡你沒選擇的東西。

近年來美國建築工地和工廠作業員的薪水越來越高，因為住屋市場正在加溫，而且製造業也逐漸回流美國。大學應該增加學生補助，以求留住可能被工作吸引的年輕人嗎？經濟學家會說，薪水上漲時，讀大學的機會成本也會跟著上升。如果大學學費一年收一萬美元，在工地和工廠上班一年可以賺四萬美元，那麼現在念大學的機會成本已經增加了四萬美元（以四年畢業來算的話）。經濟學家大多會同意大學應該要增設獎學金給低收入學生，以因應機會成本的變動，但我自己的研究顯示學術圈大多是反對的，學者不想要「收買學生來念大學」。

有時候不容易看出「放棄的選項價值，大於已選擇的選項價值」。每次公司聘人都會出現機會成本，倘若眼前沒有更適當的人選，就很容易會覺得現在招募這個人，公司並沒什麼損失。然而，假如你知道在不久的將來，很可能就會出現合適的人選，那麼現在的徵人就隱含了機會成本，也就是說公司不要這麼急著錄取眼前的人選。

有一點很重要：太過清楚機會成本也會產生成本，就像太過瞭解沉沒成本會付出代價是一樣的。我有個研究所同學，和他在一起很好玩，他永遠能找到有趣的事情來做。如果只是出去走走，隔一會兒他可能就會提議搭公車到某處去看遊行。遊行看到一半，發現其實沒那麼好玩，他又可能會說晚餐簡單吃吃的話，就剛好會有時間去看一部我們都感興趣的新電影。看完電影後，他還可能會提議去找剛好住在附近的朋友。

這位朋友每次提議放棄眼前的事，去做別的事情，把兩個活動相比之下，確實是後面的更好玩，可以說我們避免了機會成本。可是整體來看，假如他沒有一直費心尋找下一個好玩的新活動，我們的相處時間其實會更有樂趣。**計算機會成本本身就是一種成本**。

再回到我媽媽的故事。最後我明白了，在我眼中逛街購物很無趣，但並不是所有的人都這樣想。比起其他選項，我媽媽還比較喜歡四處去尋找划算的商品，而且這樣還可以出門，所以我的想法「媽媽買東西只是在製造機會成本」就錯了。

經濟學家是對的嗎？

經濟學家說，做決定時要依照成本效益分析，以及成本效益理論衍生出來的沉沒成本與機會成本。但我們怎麼知道經濟學家對不對呢？

經濟學家要怎麼說才會說服我們呢？他們會提出兩個論點：

1. 成本效益理論的邏輯十分嚴謹，它是建立在「多數人都認同的合理決策指引」的基礎之上，例如錢越多越好、決策時間也是成本、未來效益的價值低於眼前效益的價值等等。如果你也認同這些看法，那你必須相信成本效益，因為成本效益理論就是依循這些看法而生的。

2. 還有一種比較少見的論點，那就是既然企業願意花錢請專家進行成本效益分析，再套用到營運上面，那麼成本效益理論一定非常有用。企業主不是笨蛋，他們知道自己要什麼。意思就是成本效益分析會是正確的準則。

上述論點有說服你嗎？我可沒有。

我覺得，「從有邏輯的論述中推導出合宜的行動」並不能說服我，因為不正確的論點也可以很有邏輯（請看第十三章的形式主義）。我們要接受一種有邏輯基礎的論點之前，必須先想想自己有多容易受到社會影響，有多容易受到意識之外許許多多因素的影響，這些都可能會讓形式論點無法徹徹底底說服人。還有，記住前一章談到的，在賀伯．賽門提出「滿足法」才是最佳的策略之前，「最優化決策」才是標準的建議做法。可是現在好像也沒有多少人真的在使用滿足法，或者有能力使用滿足法。因此，他們不滿足或許是應該的吧。畢竟我的認知能力有限，也許他們遵循的是未來理論家會發現的另一種原則，會變成未來最理性的策略。好的決策規範理論需要考量本書第一部分討論到的理性議題——我們有多少自知，以及在決策過程中無意識的恰當角色應該是什麼。正因為多數心理學家都相信本書第一部份談到的議題，所以面對經濟學家選擇行為的描述型和指示型論述時，我們會在心中打個問號。

對，企業會花錢聘請成本效益分析專家。可是他們也會花錢請人從筆跡分析性格，請人來看風水，請人來測謊、做占星，還有那些在台上跳來跳去的激勵講師，這些領域也都沒有證據支持。占星學已經被證實毫無預測效度可言，也有大量證據顯示，測謊和筆跡分析在企業想達到的任何目的上，效度都是0。

所以怎樣才能說服你：我是人，我就該使用成本效益分析？

人越熟悉成本效益原則，就越傾向使用它。假如你知道這個事實呢？這可能會稍微說服到我，就像經濟學家愛說的，我們必須假定人是理性的，除非出現相反的證明。如果人會為了遵循已知的抽象原則而改變行為，這就稱得上是有用的證明。

事實上，根據我和理查・賴瑞克（Richard Larrick）以及詹姆斯・摩根（James Morgan）的發現，人使用成本效益分析的程度取決於他們認識成本效益分析的多寡。[1] 比起生科或文科教授，經濟學教授會更容易支持有成本效益分析為基礎的選項。上過經濟學的學生會比較熟悉成本效益分析的框架，也會比沒上過經濟課的學生更容易做出與這個原則相符的選擇（雖然沒有高出太多）。

然而，這類研究也發現，人會受到「自我選擇偏誤」（self-selection）的影響（請見第十一章）。一個人沒有選擇去當律師或是磚頭工人，而是跑去成為經濟學家，並不是隨機分配的結果。那些選擇成為經濟學家而非生物學家的人，有可能本來就比較聰明，也可能他們在念經濟之前，就對成本效益議題非常有共鳴，而正是因為這樣才會「成為」經濟學家。因此，其實有可能是因為選擇去上經濟學的學生本來就比選擇不去上經濟學的學生聰明，而且不管是修了多少門的經濟課，他們都比較能夠理解並應用這些規則。

當然，上述這些解釋要成立的話，其他的條件必須相等才行。決策時，聰明人的做法會比較接近經濟理論，事實也確實是如此。美國大學入學測驗SAT和ACT的語言成績會是智商很好的代表指標，SAT（以及ACT）語言成績與使用經濟規則的相關程度差不多落在0.4，還不到高度相關，可是對於我們應該如何生活顯然意義不小。[2]（這個數字對於有上經濟課和沒上經濟課的學生都適用。）

我曾經做過實驗，在簡短的課程中教導成本效益原則的概念，發現受試者變得比較容易支持以這個原則為基礎的決定，而且當時教的概念比本章提到的還要少。甚至是過了幾週之後，我們在與實驗明顯無關的電話民調中進行測試，他們還是會比較支持這個規則。

也就是說，聰明的人、學過規則系統的人會比沒那麼聰明的人、沒學過規則系統的人更愛應用這些規則。那麼規則有使用就有幫助嗎？他們既然那麼聰明，為什麼沒發財？

事實上，他們真的會比較有錢。密西根大學的老師中，那些說自己會遵照成本效益分析決策的人顯著比較有錢。[3] 在生科和文科的教授身上，相關程度又比經濟學的教授還要顯著（或許是因為所有的經濟學家都很清楚這些原則，所以這方面不會有多大的差異）。此外，生科和文科教授接觸越多的經濟學，賺的錢就越多。而且我還發現，過去五年間的「加薪」和「利用成本效益分析來決策」非常相關。

使用成本效益分析來決策的學生也會考得比較好，而且不只是因為使用這些原則的人本來就比較聰明而已。事實上，如果把SAT和ACT的語言部分拿掉，「使用經濟規則」和「學業成績」之間的相關程度會更高。不管語言程度如何，使用經濟規則的學生都會拿到比較高的分數。

為什麼成本效益分析可以讓人表現得更好呢？部分的原因是使用這些規則會幫你集中精力在效益最大的地方，同時放下不怎麼可行的計畫。換句話說，就是避免掉進沉沒成本的陷阱，多加留意機會成本。曾經有人告訴我一個建議，那是這輩子聽到數一數二好的建議：要把事情分成三類：很重要又急迫、重要且應該快點完成、重要但不用急著完成。接著，隨時都只專注處理第一類的事情，絕對不要去做後面二種。這樣的話，你不只辦事效率會提高，還會多出更多的休息時間和娛樂時間。當然也有例外，我會做報酬未明但結果能啟發深思的事情，尤其是如果這些活動自帶樂趣時，我更會如此。美國前國務卿亨利・季辛吉（Henry Kissinger）的顧問就強烈推薦他不要再念政治科學，反倒應該多去看看小說。

你可以學到的事

如果消耗的資源已經無法回收，那就別讓它繼續影響現在的決策，別讓它繼續消耗資源。那些成本都已經沉沒了，無論如何救不回來，所以你應該去從事「會帶來淨收益」的活動。因為酸葡萄很貴就吃掉它，實在一點意義都沒有。企業和政治人物常要求納稅人負擔商品與政策過去的花費，就是看在大多數的人都不清楚沉沒成本的概念。

假如現在或未來的選項裡，還有淨收益更高的行動，那你就應該要避免選擇淨收益低的選項。如果這個行動可能會阻礙到其他更有收益的選項，那麼你就不應該買這個東西、不應該參加這個活動、不應該雇用這個人，至少在不需立即採取行動的事情上可以這樣處理。你應該仔細思考決定背後的所有影響，看看會產生什麼機會成本。另一方面，對雞毛蒜皮小事的機會成本斤斤計較的話，本身就會產生成本。雖然選了巧克力口味就不能吃到香草口味，但就別執著了吧。

萬一落入沉沒成本的陷阱，就一定會承擔不必要的機會成本。如果你做了某件不想要做也不需要做的事，就已經是在付出可以去做更好選項的機會成本了。

留意成本與效益，包含沉沒成本與機會成本的陷阱，你將會有所收穫。過去幾世紀以來，有些思想家大力提倡成本效益分析，或許他們是對的，因為證據顯示假如你確實遵照成本效益分析去做決定，避免沉沒成本與機會成本，你會活得比較成功。

第6章
防止犯下小錯誤

假設有人為了籌措買房頭期款，必須賣掉手上股票。他有二支股票，A公司的股票最近表現不錯，B企業的股票最近是虧損。他賣掉了A公司的股票，留下B企業的股票，因為他想要讓B企業的股票維持在未實現損失的狀態。這樣到底是好還是不好呢？

假如我很好心給了你一百元，然後跟你打個賭，丟硬幣來決定你會損失這一百塊，還是可以拿到更多的錢。要多給多少錢你才會願意接受賭注呢？一百零一？一百零五？一百一十？還是要更多？

從前面幾章可以知道，很多時候我們沒有遵守成本效益分析，本章會再討論一些失敗的例子，學習要如何避免犯下錯誤，保護自己不要做出不符經濟效益的決定。成本效益分析希望人永遠都很理性，但我們無法時時刻刻都完全保持理性，不過，我們可以調整這個世界，讓自己不需要隨時維持理性，效益也不會減少，就好像我們自己就是專業的經濟學家一樣。

損失趨避

人類有個傾向，就是不想要放掉手上的事物，就算成本效益分析清清楚楚顯示放棄現有的可以換得更好的，我們也不想照做。這種傾向叫做「損失趨避」（loss aversion）。在很多情境下，「失去某物」帶來的難過，兩倍於「獲得該物」帶來的快樂。[1]

我們會為了規避損失而付出極大的代價。比起上漲的股票，許多人不願意賣掉虧錢的股票，因為要把必然的損失與可能的獲益擺在一起比較，真的會很痛苦。人常會售出表現比較好的股票，為獲益喝采，表現不好的股票反倒會緊緊抱著，還很高興說自己沒有損失。一般來說，上漲的股票保持漲勢的機率，遠大於下跌的股票要反彈回升。假設某人一輩子都在拋售成績好的股票，保留成績不好的股票，那他退休時不是很貧窮，就是非常貧窮；相反的做法可以讓他退休時不是很富有，就是非常富有。

你也可以用賭博來看看我們認為自己規避了多少的風險。假設我問你要不要打個賭拋銅板，人頭你就贏X元，數字你就輸一百元，如果X等於一百元，就會是個相當公平的賭局。那麼X要多大你才會願意賭下去呢？如果X是一百零一元，賭局會稍稍對你有利，如果是一百二十五元，這可是非常划算的賭局，絕對值得賭上一把。可是大部分的人對X的要求會落在二百元，也就是說，賺到二百元的期待，和輸掉一百元的期待相等。

以下實驗在很多商學院的課堂上都操作過，可以想想：教室裡有一半的學生會領到馬克杯，上面有顯眼的大學logo，接著詢問沒拿到的另一半學生，問他們願意花多少錢買這個杯子，而拿到馬克杯的學生則要說出願意用多少錢賣掉。兩組人給出的數額相差非常大。平均起來，有杯子的學生提出的出售價格，兩倍於沒杯子學生說出的買入價格。[2] 損失趨避和「稟賦效應」（endowment effect）是相連的：人很不喜歡放掉擁有的東西，就算是以高出當初他心中合理的價格要向他買，他也不想放手。想像你花了六千元買了足球賽門票，但這場比賽就算要價一萬五千元，你也願意買。幾個星期之後，你在網路上看到有許多人超級想要這場球賽的門票，願意出到六萬元。你會賣嗎？可能不會。一個物品「值多少錢買」和「值多少錢賣」，這中間存在著巨大的鴻溝，原因無他，就只是因為我們不想放棄擁有的事物。[3]

我們學校的表演藝術者在宣傳活動上便善用了稟賦效應。發出二十美元的實體折價券，會比用信件發出二十元的折扣碼多出百分之七十的銷售額，原因是大家不想損失已到手上的二十元，卻願意放棄促銷碼帶來的「可能收益」。

經濟學家羅納德．福瑞爾（Roland Fryer）領導的研究發現，假如學生成績變好就幫老師加薪，此時學生的學業表現不會提升。然而，假如變成學期初就發給老師相同於加薪的錢，學生成績沒有達到設定目標的話就收回這筆錢，反而可以大大提升學生的課業表現。[4]

用成本效益分析來看稟賦效應，會解釋不通——照理說我應該願意用同樣或稍高的價錢賣出當初買的東西。但即便是經濟學家都有可能心存偏見，如稟賦效應偏見，所以無法在成本效益分析時保持完全理性。率先提出稟賦效應概念的是經濟學家理查．塞勒（Richard Thaler），他是從同事的行為得到靈感。那位同事熱愛葡萄酒，買入的酒從來沒有超過三十五美元，但別人出到一百美元向他買三十五美元一瓶的酒，他又不肯賣。[5]此時買賣之間的巨大差額，並無法用成本效益理論的規範性規則來解釋。

這點需要一點深入說明：交易時有個不能忽略的因素叫做情感價值，例如我的婚戒你可就買不起了。但另一方面，應該也很少人會對一瓶酒產生情感羈絆吧。

改變現狀

損失趨避會產生慣性，因為改變行為通常需付出某些代價。「轉台看別的節目好嗎？還得起身去找遙控器，還得想想哪個節目更精彩。看書我會更開心吧？要看哪本書啊？噢好吧，好像很久沒看這個節目了，不如繼續看應該也不錯吧。」

電視台很清楚我們行為裡的遲緩惰性，所以會把最受歡迎的節目安排在黃金時段的開頭，希望這個熱門節目播完之後，許多觀眾會繼續看下去。

損失趨避帶來最大的問題就是會出現「安於現狀偏誤」（status quo bias）。[6]有份電子報我老早就沒有在讀了，只是新的信件還是持續寄來，我也一直沒時間去取消該死的訂閱，因為我永遠都剛好有某件事在忙（在花園澆水，在列購物清單，整理思緒要寫研究論文）。取消訂閱電子報代表我必須暫停手邊有價值的活動，所以乾脆明天再弄好了，明天沒重要的事。（結果咧……）

經濟學家理查．塞勒和法律學家凱斯．桑思坦（Cass Sunstein）的研究已經找到了許多方法，可以讓安於現狀偏誤為我們帶來益處。[7]他們的研究都指向同一個概念：預設選項（default option）。

德國只有百分之十二的人會允許政府摘他們的器官去捐，可是在奧地利有百分之九十九的人同意政府這樣做。所以奧地利人比德國人更要有愛心嗎？

不是。奧地利的器官捐贈政策採行的是「推定同意制」（opt-out），也就是預設所有人過世後，器官都可以用來移植，如果「不想要」必須事先告知國家才行。德國則是採行「選擇同意制」（opt-in），除非當事人特別同意，預設上國家無權摘取器官。美國也是選擇同意制，假如美國改採推定同意，其實是可以挽救成千上萬條人命。

「選擇架構」（choice architecture）在人類的決策過程中扮演著重要的角色，有些選擇架構對個人和社會都會比較好。在器官捐贈的議題上，推定同意制並不會傷害任何人，這也不是強制捐贈，因為沒有意願的人都有權利拒絕。塞勒和桑思坦指出，精心設計來造福個人和大眾的決策架構稱為自由家長主義。[8]

促進公益的選擇架構和無法促進公益的選擇架構之間，可能只存在著非常隱微的差別，至少對不熟悉損失趨避和安於現狀偏誤的人來說會是如此。

「確定提撥制」（defined contribution）的退休方案中，雇主會支付一筆定額的退休金到員工的儲蓄計畫，金額相當於員工存進儲蓄計畫的金額比例，譬如說，雙方都提撥新資金額的百分之六，員工退休時就會有一筆錢可以運用。員工可以決定投資組合，如個股、債券或共同基金，收益是未知的，取決於投資表現。員工受聘時就可享確定提撥方案，此方案屬於可攜式年金，這和車廠、許多中央與地方政府提供的「確定給付制」（defined benefit）並不相同，確定給付方案在事先就會知道退休時可以提領多少年金。

我們或許會以為每個人都懂得把握確定提撥制，善用公司提供的年金，但事實上，竟有百分之三十的員工沒有簽下這種退休方案。[9]英國的研究調查了二十五家實施確定提撥制的企業，而且雇主負擔一切成本費用，可是參加這種年金計畫的員工不到一半！[10]這簡直等於把自己一部分的薪水丟到火裡燒掉。

合理儲蓄計畫的選擇架構不應該是主動參與，雖然只是簡單地勾選表格就能享有保障，可是這邊的預設值無異於主動放棄，畢竟放棄連勾選表格都不需要。應該設計成員工自動加入，除非他自主放棄。退休方案相同的狀況下，假如施行主動參與的制度，工作三個月後，只會有百分之二十的人參加退休方案，三年後也只會有百分之六十五的人加入；主動放棄的制度之下，到職幾個月後就會有百分之九十的參與率，三年後更是會達到百分之九十八。[11]

即便已經引導員工去參與年金計畫了，還是無法保證他們在退休時會有足夠的退休金。通常來說，受聘時員工選擇撥入年金計畫的金額都不足以支撐退休生活。那麼應該要如何幫這些人存到足夠的錢呢？

針對這個問題，施洛莫．貝納茲（Shlomo Benartzi）和理查．塞勒發起了「明天存更多錢」（Save More Tomorrow）的年金計畫。[12]一開始員工提撥百分之三，工作一段時間後告知他們：請提撥更高比例，再增加百分之五，這樣退休生活才有保障，而且未來的比例還會持續往上。如果員工猶豫不決，年金顧問就會建議，只要加薪就要增加儲蓄比例，譬如說，加薪百分之四，年金儲蓄就會以定額自動增加，像是增加百分之三之類的。累積到足夠的年金之前，增加的機制會持續運作，如：達到百分之十五之前，都會保持加薪就加比例的方式。這樣的機制十分完美，因為這會鼓勵員工培養出有利的慣性，也不會讓員工把增加年金儲蓄視為損失，於是可以避免產生損失趨避的心理。

選擇：少可能是多

幾年前有位從德國來的同事，他很好奇美國人怎麼好像麥片早餐都非要有五十種選擇不可。我實在不知道要回答什麼，只能說可能是因為人都喜歡有很多選擇，或至少美國人喜歡這樣。可口可樂肯定相信美國人喜歡擁有很多選擇：經典可口可樂、無咖啡因可口可樂、無咖啡因健怡、櫻桃可樂、零卡可樂、香草可樂、香草零卡可樂、櫻桃健怡、健怡可樂、檸檬健怡可樂，還有甜葉菊健怡可樂（綠色罐裝！）。還是你比較喜歡來瓶胡椒博士（Dr Pepper）的可樂呢？

加州有間高檔雜貨店提供七十五種橄欖油、兩百五十種芥末以及三百種果醬給消費者選。不過，選擇真的是多多益善嗎？經濟學家不太鼓吹「選項少，比較好」，可是你應該越來越能意識到，不管是對生產者還是消費者來說，選擇多樣不一定總是好的。

社會心理學家希娜．艾恩嘉（Sheena Iyengar）與馬克．萊柏（Mark Lepper）在加州門洛帕克的雜貨店外擺了個攤位，上面放了各式各樣的果醬。[13]有半天的時間桌上擺著六種果醬，另外半天的時間放上二十四種果醬。來客都可以拿到折價券，買果醬可抵一美元。攤位擺出二十四種果醬時，吸引到的來客數比較多；擺出六種果醬時，買果醬的人是二十四種果醬時的十倍！零售商請注意：有時顧客會意識到選擇會帶來無窮無盡的機會成本，所以選擇過載的時候反而會轉頭跑掉。

公元兩千年的時候，瑞典政府進行了年金改革，做法和小布希總統類似，將部分社會安全制度的提撥收入私有化，於是幫人民建置了個人投資方案。在金融專家的眼中，這個方案看似合情合理。[14]

1. 參與者可以在政府核准的共同基金中，選擇五個作為投資組合。
2. 總共有四百五十六組基金，每家基金都可以進行廣告行銷。
3. 基金詳盡的資料會集結成冊，送到參與者手上。
4. 其中有一支基金不能打廣告，因為政府的經濟專家把它設為預設選項。
5. 政府鼓勵大家選擇自己想要投資的基金。

實際上，有三分之二的人沒有選擇預設選項，而是選擇了自己想要的基金，可是他們挑選的組合並不理想。第一個問題是，預設的基金只收百分之零點一七的管理費，自主選擇的基金平均要收百分之零點七七的管理費，時間一拉長的話，就差很多了。第二，預設選項投注百分之八十二在股票上，自主選擇的平均則是百分之九十六。瑞典經濟占世界的百分之一，預設選項卻把百分之十七的資產都投在瑞典企業股，可說是把太多的雞蛋放在同一個小籃子裡。然而，自主選擇的瑞典企業股比例竟然多達百分之四十八。此外，預設選項的固定收益證券占了百分之十，自主選擇平均是百分之四；預設選項各安排了百分之四到避險基金與私募股權基金，自主選擇完全沒有投資這類基金。第三，就在年金計畫推出的前夕，科技股大漲，有些基金組合裡便只有越走越歪的科技股，可是卻有很多投資人把絕大多數，甚至是所有的資金都押上去，這類組合近五年來增漲了百分之五百三十四，可是如果你還記得公元兩千年數位泡沫年的悲劇，就會知道這幾檔股票並不安全。

經濟學家會說拿預設選項和自主選擇來比較的話，收益都是預設選項勝出。心理學家則會說，兩者的差異幾乎都能找到簡單易懂的偏誤來加以解釋。

1. 我聽過瑞典的圈圈公司，沒聽過美國的叉叉公司。

2. 我想要把（全部的）錢都放在最有成長潛力的投資上，也就是股票。
3. 只有傻瓜才會去買這幾年表現平平的股票，而不去買賺進大把鈔票的基金。
4. 我哪知道什麼是避險基金，什麼是私募股權基金。
5. 等到有空的時候，我就會去翻翻那本基金投資的書。

那些瑞典人選擇的是極端不平均的投資法，沒有經濟學家會這樣做。那這些基金的表現如何呢？單憑最初七年的表現並無法充分判斷投資選擇的好壞，不過，預設選項的收益率是百分之二十一點五，自主選擇的是百分之五點一。

瑞典的年金計畫應該要怎麼修改呢？如果真的要將部分的社安基金提撥收入私有化，美國政府又該怎麼做呢？

瑞典年金制度的根本問題在於，政府提供太多選擇了，清單上有太多的基金是資深投資人不會下單的。提供基金選項時，必須一併提供相關的指引，政府應該告訴人民，先去找財金專家諮詢再下決定，否則或許直接選擇預設選項會比較好。可是在這個年代，大家都很怕會讓自己顯得太過頤指氣使。

這邊也稍微提一下，我個人覺得醫學界也太過迷戀選擇的口號了，醫生會列出一連串的治療方法，告訴你成本與效益，可是卻沒有做到他們應該做的，那就是推薦適合你的療法。醫生擁有專業知識，應該要用推薦的方式與你分享這些知識，或者至少應該要提供預設選項，並同時說明為什麼其他方案你需要再多想想會比較好。身為病患，我的預設值是「醫生，換做是你的話，你會怎麼做呢？」

引起動機，引起動機，引起動機

最近我參加了世界經濟論壇（World Economic Forum）的決策專題討論，與談人包含經濟學家、心理學家、政治學家、醫生與政策專家。討論的主軸就是要如何引導大家做出對自己好、對社會也好的事。重點就在「引起動機」。那場討論的專家大多只會把引起動機和賺錢、賠錢聯想在一起，也就是說，如果做出有智慧的行為，就給予補助；如果選擇愚蠢的行為，就施加罰款。

金錢誘因想當然爾會非常有效，有時還會有效到非常驚人的地步。專家圈十分相信這個概念，也因此十分相信下面的說法：有些城市在預防未成年少女懷孕上面特別成功，因為政府每天發給沒有懷孕的青春期少女一美元。[15]這個計畫貌似划算，付出的金額不大，卻能大大減少懷孕機率，大大降低了政府的開銷，更不必說未成年少女的個人成本了。然而，實際上有沒有成效頗具爭議，而且成功預防青少女懷孕也可能要歸因於計畫的其他面向，像是定期安排性教育與大學參訪，拓展人生規劃的各種可能。我們太相信金錢誘因，所以才會心甘情願地擁抱「一天一元」的說法。

本書想傳達一個重要的訊息，那就是控制行為的因素有很多，不只是金錢。當金錢不管用或出現反效果時，非金錢的誘因反而可能會非常有效。想要將人導向期望的方向時，**社會影響**會比獎賞、處罰或任何程度的警告都還有用。

光是提供更多關於他人的行為資訊，就更能夠激勵人改變自身的行為。假使我知道其他人的行為比我的還要好，就會產生社會影響的作用，我便會想要從善如流。

知道別人表現得比自己的標準還要好，往往比說教還來得有效。倘若你把差勁的行為誇大得比實際上「還要常見」，可能會適得其反，把對方推往另一個方向去了。

想要大家節省用電嗎？如果這戶人家電用得比鄰居凶，就放個小吊牌在門口通知一聲，上有節能的建議，[16]如果吊牌上加個皺眉的表情符號，效果更佳。如果這戶人家電用得比鄰居省，也可以在門口放個掛牌，可是請務必要加上笑臉的表情符號，否則他們反而可能用電量增加。社會心理學家用這個妙招已經替加州省下了超過三億美元的能源成本，也減少了幾十億磅的二氧化碳排放量。

想讓大學生停止酗酒嗎？回一下第二章，我們只要告訴他們同學平均都喝多少就好了（比他們少）。[17]想要大家乖乖繳稅嗎？告訴他們乖乖繳稅的比例有多少就好了。大多數人會高估了他們身旁逃漏稅的人數，因為只要把逃漏稅人數放大，就可以替自己的小謊自圓其說：「我才不像那些騙子，我只不過是小小漏報而已。」知道真實的逃漏稅比例之後，就比較難繼續合理化自己的行徑。

為了節約用水，要如何鼓勵房客重複使用飯店毛巾？可以直接開口請他們配合，但還有更有效的方法，那就是告訴他們大多數的房客都會重複使用毛巾。不過，如果想要效果更上層樓，可以說「住過這間房的人」幾乎都不會天天換毛巾。[18]

你可以宣導住家要裝貼隔熱保溫層，這樣每年可以省下好幾千塊的電費，甚至還可以進一步承諾會有補助費用，可是響應率不會太高。假如你也和我一樣，就會知道要這樣做會有個很大的阻力，那就是家裡常堆滿雜物，所以要在家裡天花板裝設隔熱保溫層，是個大工程。不妨試試看推出補貼政策幫忙屋主移動或拋棄雜物，看看會不會有效。

金錢誘因或是強制措施容易適得其反，因為這樣會讓對方覺得，做了給獎勵，不做要罰我，那就代表這活動本身不是很吸引人對吧？

很多年前我和馬克．萊柏以及大衛．葛瑞尼（David Greene）想出了一個有趣的幼兒園活動。[19]我們讓小朋友拿麥克筆來畫畫，用的是他們沒有看過的簽字筆，接著在旁邊觀察，記錄他們拿麥克筆畫畫的時間。兩週後，實驗人員會去找其中一些小朋友，問他們願不願意再度拿起麥克筆畫畫，畫完後可能會獲得「最佳小畫家獎」：「獎狀上面有一顆好大的金色星星，還有亮亮藍藍的緞帶，會寫上你的名字和學校的名字。你想要把『最佳小畫家獎』拿回家嗎？」

另一組小朋友，實驗人員只是直接問他們願不願意拿麥克筆畫畫而已。有經過協議（先畫畫，就得獎）的小朋友全都榮獲一張「最佳小畫家獎狀」，沒有經過協議的小朋友有些有拿到獎狀，有些沒拿到。過了一、兩個星期後，又到了拿麥克筆畫畫的時間了。

比起沒有協議的那組小朋友，有協議畫畫後會得獎的小朋友拿麥克筆畫畫的時間少了一半。這些小小承包商很清楚：拿麥克筆畫畫是為了得到想要的東西。其他小朋友則會覺得自己單純是因為想要才去拿。

作家馬克．吐溫說：「所謂工作就是去做『不得不做』的事……所謂玩樂就是沒有什麼不得不做的事。」

我們都應該期許自己可以像精通成本效益分析的經濟學家一樣思考。不過這可是很高的標準（連對經濟學家來說也是）。好消息是，這章告訴我們在自己和關心之人的生活上面，我們能做的其實很多，可以不要再繼續犯錯。

你可以學到的事

相較於可以得到什麼，人往往會去放大可能會失去什麼。損失趨避讓我們和許多好事失之交臂，如果微量損失的風險和巨量收穫的機率一樣大，那麼通常就可以賭下去了。

我們太容易受到稟賦效應的影響了：只因為這是自己的東西，就高估了它的價值。如果今天賣掉某個東西就能賺上一筆，可是你卻不情不願，這時可以問問自己，只是因為「它屬於我」所以才惜售，還是真的有其他的考量，如持有的期望值。不管你家有多少地方可以囤積東西，趕快把中看不中用的收藏賣了吧。那些說衣服一年沒穿就要丟掉的人是對的。（聽我的話就好，不要學我的行為。我常把衣櫃裡十年沒穿的襯衫放別的地方，因為改天我可能會買到和閒置襯衫很搭的夾克。）

人是懶惰的物種，我們會耽溺現狀，不是出於什麼特別的原因，而只是因為事情就是這樣。但我們可以讓懶惰為我們帶來效益：把日常生活重新整理，讓最簡單的解法恰好就是最理想的解法。如果選項A比選項B還要好，那就把A當作預設值；如果真的想要選擇B，則必須主動打勾勾才行。

選擇不是越多越好。太多選擇容易失焦，可能反而會做出比較不好的決定，或是讓人錯過真正必要的選項。提供客戶A、B、C這三種選項就好，不要一口氣擺出A到Z，這樣客戶會更開心，你也能賺更多。提供選擇意味著每個選項都可以是理性的決定，可是對方並沒有你的知識，他們並不知道你心中推薦的最佳方案是哪一個，所以請不要讓別人有做錯選擇的自由。請直接告訴他們為什麼你覺得A是最佳解，倘若想要選擇其他的方案，也請告訴他們需要考量什麼，才能夠理性決策。

試圖影響他人的行為時，我們往往會想到傳統誘因，也就是棍棒與紅蘿蔔。需要引起動機的時候，人經常愛用金錢來當作手段，事實上還有其他方式可以讓別人照著我們的意思去做，而且這些方式既有效又不貴。（還有，賄賂和脅迫經常是最沒用的方法。）其實只要告訴大家其他人都怎麼做就會很有效果了。想要大家節約用電嗎？那就告訴他們鄰居很省電。想要學生少喝點酒嗎？那就告訴他們同學裡很少有酒鬼。與其和對方拉扯，不如試著排除障礙，打通管道，讓最合理的行為成為最簡單的選項。

PART 3

編碼、計算、相關、因果

我一生都在用散文體説話，只是自己渾然不覺。

——茹爾丹先生（Monsieur Jourdain），莫里哀（Molière）《貴人迷》（*The Bourgeois Gentleman*）裡的角色

莫里哀筆下的中產士紳有一天發現，原來自己已經用散文體講話講了大半輩子，高興得不得了。同樣的道理，如果你發現自己已經運用統計推理用了大半輩子，也會又驚又喜。接下來的兩章主要是想幫你善用統計推理，用得更多、用得更好。

就算你自認你和統計學有點交情，你還是需要以下這兩章的知識。尤其是只要符合下面其中一條，更適合來讀一讀：

ⓐ你不太瞭解統計。如果真的零基礎，那麼這兩章可以幫你用最無痛的方式學習到足夠應付

日常生活的統計知識。想要在當今的世界過上理想的生活，沒有基礎的統計知識是不太可能的。

你可能覺得統計太無聊、太困難，一定會學得很累。別怕。念大學的時候我一心想成為心理學家，統計課是必須修習的課目，問題是我數學基礎差，於是前幾堂課被自己的無知嚇得半死，因為當時我以為統計課就是數學課，後來我才發現基本統計需要的數學能力，大概只有開平方的難度（現在的話，你只要能夠找到計算機上平方根的按鈕就好了）。有些理論家主張統計學根本不是數學的分支，而是歸納世界的實證研究。

再說點讓你放鬆的，其實只要具備一般的常識，就能夠理解這裡提到的所有統計原則，而且還是日常生活中最有價值的統計原則。如果需要動腦的話，也只需要再稍微思考一下下，就能用常識去理解了。多數的原則你已經都知道要怎麼用了，至少在某些層面你早就知道了，所以在讀這幾章的時候，很多時候你驚訝的會是自己居然認識這些原則。

ⓑ你相當瞭解統計學，甚至可以說是精通了。你快速翻了一下這兩章出現的統計術語，覺得沒什麼收獲。但我保證事情不是這樣的。統計學看似只能用在智力測驗或農業資料統計之上，不過日常生活中難以計數的各個層面都可以用上統計學。如果你會用統計的眼睛去看世界，那麼統計的思維便會立刻與你產生連結。

多數心理所的研究生都需要修兩堂以上的統計課，我和達林．雷曼（Darrin Lehman）以及理查·蘭伯特（Richard Lempert）曾經測試過學生的日常統計應用與批判科學主張的能力，入學時進行前測，兩年後再進行後測。[1] 有些學生展現出長足的進步，能將統計原則日用在日常生活上，有些學生則不是特別明顯。

明顯進步的人剛好是研究主題比較軟的那群，也就是社會心理學、發展心理學與人格心理學；進步較少的人則是研究主題比較硬的那群，也就是生物心理學、認知科學與神經科學。

明明上的是同樣的統計課，為什麼主題偏軟的學生學到的會比較多呢？這是因為他們早就不斷地把所學到的統計知識應用到日常大小事了。母親的哪些行為和嬰兒的社會信心最有關聯呢？母親的行為要如何測量、如何編碼呢？社會信心又要如何測量、如何評估呢？人會不會因為得到了某個東西就改變他對那個東西的評價呢？我們又要如何衡量他們對事物的評價呢？小團體的對話中，外向者的主導比例比內向者多了多少呢？我們應該要如何定義說話的量呢，是用每個人說話時間的百分比，還是說話的字數？我們要計算話題被打斷的次數嗎？

簡單來說，軟性主題的學生學到了這章會教給你的兩件事：①為日常事件「建構框架」，好好讓自己可以清楚看到相關的統計原則，並將事件與原則連結在一起，②為事件「編碼」，好套用相近的統計規則，並加以運用。接下來的兩章會取材生活中的趣聞與真實問題來說明，希望幫助你建立起「統計捷思法」，找到日常大小事最佳解的經驗法則。這些捷思法可以幫你縮小事件的範圍，如此一來，直覺想得到的捷思法（如代表性捷思法與可得性捷思法）其實就足夠了。直覺捷思法會大舉進駐原本只能用統計捷思法的領域，幫助你應付各種難題。

我也觀察過醫學院的學生，原本也不是很期待他們會在生活中用到統計腦。可是我錯了，他們進步的幅度非常大。我前往密西根大學醫學院待上幾天，想找出進步的原因，很驚訝地發現他們確實必須接受一些統計訓練，因為進去的時候大家會拿到一本統計小冊子。不過，比起這種最低限度的正式統計訓練，或許更重要的是學習病況和人類行為時可能會用到的量化概念，而且學生拿來推論原因的說法正是統計術語。「病患有症狀A、B、C，沒有症狀D和E，那麼得到疾病Y的機率有多高？那疾病Z呢？你認為是疾病Z嗎？那你可能錯了喔，因為疾病Z相當罕見。聽到蹄聲的話，你應該要想到比較可能出現的是馬兒，不是斑馬。你要安排什麼樣的檢驗項目呢？你說檢驗項目Q和R嗎？你又錯了，統計上它們不太可靠，而且還很貴。或許你應該安排的檢驗項目會是M或N，統計上站得住腳又划算，問題是這兩項都不是疾病Y和Z理想的預測指標。」

只要掌握了用統計建構現實問題框架的技巧，並用統計捷思法編碼其中的元素，這些原則就會神奇地跳出來幫忙解決問題。於是不知不覺之中，你已經常常在應用質樸無華但實在好用的統計原則了。

我會用淺白的語言介紹一些基礎的統計原則，它們已經問世一百多年了。許多領域的科學家都會使用這些概念，來判定建構事物的方法有多可靠，衡量各種事件的相關程度，並試著判斷這邊的相關屬不屬於因果。很快你就會看到，這些概念也可以是一盞盞的明燈，天天陪著我們處理問題，幫助我們在辦公室、在家裡面都能做出更好的決定。

第7章
機率與樣本

二○○七年德州州長里克·裴利（Rick Perry）宣布行政命令，規定全州十二歲女孩都要施打人類乳突病毒的疫苗，來預防子宮頸癌。二○一二年共和黨總統初選時，蜜雪兒·巴克曼（Michele Bachmann）為了讓自己的聲勢超過里克·裴利，對外宣稱有位女士告訴她「小女兒接種疫苗之後，就因為疫苗的緣故出現了智能障礙。」

巴克曼的推論哪裡有問題呢？「人類乳突病毒疫苗會導致智能障礙」哪裡有問題呢？讓我們細細來看。

我們要把巴克曼的證據當作一份報告來看：母群體是美國所有接種疫苗的十二歲女孩，樣本就是巴克曼口中的小女孩。單獨一例智能障礙只能說是非常少數的樣本（小樣本），離接種疫苗風險很高的推論還很遠。

事實上，已經有許多嚴謹的隨機對照研究將女孩隨機分成已接種與未接種兩組，持續追蹤調查。這些研究的樣本數都非常多，案例數量龐大，可是並沒有結果顯示接種疫苗會拉高智能障礙的風險。

巴克曼的「十二歲女孩接種疫苗」的樣本只有一個案例，套句統計上的話來說，就是只靠著「有某個人」的遭遇就做出推論，「某人他怎樣怎樣」。巴克曼的樣本充其量只能說是「隨意」（haphazard），連「隨機」（random）都稱不上。然而，抽樣程序越接近隨機的黃金標準，就越值得我們信賴，那就是母群體裡每個個體被選中的機率必須一樣高。假如我們不知道樣本是不是隨機產生，那麼任何統計的方式都有可能會隱含著未知的偏誤。

實際上，巴克曼舉的故事甚至也稱不上隨意。假設巴克曼說的是實話，她也有很強的動機要把這個案例公諸於世，不過她也可能說的不是真話，或者是民眾提供的並不是真實的資訊。這邊不是在說爆料的人說謊，可能只是因為真的相信自己說的句句屬實，這位媽媽看到的是女兒接種疫苗之後，就診斷出智能障礙，於是在推理上容易犯下「後此故因此」謬誤，那就是後面的事情會發生，是因為前面那件事情的緣故。然而，事件一發生在事件二之前，並不代表事件一就一定是事件二發生的原因。無論如何，在我看來，巴克曼的主張連「有個人」的最低統計標準都沒有達到。

關於「後此故因此」謬誤加上「有個人」的統計推論，我有個很喜歡的例子。朋友無意間聽到兩位老人家的對話，第一位說：「醫生告訴我再不戒菸就會死。」第二個人說：「不要戒！

我有兩個朋友就是聽了醫生的話戒菸，結果過了幾個月就走了。」

樣本與母群體

回想一下第一章的醫院推理問題：小醫院裡新生男寶寶超過百分之六十的天數，比大醫院多。要瞭解這個現象唯一的辦法就是要認識「大數法則」（law of large numbers），統計裡的N越大，也就是樣本數越大的話，樣本的平均與比例等等就會越接近母群體真實的數值。

遇到比較極端的母群體大小時，就能很清楚地看到大數法則的威力。假設某天某醫院有十位新生兒，大於等於百分之六十是男生的機率有多高呢？當然，機率不小，就像是硬幣丟十次，有六次出現頭，我們會不疑有他。假設同一天另一間醫院有二百位寶寶誕生，其中有百分之六十是男嬰的機率會很高嗎？答案是會很低。「男嬰超過百分之六十」出現的機率，相當於丟一枚正常的硬幣二百次，結果頭出現的次數是一百二十次，而不是預期的一百次。

對了，我要提一下，基本上樣本統計數值（平均數、中位數、標準差等）的準確度和母群體大小無關。選舉民調的樣本大多會在一千人上下，民調機構宣稱準確度落在正負百分之三。用一千人的樣本來推算候選人的支持度，不管母群體是一億人還是一萬人都會效力相當。假設你支持的候選人領先八個百分點，但其他陣營的競選總幹事卻不屑地說，民調樣本才一千人，可是要投票的有幾百萬人。這時你不用太擔心，因為除非樣本在某些重要的面向不具代表性，無法代表母群體，否則對方的候選人應該是要完蛋了。這就要來談談「抽樣偏誤」（sample bias）了。

樣本「不偏」的情況下，大數法則才能成立。如果抽樣程序可能導致樣本數值有誤，那麼樣本就不具代表性。假設想要調查工廠裡偏好彈性工時的工人比例，可是你的樣本只有一個人，或是只調查了餐廳的工作人員，那麼很可能無法完全代表工廠整個母群體擁有的重要特質，於是評估的結果可能無法正確反映出支持彈性工時的人有多少。而且如果抽樣有問題，樣本越大，我們只會對錯誤的結果越深信不疑而已。

要注意的是，全國民調並不是隨機抽樣，如果真的要做到隨機，每位選民都必需要有同樣的機會被抽到，抽中機率不等的話，就會有嚴重偏誤的風險。已經停刊的《文學文摘》（*Literary Digest*）選舉民調是美國很早期的民調，當時他們的調查指出小羅斯福（Franklin Roosevelt）會輸掉一九三六年的大選，可是最後羅斯福卻獲得壓倒性的勝利。《文學文摘》的問題出在哪裡呢？因為他們採用的是電話民調，那個年代只有非常少數的富裕人家裡才會裝電話（有電話的共和黨人多得不成比例）。

二〇一二年大選也有民調出現類似的偏誤，那時民調機構拉斯穆森（Rasmussen）的電訪並沒有包含行動電話，但只有手機的族群有很多是年輕人和偏民主黨的人，所以比起兼顧市話與手機抽樣的報告，拉斯穆森的報告系統性地高估了候選人羅姆尼（Mitt Romney）的支持度。

早年大家願意接電話或開門接受民調，那時的統計確實很接近母群體隨機取樣的結果。可是現在的民調準確度還要考量到民調專家手上的數據和處理樣本的嗅覺，他們需要衡量各種因素，來調製民調數字，像是受訪者投票的機率、政黨取向、性別、年齡、該社區或地區的投票歷史等等，不勝枚舉。

到底得幾分

請想想下面的問題：

某大學的音樂劇場學程十分有名，只有少數表現特別優異的高中生才能拿到獎學金。學程主任珍有朋友在附近的高中教戲劇，有天下午珍到S高中看看朋友極力推薦的學生採排音樂劇，朋友盛讚這位學生是非常傑出的年輕女演員。當天主角正是那位學生，可是她念台詞的時候頻頻出錯，看起來對飾演的角色沒有什麼正確的概念，給人的印象是沒什麼舞台潛力。在那之後，珍告訴同事她覺得朋友的判斷力不太好。這個結論明智嗎？

喬是大學美式足球隊的球探，常到全美各州的高中觀看球員練習，觀察教練推薦的球員，尋找潛力股。有天下午他前往S高中，去看看贏球紀錄絕佳的四分衛，達陣和傳球成功率的數字都很漂亮，教練可是讚譽有加。可是練習的時候，那名四分衛搞砸了好幾次傳接，被擒殺了幾次，整體碼數並不理想。球探的報告寫道那位四分衛是過譽了，建議大學不要收他。這樣的建議明智嗎？

假如你認為珍的判斷算明智，但喬的判斷不明智，那麼我應該可以推測你對體育競賽瞭若指掌，對戲劇表演所知不多；假如你認為喬的判斷算明智，但珍的判斷不明智，那麼我應該可以推測你對戲劇表演瞭若指掌，對體育活動所知不多。

我發現不是很懂運動比賽的人傾向認為球探喬是對的，或許那個四分衛不是那麼有天分，可是真正懂運動的人則會認為喬的結論下太快了，因為喬對四分衛行為（比較小）的取樣可能只是極端的表現，教練對球員的評估應該才會比較接近真正的實力。

不是很懂戲劇表演的人會說那位學生可能不太會演戲，可是真正懂戲劇表演的人則會覺得珍太看不起在高中教書的朋友了。其他條件相等的狀況下，你越瞭解這個領域，就越能夠運用統計的概念去審視，大數法則就是這邊重要的概念。

這就是為什麼大數法則很重要了。我們可以假定整個賽季或是多個賽季的表現會是四分衛很可靠的球技指標，所以如果教練堅定地表示他真的非常優秀，那就意味著有大量的證據——大量的數據點——可以顯示喬看到的確實是名頂尖的球員。相較之下，喬的證據便顯得微不足道，單憑某一天某一個時間點的觀察就下定論。

運動員的表現本身會有起伏，甚至是整支球隊的表現也會上上下下。國家美式足球聯盟（NFL）的名言就體現了這點，也就是說星期天的比賽裡，任何一支NFL隊伍都有機會打敗NFL裡的其他隊伍。這當然不是說所有球隊的水準沒有上下之分，而是在說判斷高下時，假如想要有一定的把握，就會需要相當大的樣本才行。

同樣的邏輯也可以套用在戲劇學程主任看待女演員的例子。倘若許多熟識女演員的人都說她很有天賦，那麼主任就不應該把自己的樣本看得太重。我發現很少人會注意到這點，除非是演過一點戲的人，他們很清楚舞台表現難免有上下起伏。喜劇演員兼演員史提夫·馬丁（Steve Martin）在自傳裡面寫道，幾乎所有的喜劇演員在某些時刻都可以拿出很好的表現，而成功的喜劇演員則是能穩定地拿出很好的表現。

套句統計行話，教練和劇場學程主任都試著為候選學生打上「真實分數」。觀察等於「真實分數＋錯誤」。這可以套用到所有的測量上面，甚至連人的身高或空氣的溫度也說得通。有兩種辨法可以增加分數的準確度，一個就是提升觀察的品質，使用比較好的衡量標準或是溫度計，另一個就是收集更多的觀察數據，進行平均，來移除測量錯誤。用大數法則來解釋，觀察得越多，就越接近真實分數。

面談錯覺

即使我們精通某個專業領域，也很會統計學，還是可能會忘記變異的概念以及大數法則的重要。密西根大學心理學系針對頂尖的考生進行入學面試，以決定錄取哪些人進入研究所。我同事很重視考生那二、三十分鐘的面試，「我覺得他不是個好人選，我們討論的內容他好像不是特別投入。」「他看起來有中的感覺，他有篇非常傑出的榮譽論文，顯然也很清楚要如何做研究。」

這裡的問題還是在於單憑少數的行為樣本去判斷一個人，而且讓這少數樣本的比重遠遠超過了其他龐大的證據，諸如大學成績GPA（這可是濃縮了四年三十多門學術課程的行為）、GRE成績（這代表學生在學十二年的學習成果，也可以反映出他的總體智力）、推薦信（通常包含了師生好幾個小時的相處）。事實上，有研究顯示大學GPA可以顯著地預測研究所的表現（相關係數是0.3，下一章你會看到這個數字屬於中度相關），[1]用GRE分數來預測研究所表現也差不多是這個程度。而且這兩種分數相互獨立，所以同時採用的話，會比只採用一種還要準確。再加上推薦信的話，便又能夠讓預測準度更上層樓。

而且研究已經證實，半小時的面試與之後表現的相關係數不到0.1，這個數字不只適用於大學生和研究生的表現，還包含軍官、商業人士、醫學院學生、志工，以及各領域的一切面試。這等預測準度奇差無比，沒有比丟硬幣好到哪裡。如果大家不要高估面試的預測能力，那其實結果並不會太糟，可是人一般會高估面試的價值，低估其他更重要的資訊。

事實上，過度看重面試的結果就是容易得到反效果。人會覺得面試比高中成績更能預測大學的學業表現，也會覺得面試比承載數小時觀察的推薦信更能預測進入志工團隊之後的表現。[2]關於面試最重的一課：不管是招募學生或員工，若能掌握關於候選人的重要、很有價值的資訊，那麼不要面試他們對你會更好。當然如果你可以把面試的分量拉低到合理的比重，上面的話就不一定成立。只不過，叫我們不要太重視面試幾乎是不可能的，因為我們會毫無道理地相信自己的觀察可以精準地衡量一個人的能力和特質。

我們常覺得從面談中可以知道對方完整的圖像，能代表他整個人。該換個心態了。其實面試只是一個人完整資訊裡非常少量、片段的樣本，而且還很可能有失公允，面試官不妨提醒自己瞎子摸象的故事。

面談錯覺和基本歸因謬誤本質上十分相似。判斷一個人時，如果未能仔細檢視掌握的證據數量，就會讓面談錯覺和基本歸因謬誤產生更大影響。如果更瞭解基本歸因謬誤的話，那就會知道，我們容易高估人的特質，低估這個人所處的情境因素，因此我們也當懷疑面試得到的資訊。如果更遵循大數法則的話，我們就比較不會受到基本歸因謬誤和面談錯覺的影響。

我既然這麼瞭解面試的效用，那我在面試他人的時候，有沒有對面試結論抱持懷疑態度呢？雖然我知道原則，但我還是難免會對面試產生「我已握有寶貴可靠知識」的錯覺，且這個錯覺的力量很大，所以我必須非常用力提醒自己不要太過看重面試，也不要太過看重與人短暫接觸的印象。假設我已經擁有非常詳實的資訊，而且來源是認識對方很久的人，或者是學術表現紀錄、工作成就紀錄，這個提醒就會顯得格外重要。

不過，你在短暫面試中展現的有限判斷力，這點我可是記得非常清楚！

離散與迴歸

我有個朋友是醫院的管理顧問，他熱愛自己的工作，因為可以四處旅行，認識新朋友。他算得上是美食家，喜歡去心目中評價很好的餐廳用餐。問題是二度光顧這些優質餐廳時，往往會大失所望，因為第二次吃起來沒有第一次好。你覺得是為什麼呢？

如果你說「可能他們常換主廚」或是「可能他期待太高，本來就容易受傷」，那就是沒看到統計重點。

使用統計方法來處理這個問題的話，第一步是要知道，不管何時到哪家餐廳用餐，該餐廳好不好吃，存在著偶然因素。同一個人在不同的時間去同一間餐廳，或是一群人同時到同一間餐廳用餐，對餐點品質的判斷都不同。我朋友在餐廳吃到的第一餐可能從普普通通（或超級難吃）到超級好吃都有可能，這裡的變異性就是判斷餐點品質的「變數」。

和不連續變數（如性別、政治立場）相比，任何「連續變數」（從一端到另一端會有完整的測量範圍，如身高）都會有平均值，也可以看到在平均值左右的「分布狀況」。瞭解這點之後，我朋友常對二訪餐廳失望，也就不足為奇了，因為第二餐比第一餐難吃的狀況一定會發生（當然也是有第二餐比第一餐好吃的狀況）。

不過，這個現象還有更多可以討論的。我們可以「預期」我朋友在首訪某餐廳吃到超級美味的餐點之後，二訪的體驗一定會下滑，那是因為離平均值越近的數值越常見，離平均值越遠的數值越少見，所以如果第一次吃到的是人間美味（極端），那麼下一餐就不太可能會再出現極端值。「常態分布」（normal distribution）裡的變數都是如此，會呈現鐘型曲線，如圖2。

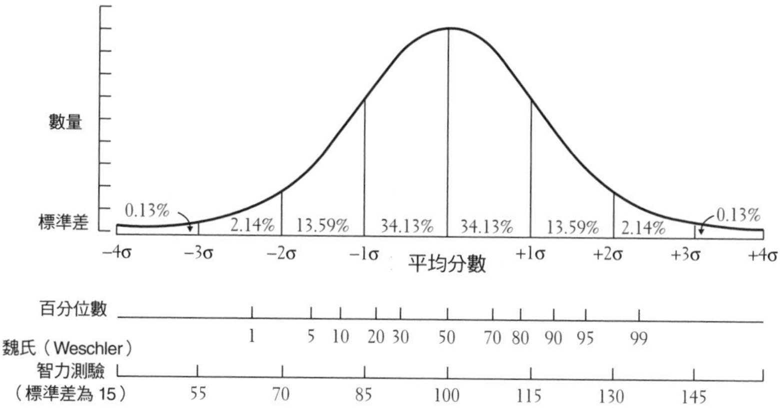

圖 2. 智力測驗的分布狀態，平均分數為 100，可以對照到相應的標準差與百分位數

常態分布屬於數學的抽象概念，可是卻出奇地貼合連續變數的性質，像是不同母雞每週產下的雞蛋數量、車廠生產變速箱每週出現的錯誤數量、人類的智力測驗分數，差不多都會接近常態分布。沒人知道為什麼會這樣，但真的就是這樣。

有許多方式可以描述平均值周圍數值的離散程度（dispersion），拿現有數值中的最高值減去最低值就是一種，稱為範圍（range）。更好用的描述則是以平均值為準的「平均差」（average deviation），假設我朋友在不同城市裡第一頓的品質平均是「滿好吃的」，平均差再往上走是「非常好吃」，再往下走是「還算可以」，這時我們會說他第一餐品質的離散程度，也就是平均差，並沒有很大。然而，假如平均差是從「超級好吃」到「普普通通」，那麼我們就會說離散程度還挺大的。

不過，在計算任何連續數值的變數時，有個衡量離散程度的方法還滿管用的，那就是「標準差」（standard deviation，簡稱SD，以希臘字母 σ 表示）。標準差本質上便是計算各數值與平均值的距離差多少，取其平方後加以平均，最後再取平方根。概念上而言，標準差和平均差差不多，只是標準差還有其他非常好用的地方。

圖2的常態曲線已經標出了標準差，約有百分之六十八的數值會落在正負一個標準差之間。智力測驗的分數就是如此分布，智力測驗大多都有分數，平均很隨意地訂在100，標準差為15。如果得到115分，那麼智力就是高於平均一個標準差，比平均多出一個標準差是差很多的。假設有人智商115，應該可以預期他有能力念完大學，甚至可能跑去念個研究所，典型的職業應該會屬於專業、管理、技術型；假設有人智商100，則比較可能讀社區大學或專科學校，也可能高中畢業而已，做的會是店長、職員或技工。

標準差還有個十分好用的地方，就藏在百分位數和標準差的關係當中。約有百分之八十三的數值會落在平均正一個標準差以下，平均正一個標準差的數值恰好會落在第八十四個百分位數，而剩下的百分之十六都會分布在第八十四個百分位數之上。百分之九十八的數值幾乎都會分布在平均正二個標準差以下，平均正二個標準差的分數會正好落在第九十八個百分位數，而剩下的百分之二多一點會分布在第九十八個百分位數之上。幾乎全部的數值都會落在平均正負三個標準差之間。

瞭解標準差和百分比的關係，就有助於判斷大部分的連續變數，譬如說，財經領域很常會拿標準差來當衡量標準，老愛拿投資報酬率的標準差來計算投資波動幅度。假如某支股票過去十年的投資報酬率平均是百分之四，標準差為百分之三，那麼以出現機率最高的百分之六十八區間來預測，未來的投資報酬率會介於百分之一和百分之七之間，而且有百分之九十六的機率會大於負百分之二，小於百分之十。這表現算穩定的了，你或許不會因此大富大貴，可是也應該不至於淪為貧民。若標準差變成百分之八，那就代表投資報酬率有百分之六十八的機率會落在負百分之四和百分之十二之間，顯然這檔股票的表現很不錯，因為有百分之十六的機會投資報酬率會大於百分之十二，不過另一方面，同樣有百分之十六的機率會損失百分之四以上。表現波動挺大的，而且賠掉超過百分之十二、賺進超過百分之二十的機率都是百分之二。換句話說，要嘛大賺一筆，要嘛輸到脫褲。

所謂的價值股不管是股利還是價格的波動幅度都不大，可能每年會出去個百分之二、三或四，牛市不太會大漲，熊市也不太會大跌。一般來說，所謂的成長股投資報酬率的標準差會比較大，意味著漲幅和跌幅都很大。

財經顧問通常會建議年輕客戶投資成長股，遇到牛市和熊市都別慌，因為就長期來說，成

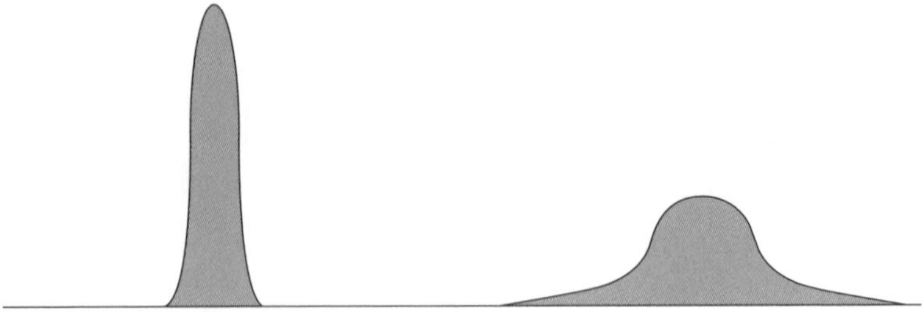

長股確實會傾向往上走，只是下跌的時候真的會讓人嚇死。面對年長的族群時，財經顧問會建議他們要以持有價值股為主，才不會在要退休之際遇到熊市。

有意思的是，剛剛那些關於常態分布的文字都與常態分布的形狀無關，只有在某些時候常態分布才會以鐘型曲線示人。曲線的峰度（kurtotic，凸起的地方）五花八門，「高狹峰」（leptokurtic，細長）的曲線長得很像古早漫畫裡的火箭，高峰很高，尾巴很短；「低闊峰」（platykurtic，平廣）的曲線就像是大蟒蛇吞了頭大象一樣，高峰不高，尾巴很長。不管是哪一種曲線，都有百分之六十八的數值會落在正負一個標準差之間。

回到我朋友的問題，原本第一餐印象極好的餐廳，為什麼二訪卻令人失望呢？我們已經知道，他對餐點的評價屬於變數，範圍可能從難以下嚥（第一個百分位數）到人間極品（第九十九個百分位數）。假設非常好吃會高於或等於他的第九十五個百分位，也就是要比吃過的百分之九十四的餐點還要好吃。現在，請你問問自己幾個用餐體驗的問題：去沒吃過的餐廳用餐時，是每家首訪餐廳都好吃，還是只有幾次特別好吃？哪種情況比較有可能發生？如果你不期待每頓都非常好吃，而且第一次恰好就超級美味，那麼第二頓的期望值就會比美好的第一頓還要再稍微低一些。

可以把我朋友的第二餐看作是「均值迴歸」（regression to the mean），如果餐點體驗呈常態分布，就定義上而言，極端值會非常罕見，所以出現極端值的下一餐通常會比較不極端，極端的狀況會回到比較不極端的狀況。

迴歸效應隨處可見，顯而易見。為什麼棒球最佳新人第二年的表現常常令人失望呢？因為迴歸。最佳新人第一年的表現是他真實分數裡的異數，所以無法再往上走，只會往下。為什麼股票第一年增值很快，第二年不是表現普普就是表現不好呢？因為迴歸。為什麼三年級功課最差的學生，隔年的表現卻稍有起色呢？因為迴歸。這些例子不是在說迴歸效應是唯一的因素，也不是在說平均分布就是把極端值全都吸進去的黑洞，當然還是存在著其他的因素，會讓表現變得更優異或是更差勁。只是我們並不是很清楚確切的因素是什麼，所以必須體認到緊接在極端分數之後的通常會是相對不極端的分數，因為在經過時間和試驗的洗練之後，促成極端值的種種力量不太可能還屹立不搖。可能就是在那一年，棒球新星的教練表現出奇地好；前幾場球賽對上的恰好是沒那麼硬的對手，於是建立了信心；他剛好和夢想中的女孩交往；他的身體狀況非常良好；他沒有受傷，表現不會受到影響，等等等等。隔一年呢，可能他傷到了手肘，缺席了好幾場比賽；他的教練轉到別隊了；他家裡有人生了重病，或者是出現了其他的什麼什麼原因。而且，永遠都會出現個什麼原因。

與迴歸原則息息相關的兩個問題是：①二十五到六十歲之間的人，收入要進到該年度的前百分之一，機率有多大呢？②要這樣連續保持十年的機率又有多大呢？

如果一生想要有一次收入進到前百分之一，一千個人裡面有一百一十多人有機會。我想你一定沒猜到吧。如果想要連續十年都維持在前百分之一，一千個人裡面只有六個人才有機會。這個數字令人驚訝，畢竟第一年的機率沒那麼低。這些數字之所以會出人意料，是因為我們直覺上不太會認為收入這類數字變化很大，也就不會想到迴歸效應巨大的影響力，可是一個人的年收入確實可以變異很大（尤其是分布在收入極高的區間）。以整體人口來看，極端收入其實出人意表地非常常見，不過，正因為這些數值非常極端，所以不太可能會一再地重複出現。雖然那些前百分之一的人很礙眼，可是接下來大多不會再賺那麼多了，所以你可以不用太討厭他們！

這類數值的走勢也適用於低收入族群。百分之五十以上的美國人在一生中至少會面臨一次窮困的窘境，或是差一點就窮途潦倒。另一方面，一輩子貧困的人也不是那麼多，長期依靠失業救濟金過活的人是少數中的少數，大多也只會領個幾年的津貼而已，[3]所以也許你也可以不要太苛責他們。

把事件概念化的時候，如果我們沒有掌握到均值迴歸的可能性，便很容易會犯錯。有一次心理學家丹尼爾·康納曼告訴一組以色列的飛行教練，如果想要改變一個人的行為，讓他朝著理想的方向前進，讚美會比批評更有效。[4] 其中一位教練反駁說，讚美菜鳥機師的空中操作會適得其反，對他們怒吼說某個飛行動作做得很爛，下次反而會進步。不過，新手機師的表現是一連串的變數，這位教練並沒有把這點好好地放在心上，不管這次新手機師表現得特別好還是特別差，下次均值迴歸都會產生作用。就機率而言，假如機師某次的操作優於平均表現，那麼下次就會往平均靠攏，也就是說表現會下滑。反之亦然。

如果教練能將操作表現概念化為連續變數，意識到極端值之後的數值都會比較不極端，那麼就會針對水準之上的表現給予正增強，他也能成為更好的老師。否則飛行教練很可能會一直看到不理想的操作，但其實新手機師的表現是可以更好的。

有一種認知的雙面刃加深了這位飛行教練的錯誤，我們大家身上也都看得到這把認知雙面刃。人類非常會製造因果假設，看到一個結果時，我們就有辦法提出解釋；若我們觀察了一段長時間，發現了變化，我們能夠輕而易舉地想到因果詮釋。不過，其實大多根本沒有因果關係，只不過是隨機的變化罷了。萬一看到某件事伴隨著另一件事發生，而且是一再地出現，這時想要解釋的欲望就會特別強烈，難以抑制。光是看到「關聯性」就幾乎會自動引發「因果假設」。所以我們面對解釋世界運行道理的各種因果時，保持戒慎恐懼的態度將會非常有幫助。只是可能會有兩個問題：①要生出解釋實在是太容易了，倘若能夠認知到因果假設其實可以輕易產生，那麼我們就不會太相信這些說法。②其實絕大多數的時候，根本完全沒有合理的因果解釋存在，而且假如我們夠瞭解隨機概念的話，一開始就不會這樣去解釋。

我們來試著應用一些迴歸原則吧。

如果媽媽智商 140，爸爸智商 120，那你覺得小孩的智商最可能會是多少呢？

160 155 150 145 140 135 130 125 120 115 110 105 100

心理治療師在許多患者身上會看到「哈囉與再見效應」。在治療開始前，患者對自己狀況的描述會比實際狀況還要糟糕；治療結束之後，患者對自己狀況的描述會比實際狀況還要良好。可能的原因會是什麼呢？

在知道父母一人智商 140，一人智商 120 的情況下，如果你對小孩智商的期望值大於等於

140，就代表你沒有充分考慮到均值迴歸。智商 120 高於平均，140 也高於平均，所以除非你很有把握親子間的智商有著絕對的關聯，要不然就應該朝比父母平均還要低的方向去猜。雙親平均智商與孩子智商的相關係數是 0.5（這點你應該不知道），於是孩子智商的期望值會落在雙親智商的中間值與母群體智商的平均值之間，也就是 115。超級聰明的兩個人只會生下一般般聰明的小孩，而天才兒童的雙親也只會是一般般聰明的人。迴歸在雙向都說得通。

哈囉與再見現象有個常見的解釋，那就是病患會先假裝自己病得比較嚴重，好獲得醫治，但是在療程結束之後，又會想討好治療師。先不論這個解釋是不是真的，我們會期待患者在治療後要比治療前還要好，是因為當初看醫生的時候，他們的心理狀況本來就比平常還要糟糕，也因為單單只是時間的推移就很可能會產生均值迴歸。即使沒有任何治療介入，你也可以看到哈囉與再見效應發揮作用。老實說，基本上時間都會站在各科醫生這邊，除非疾病屬於會持續惡化的類型，否則無論如何，患者都會隨著時間的腳步越來越好。正因為如此，任何處置都有很大的機會能讓人覺得很有效。「我喝了點蒲公英湯，感冒就立刻好了。」「老婆一得到流感，就立刻服下龍舌蘭根的萃取物，她康復的速度比我快上一倍。」這種「有個人」統計法加上「後此故因此謬誤」捷思法，讓許許多多生產靈丹妙藥的藥廠荷包滿滿，他們也可以信誓旦旦地說多數消費者的身體都有好轉。

迴歸說到這裡，我稍微超前了點進度。我們的討論一路從大數法則慢慢走到共變（covariation）與相關（correlation），但這些其實是下一章的主題。

你可以學到的事

應該把對事物與事件的觀察，看作是在從母群體中取樣。某次在某餐廳品嚐到的餐點品質、某場比賽某位選手的表現、我們在倫敦這週的降雨狀況、派對上遇到的某人人有多好等等，都是從母群體中選擇出來的樣本，針對這些變數的所有評估都可能會有某程度上的失準。條件一致時，樣本越多就越能夠排除錯誤，也越能夠貼近真實分數。大數法則可以幫忙處理難以量化的事件，而且處理起來就像能夠簡單量化的事件那般容易。

基本歸因謬誤會發生，主要是因為我們容易忽略情境因素，而且還沒能意識到與人的短暫相處僅代表著極少的行為樣本，因此又進一步加深了謬誤。這兩項錯誤也解釋了面談錯覺，我們會過度自信地認為，從三十分鐘的言行舉止就能看出對方是什麼樣的人。

只有在公平抽樣的狀況下，增加樣本數才可以降低錯誤率。最好的方法就是確保母群體裡的每個事物、事件或人選抽中的機率都相同，至少我們必須要留心抽樣偏誤的可能，例如我在某餐廳的用餐體驗超級好，是不是因為有心儀的人相陪呢？那頓飯我吃得坐立難安，是不是因為討厭的親戚也出席呢？如果真的出現了偏差，樣本越大只會讓我們更加篤信對母群體錯誤的預測。

標準差非常好用，可以拿來衡量連續變數與平均值的離散程度。標準差越大，就越能確定觀察值不會太接近母群體的平均值。投資類型的標準差越大，就表示未來數值的不確定性會越高。

假如我們知道變數的觀察值屬於分布上的極端值，那麼應該會知道，其他觀察值不太可能會繼續處於極端的範圍。上次最高分的學生下次表現當然依舊會很亮眼，但是不太可能會再次拿下最高分；某產業去年表現最好的十檔股票隔年也很難再度打進前十名。極端分數在任何層面來說都很極端，只是因為這次星座剛好完美連線（或是胡亂排列一通），可是這些星體下次不太可能會再度運行到同樣的位置上了。

第8章
覺察事物的關聯

要精準描繪事物的特性時，統計不僅可以派上用場，有時還可說是必要的工具。在判定兩件事是否有關聯時，統計也同樣能發揮價值。可能你已經猜到了，要確認有沒有關聯的存在，可能還會比精準地描繪出特質還要麻煩。

首先，必須正確抓到類型1與類型2的特性。接著計算出類型1伴隨類型2發生的頻率、類型1與類型2沒有相伴發生的頻率等等。如果是連續變數，統計起來還會更加費工，會需要確定類型1變大時，類型2會不會也跟著變大。用這種抽象的說法討論時，可以明顯看到預測變數之間的相關程度會遇上很大的麻煩。事實上，判定共變（或相關）可說是茲事體大，預測錯誤還可能會導致非常嚴重的後果。

相關

表3. 疾病A和症狀X的相關性

		疾病A	
		有患病者	沒患病者
症狀X	有症狀者	20	10
	沒症狀者	80	40

請看看表3，症狀X和疾病A有關聯嗎？換個說法好了，可以拿症狀X來判斷有沒有罹患疾病A嗎？

看表3的時候，要注意到疾病A的患者有二十人出現了症狀X，八十個人沒有症狀X；沒有罹患疾病A的人當中有十個人出現症狀X，四十個人沒有症狀X。表面上，這是拿給人看最簡單的共變題目，這裡的數字屬於二元變項（有或沒有），你不需要收集資訊，不需要編碼數據點，不需要編排數值，也不需要背下數字。這邊也不會有什麼已知的認知可能會影響模式判讀，而且全部的數字都已經用摘要的形式呈現出來了。這道非常初階的共變題目大家表現得如何呢？

其實，非常糟糕。

很常見的錯誤就是只仰賴「有症狀／有患病」那格，認定「沒錯，症狀和疾病有關，因為有些有症狀X的人就生病了」。這種解讀傾向就是「確認偏誤」（confirmation bias），也就是說，人會去找支持假設的證據，但卻忽略了會推翻假設的證據。

還有一些人在看表的時候，只有看到兩個儲存格。因此，他們會說症狀和疾病有關，「因為有症狀的人裡面，患病的人比較多」；也有人認為症狀與疾病無關，「因為患病的人裡面，沒症狀的人比較多」。

如果沒有接觸過一些統計概念，幾乎沒有人會知道應該要完整地把四個儲存格都納入考量，才能夠準確地判斷這個簡單的相關性題目。

其實，你必須要算出有疾病有症狀與有疾病沒症狀的人數比例，還要算出沒疾病有症狀與沒疾病沒症狀的人數比例。這邊可以看到二組的比例一模一樣，所以症狀和患病與否的相關程度並無二致。

判讀類似表3的難題時，大多數的人都說不出正確的答案，即使是天天面對治療疾病的醫師與護理師也一樣，[1]聽到這裡你可能會擔心。譬如說，你可以拿一張表給別人看，上面列出接受某種治療後，有多少病患身體好轉，有多少病患身體沒有好轉；也列出沒有接受治療的情況下，有多少病患身體好轉，有多少病患身體沒有好轉。假設接受某項治療之後，身體變好的人比沒變好的人多，有時候醫生便會因此認定治療有效。然而，如果不知道沒治療有變好和沒治療沒變好的比例，結論根本就無從得知。對了，這類表格有時也被稱為「2乘2表」或是「4格表」。

有個簡單聰明的統計小方法叫做「卡方檢定」（chi square），藉由觀察兩組比例的差異夠不夠明顯，來分析彼此有沒有真正相關。如果兩組的比例在統計上達顯著差異，我們就會說關聯確實存在。

要判斷關聯性是否已達顯著差異，那就是檢定（卡方檢定或其他統計檢定）顯示出的相關程度，是否在一百次的偶然事件裡只會出現五次，如果是的話，我們會說顯著達0.05。顯著檢定不僅可以用在二元變項（不是這個，就是那個）之上，還可以用來檢視連續數值。

想知道連續變數彼此的關聯程度時，可以使用相關係數的統計技巧。身高和體重是明顯相關的兩項變數，不過當然不會是完全相關，畢竟我們永遠可以想到矮小但重量級的人，或是很高的竹竿人。

有許許多多的統計方法可以幫我們找出兩項變數之間的相關程度，皮爾森積差相關分析（Pearson product moment correlation）是很常見的指標，可以用來討論連續變數的相關程度。積差相關係數0代表兩項變數不相關；積差相關係數+1代表兩項變數完全正相關，也就是說變數A增加時，變數B會以同樣的增幅往上走；積差相關係數-1則代表2項變數完全負相關。

圖3叫做散布圖，呈現的是數值的相關強度。之所以稱為散布圖，是因為可以看到數值和完全相關那條直線的散布程度。

其實光靠肉眼是幾乎難以察覺到相關係數0.3的現象，但是這可能會是非常重要的實用資

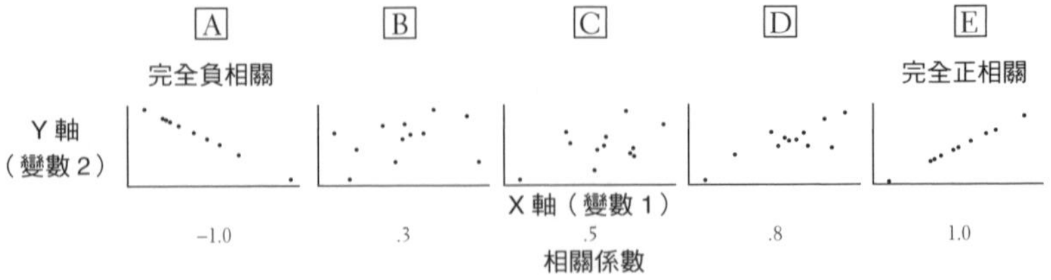

圖 3.　散布圖與相關係數

訊。相關係數0.3的代表可以從智商預測收入，[2]從大學成績預測研究所表現，[3]也可以從一個人體重是過輕、正常或過重來判斷是哪一種早期心血管疾病。

相關係數0.3太重要了。假如一個人的變數A落在第八十四個百分位數（比平均高出一個標準差），就表示變數B會落在第六十三個百分位數（比平均高出0.3個標準差）。如此一來，有了對變數A的認識，我們就能大大增加變數B的預測準度，因為如果對變數A一無所知，便只能猜測大家都會落在第五十個百分位數，也就是變數B分布的平均值。同樣地，相關係數0.3的差別還可能會是事業大發或是關門大吉。

智商和一般工作表現的相關係數是0.5。（工作難度越高，相關係數會越高；工作難度越低，相關係數會越低。）

身高與體重的相關係數是0.7，已經非常高了，但還沒有到完全相關。美國大學入學測驗SAT數學單科分數與隔年SAT分數的相關係數是0.8，相關度也非常高，但平均來說兩個分數之間依舊可能會有差距。

彼此相關不等於互為因果

相關係數只是衡量因果關係的其中一步，如果變數A和變數B毫不相干，那麼彼此可能沒有因果關係。（也可能有例外，其實變數A和變數B互為因果，只是第三個變數C的出現會讓我們看不到相關性。）假如變數A和變數B彼此相關，也不必然代表A的改變會「造成」B的改變，有可能是A造成B或是B造成A，也可能只是因為A和B都與C有關，而A和B其實八竿子打不著。

只要念過高中的人大多可以理解這個道理，可是相關往往看起來真的有因果，所以很容易下意識地認為相關就證明了因果，我們的腦袋實在是太會生成因果假設了，擅長到過程幾乎都已經自動化了。因果推論常常令人難以抗拒，如果我告訴你愛吃巧克力的人比較容易長痘痘，那麼你忍不住就會認為巧克力的成分會讓人長痘痘。（就目前所知的資訊來看，這個說法並不正確。）如果我告訴你，用心規劃婚禮的夫妻，婚姻會長長久久，那麼很自然地，你便會去想為什麼用心的婚禮能夠讓婚姻走得更久。不久前還有著名媒體刊登文章討論其中的關聯，推測為什麼投注心力規劃婚禮有助於婚姻天長地久。不過，仔細想其中的關聯就會明白投入婚禮的籌備工作並不是隨機事件，相反地，顯然這些伴侶有很大的機率擁有比較多的朋友，比較多的相處時間，比較多的預算，還有其他比較多的各種資源。而上面這些因素，我想更可能的是全部因素加總起來，才會是讓婚姻持久的真正原因。單獨挑出一條事實，再進一步去推理因果關係，這樣做其實沒有什麼道理可言。

思考一下Box❶列出的相關議題，每一則的內容都真實無誤。有些因果連結的指涉看起來十分可信，也有些看起來非常站不住腳。無論你怎麼看待這些因果關係，都請試試看自己能不能想出以下這幾種解釋：①A會造成B；②B會造成A；③A和B沒有因果關係，不過A和B與另一個變數都有因果關係。接著，請看看Box❷列出的可能答案。

Box ❶腦力激盪：可能會是哪一種因果關係呢？

1. 根據《時代雜誌》的報導，家長企圖控制孩子的食量會導致孩子體重過重。如果家長不再控制孩子飯吃多少，過重的孩子會變瘦嗎？

2. 國家的平均智商越高，人均 GDP 也會越高。所以國民越聰明，國家就越有錢嗎？

3. 上教堂的人比不上教堂的人死亡率更低。[4]意思是說對上帝的信仰會讓人活得更久嗎？

4. 養狗的人比較不會憂鬱。如果送隻狗給憂鬱的人，他會變得比較快樂嗎？

5. 施行婚前守貞教育的州謀殺率比較高。守貞教育會激發攻擊傾向嗎？如果針對這些州的學生提供更豐富的性教育，謀殺率會下降嗎？

6. 聰明的男性精蟲數更多，活動力也更高。[5]上大學可以讓人變得更聰明，所以上大學也會提升精子的品質嗎？

7. 比起不抽大麻的人，抽大麻的人有更高的機率會去吸古柯鹼。抽大麻會讓人吸古柯鹼嗎？

8. 一九五〇年代時，購買冰淇淋和罹患小兒麻痺幾乎完全相關，當時小兒麻痺是非常嚴重的問題。禁止銷售冰淇淋能不能增進公共衛生呢？

Box ❷ 可能的解釋

1. 可能是因為孩子體重過重，所以家長才會控制他們的飲食。如果真的是這樣的話，那麼因果方向就會和《時代雜誌》的假設相反：控制飲食並不會導致孩子過重，會控制飲食正是因為孩子過重。另一個可能是比較不愉快的高壓家庭會有控制欲比較強的家長，而孩子也比較可能會過重。不過，家長監控飲食的行為與孩子的體重過重之間並沒有因果關係。

2. 可能是因為比較富裕的國家會擁有比較健全的教育體制，因此能夠培育出智力分數比較高的人才。這樣的話，便會是富裕推進智商，而不是智商讓國家富有。另一方面，也可能是因為有第三個因素在作用，而影響了上面的兩種表現，如：身體健康（順帶一提，這三個面向確實都有因果關係）。

3. 可能是因為健康的人比較會出席各類社交活動，像是上教堂。如此一來，因果方向會倒過來：會上教堂的其中一個原因是這些人本身就比較健康，可是上教堂並不會讓他們變得更加健康。或者是因為本身很熱中於社交活動，如做禮拜，所以不僅會去參與更多社交活動，還會增進健康。

4.可能是因為憂鬱的人比較不會去做好玩的事，像是養寵物。於是因果會反過來，那就是憂鬱讓人比較不會去養寵物。（不過，其實送寵物給憂鬱的人確實會讓他們的心情變好，所以寵物真的會有益心理健康，只是兩者的相關還不足以證明因果而已。）

5.可能是因為比較貧窮的州謀殺率本來就比較高，比較貧窮的州守貞教育本來就比較盛行。這樣講確實都沒錯，所以性教育和謀殺率或許真的沒有因果關係，反而是貧窮、教育程度低或者是其他的因素會同時造成守貞教育和謀殺的盛行。

6.可能是因為身體健康會讓人腦袋更靈光，也會產出比較好的精子。也可能是因為存在著會同時影響智力和精子的因素，如：嗑藥或喝酒，所以聰明才智和精子品質可能並沒有因果關係。

7.可能是因為嗑藥的人比較會去追求感官刺激，所以也比較會為了追求刺激而以身試法。也許吸食大麻不會讓人去吸食古柯鹼，吸食古柯鹼也不會讓人去吸食大麻，只是有追求感官刺激這個第三方因素作為共同的原因罷了。

8.一九五〇年代時，冰淇淋消費和小兒麻痺之所以會高度相關，是因為小兒麻痺很容易在游泳池傳播，而冰淇淋和游泳的共通點就是會隨著溫度攀升而更加普及。

相關性的錯覺

先有系統地收集資料，再好好計算兩項變數間的關聯程度，實在是再重要不過了。光是身處在這個世界上，接收周遭的種種訊息就足以讓人錯估事件彼此的關係了。「錯覺相關」（illusory correlation）可是真真切切存在的風險。

如果你覺得某兩項變數呈現正相關（A變多的話，B會跟著變多）好像很合理，那麼你的因果思維便非常有可能會說服你這樣是對的。可是這種情況常常不僅是沒有正相關，甚至還可能根本是「負」相關。我們會傾向去看見並記得支持自己假設的例子，忽略反例，這便是確認偏誤的一種。

反過來看，如果你主觀認為兩者的關聯說不過去，那麼即使是高度相關，你也可能會視而不見。心理學家將鴿子放進裝有食物丸飲食器的裝置裡，並在地上擺了一塊會發光的圓盤。如果圓盤亮了但鴿子「沒有」去啄它，飲食器上就會出現一小顆食物丸；如果鴿子啄了發亮的圓盤，食物丸就不會出現。鴿子很可能會一直到快要餓死之前，都不會發現啄咬發光的圓盤就不會拿到食物的這層意義，因為在鴿子眼中，不要啄東西就有得吃還不算合理的連結。

要推翻心中的預設時，人也會面臨和鴿子一樣的障礙。

實驗人員將羅夏克墨跡測驗（Rorschach inkblot）的結果放到臨床心理學家面前，告訴他們這些回應來自不同的病患，並在回應記錄旁邊標上病患的症狀，[6]像是卡片上可能會寫著病患ⓐ在墨漬裡看到生殖器官，而且ⓑ性方面有適應障礙。瀏覽這些資料後，心理學家會傾向認為看到生殖器官的病患在性方面有適應障礙，即使實驗人員刻意將資料設計成「比較沒有」性適應障礙的樣子，心理學家還是會做出相同的判斷。畢竟要把性適應障礙和對性器過度敏感聯想在一起並不難，而且看起來還頗有邏輯，於是便很容易會得出正相關的結論。

接著，實驗人員會告訴心理學家他們的判斷有誤，這些組合顯示看見性器和性適應障礙彼此其實是「負相關」，看見生殖器的病患反而比較不會有性適應障礙的問題。這時，心理學家可能會嗤之以鼻，表示從他們的臨床經驗來看，面臨性適應障礙的人「才會」特別容易在羅夏克的墨紙上看到生殖器的圖樣。可是事實並非如此，實際去收集數據的話，便會發現其中毫無關聯。

事實上，想透過羅夏克圖卡描述去瞭解一個人幾乎不可能。[7]學界都還沒實際去探究反應和症狀的關聯，就已經投注了幾十萬小時和幾百萬美元在這類測驗上了。即便在數十年後，有人發現其實關聯並不成立，羅夏克測驗的相關錯覺依舊十分風行，繼續浪費大家更多的時間和金錢。

我提這些例子並不是要跟心理學家和精神醫師過不去。在羅夏克墨漬的錯覺相關實驗中，大學生也犯了和臨床醫師相同的錯誤，認為看見生殖器就代表會面臨性方面的困擾，看見滑稽的眼睛就代表會偏執妄想，看見武器就代表懷抱敵意。

簡單來說，結論就是如果人（或其他生物）已經「先入為主」地認為他會看到某種關係，那麼此時即使數據顯示出相反的證據，他們還是很容易會聯想到這層關係；[8] 如果人「沒有預期」會看到某種關係，那麼即使這層關係確實存在，也很可能會視而不見。貓咪可以學會拉條線跑出箱子，可是要舔自己才能逃出箱子牠們就學不會了。人的聲音在右邊出現的時候，狗狗可以輕而易舉地學會向右跑去找食物，而不是跑去左邊。不過，假如用高亢的音調表示食物在右邊，用低沈的音調代表食物在左邊，狗狗會需要費一番功夫才學得會，畢竟空間提示會比音調提示還要容易連結到空間事件。

大家已經很熟悉的代表性捷思法就很會製造千千萬萬種先入為主的關聯。生殖器可以代表任何和性沾得上邊的事物，眼睛可以代表多疑猜忌，武器可以代表敵意。可得性捷思法也同樣擅長編織先入為主的關聯，影片和卡通經常會使用擠眉弄眼的效果，來表示角色覺得事有蹊蹺，如：瞇起眼睛、翻白眼。

那如果一個人沒有預期會看到什麼，也沒有預期不會看到什麼，那又會是什麼樣的狀況呢？

譬如說，假設有個人先聆聽一群人輪流說出他們名字的開頭字母，接著播放一個音符，接著問他：字母的順序和音符持續的時間長度之間，有沒有什麼關聯。這時會發生什麼事呢？

這類隨機配對的事件相關係數要高到多少，才能確實的被人們察覺到呢？答案差不多是0.6，比圖3的0.5還要再高一點點，[9]這還是我們拿出最好的判斷表現、全部資訊一次到位時的數字。從實際面來說，這個數字告訴我們人無法單憑自己的認知去決定兩項變數間的相關程度，除非它們之間的連結真的非常緊密，緊密到超出我們日常決策時仰賴的種種相關組合。想要做對的事，就必須要有一套非常有系統的做法，那就是觀察、記錄、計算，否則就只會停留在盲人摸象，胡亂瞎扯。

例外

共變難以準確察覺這條準則有個十分重要的例外，如果兩個事件接連在很短的時間內發生，那麼即使是隨機的組合，它們的共變關係也會變得異常突出。假設電擊老鼠前會先開燈，那麼老鼠很快就會意識到開燈和電擊的關聯。然而，學習能力會隨著時間間隔的變化急速下降，一旦相隔超過幾分鐘，人類和動物便察覺不到隨機事件組合之間的關聯了。

信度與效度

我朋友和他老婆努力想要懷孕，嘗試幾年之後終於下定決心要去找生育專科協助。可是得到的卻是壞消息，朋友的精蟲數「過於稀少，所以一般受孕的方式並不可行」。朋友問醫生檢測可不可靠，醫生說：「噢，可信度滿高的。」他的意思是檢測不會有錯，能夠反映出真實分數。不過，從醫生「可信度」的用法可以知道，他對精確的概念還停留在門外漢的程度。

「信度」（reliability）表示測量方法針對同樣變數重複觀察後得出相同數值的程度，也可以說是某種測量方法與另種測量方法針對同樣變數得出相同數值的程度。

測量身高的方法信度（每次的相關係數）幾乎等於1；間隔數週重複測驗智力的信度大約是0.9，使用兩種不同的智力測驗基本上信度還是高於0.8；請兩位牙醫判斷同一顆蛀牙的嚴重程度，診斷的信度會低於0.8，[10]也就是說史密斯醫生可能會很積極地幫你補牙，而瓊斯醫生則可能會認為不用處理。同樣地，牙醫自己每次的診斷也不會完全相關，同樣一顆牙，星期五瓊斯醫生可能會選擇要補，星期二的時候則決定不要挖開。

那麼精蟲數的檢驗信度呢？每種檢驗精蟲數的方法信度都不高，[11]不同方法要得到相同結果的信度也不高，同一時間不同的檢測法也可能會有非常不一致的結果。[12]

一般來說，「效度」（validity）也會用相關係數來當指標，可以拿來看實際檢測內容反映出目標檢測內容的程度。如果對照智商高低與小學成績的相關程度，那麼智力測驗的效度算很不錯，大概落在0.5。其實，二十世紀初法國心理學家阿爾福列德・比奈（Alfred Binet）創製智力測驗，就是為了要預測學業表現。

請記住，「沒有信度就沒有效度」，這是再重要不過的概念了。假設某人對於某變數的判斷非常不一致（如：他對變數A的判斷每次都不同，相關係數為0），那麼他的判斷力就沒有效度可言，也就是說他無法正確預測變數B的表現。

如果拿測驗法X和測驗法Y來檢驗同一個變數，但並沒有超過隨機水準，那麼最多只會有一個測驗法可能具有效度。相反地，很可能會出現信度很高但毫無效度的狀況，像是兩個人對於每位朋友的外向程度或許還能夠口徑一致，但卻很可能無法正確地預測朋友在不同情境下會展現的外向程度（利用客觀的評估法，如：多話程度，或是另請心理專家來打分數）。

筆跡分析師聲稱他們能夠評量許多的人格特質，如：誠實、勤奮、野心、樂觀等許許多多的面向。確實，隨機找來兩位筆跡分析師，他們的判斷可能會很一致（具有高信度），可是他們都無法藉此去預測一些和性格有關的行為（不具效度）。（不過，滿多時候確實可以借重筆跡分析師的專業，去協助進行與中樞神經系統有關的疾病診斷。）

編碼是培養統計思考力的關鍵

以下幾個問題，你認為這幾組變數的相關係數是多少。我會先說A在某個情境下比B還要多，接著再問你覺得這次A比B多的機率有多高。我會利用數學公式將你心中的機率轉換成相關係數。

請記得，假如等等你回答「百分之五十」，就是在說你覺得兩種情境裡的行為毫不相關；假如你說的是「百分之九十」，那就表示你認為兩種情境之下的行為關聯性很強。第一題是拼字能力：如果你覺得這次的拼字表現和下次的拼字表現各自獨立，那麼你的答案就會是「百分之五十」；如果你認為拼字測驗之間的表現密切相關，那麼你應該會回答「百分之九十」。請對自己的答案負責，可以把數字寫下來，或者至少要大聲念出來。

1. 剛上四年級的第一個月底，假設卡洛斯的拼字分數比克雷格高，那麼兩個月後，卡洛斯又再度考試分數比較高的機率是多少？
2. 假設球季的前二十場籃球賽中，茱莉亞的得分比珍妮佛高，那麼在接下來的二十場裡，茱莉亞又拿下比較多分的機率是多少呢？

3. 假設初次見面時，感覺起來比爾人比鮑伯還要親切，那麼下次見面時，比爾還是比較親切的機率是多少呢？

4. 假設在前二十次的接觸當中，小芭的表現都比貝斯還要誠實（均分費用、桌遊沒有作弊、老實招認學校的分數等），那麼你們接下來二十次的接觸中，小芭依舊比較老實的機率是多少呢？

表 4 是相關係數與百分比的對照表，可以看看你剛剛猜的數字在哪裡。

這些問題的答案我都知道，因為已經有人做過研究了。[13] 我知道任兩次拼字測驗之間分數的關聯，我知道任二十次拼字平均分數和另外二十次拼字平均分數的關聯；我也知道一個人在不同場合之間親切感的關聯、這二十次的平均親切感和那二十次平均親切感的關聯，等等等等。

我猜你的預測模式應該是這樣走的：

表 4. 百分比與相關係數的預測轉換表

預測百分比	相關係數	預測百分比	相關係數
50	0	75	0.71
55	0.16	80	0.81
60	0.31	85	0.89
65	0.45	90	0.95
70	0.59	95	0.99

1.以籃球場上的表現來說，你覺得某二十場比賽的表現和另二十場比賽的表現息息相關，相關程度高於拼字測驗之間分數的關聯。

2.以親切感來說，你覺得每次的接觸都高度相關。在評估一個人某二十次的老實度和另二十次的老實度時，相關程度也一樣高。

3.你覺得性格上的相關係數會比能力上的相關係數還要高。

無論這幾點和你的答案有沒有吻合，在我和齊瓦．昆達（Ziva Kunda）的實驗裡，受試大學生的預測模式確實都和上面的描述相符。[13]

請看看圖4。請注意人對於反應能力的行為推測（去計算拼字與籃球比賽實際數據的平均）算是挺貼近事實的，不同場合之間的行為大約是中度相關，差不多是0.5，大家對於這層關係的預測也完全正確。

此外也可以看到，大數法則對相關係數有一定的影響。假如把多次行為的分數加總，再參照其他同為大量數據的行為表現，便又會再拉高相關係數。雖然不曉得大量行為加總後的相關係數會高出多少，但是大家確實有注意到，比起用單一次的行為去預測下一次的行為，二十次的行為樣本可以幫助你為之後二十次的行為表現做出更好的預測。

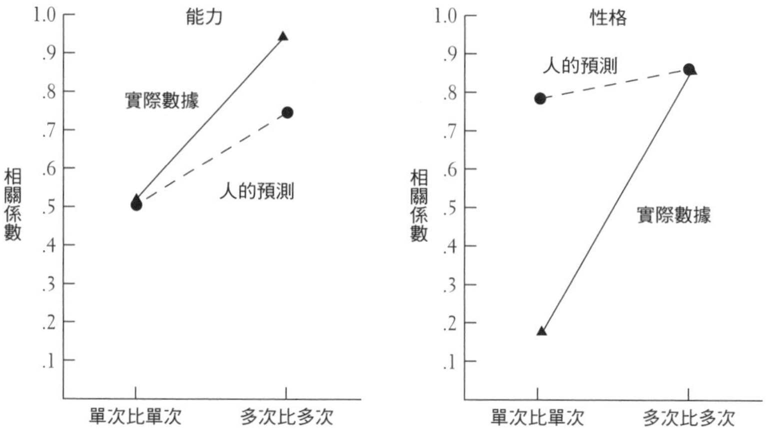

圖 4. 人對能力（拼字和籃球的平均表現）與性格（親切和老實的平均感受）的相關預測，包含少量數據與大量數據。

看看能力預測，再看看性格預測，後者的精準度差到令人不忍直視。大家會認為這次相處對方很老實、很親切，下一次他們也差不多會這麼老實、這麼親切，相關係數還高達0.8！這可真是大錯特錯了。某個場合中反應出什麼什麼性格的行為，和其他場合反映出同樣性格的行為，相關係數往往不會高於0.1，基本上不會超過0.3。我們對他人的性格預測常常錯到離譜，可是偏偏這會深深影響到前幾章提及的日常生活大小事。我們總覺得可以透過單一情境的行為，就看出一個人整體的性格，還覺得自己是看人很準。這種錯誤可說是構成基本歸因謬誤不可或缺的要素。而且我們也該知道：判斷能力時需要用到大數法則，但判斷他人性格時也需要用到大數法則。因為我們低估了情境的作用，也因為我們相信單一場合的行為就足以精準預測往後的整體行為（而且還是完全不同情境底下的行為），才會誤以為能夠從對方少數的行為樣本中看到很多事。除此之外，大家幾乎都沒注意到增加觀察數量的益處。如果今天你多方觀察性格相關的行為，並將收集到的所有數據和另外二十個情境的行為做比較，的確能夠得到非常高的相關係數。不過，問題就在於大家相信「從少量行為觀察整體性格的準確度**等於**從大量行為觀察整體性格」！

為什麼同樣都是從單一情境去觀察，能力和性格的預測準度卻有著天壤之別呢？大家非常明白要依循大數法則才能精準判斷能力，那為什麼在觀察性格時卻忽略了大數法則的重要呢？

魔鬼就藏在「編碼」裡。縱使我們無法掌握多數能力的計算單位，至少有許多能力的計算單位是我們已經知道的，像是拼對的單字比例、罰球的命中率。可是有計算親切感的單位嗎？一分鐘笑了幾次嗎？每次交流散發出的「正向氣場」嗎？週六晚上派對的親切魅力和週一下午審查會議的親切表現又該如何比較呢？因為這兩種場合的行為類型天差地遠，所以在前個情境標註的親切證據並無法當作後一個情境的親切指標。我們要為某人在情境A表現出的親切指標打上分數，其實不容易，甚至可說是難如登天；即使真的給了個分數，我們也不知道要怎麼比較情境A的親切指標和情境B的親切指標。

那麼要怎麼減少對他人性格的誤判呢？要精準定義他人行為的衡量單位，實在是不太可能，也不能用數字高低來衡量。做研究時心理學家會這樣做沒有錯，可是如果現實生活也這樣做的話，你也沒辦法和別人分享，因為他們大概會覺得我們瘋了吧。（我把嘴角上揚的次數乘以每次上揚的幅度，得到喬許開會時的笑容有十八分的親切感……）

如果想要避免對他人性格產生過分無理又堅強的推論，最有效的方法就是要時時提醒自己：人的行為只有在相同的情境下才可能一致可期。而且即便是如此，還是需要大量觀察來支撐你的預測才行。

這樣想好了，我們自己也不是一致的人。想也知道，在某些場合遇到你的人可能會覺得你人很好，而在其他場合遇到你的人可能會覺得你人其實還好而已。你也沒辦法責怪這些人，因為他們也只能就眼前現有的證據去推論而已。只要記住這點就好：別人看你，就像你看別人一樣。你不能期待下次——可能是在不同的情境之下——遇到同一個人的時候，他會展現出一模一樣的個性。

大體而言，你要知道什麼可以編碼、什麼不能編碼。假如你無法立刻為某事件、某行為想出編碼或量化的數字，不妨練習去想想有沒有編碼的方式。光是努力這樣思考就足以提醒自己：你很容易高估系列事件或行為之間的一致性。

關於本章，還有前一章，最棒的消息是：雖然我只是教你從一些很小的地方開啟統計思維，但是研究經驗告訴我，我在教學生統計推理的時候，往往只需要舉出兩、三個例子，就能夠幫助學生在各種不同的案例中展現更優秀的推理邏輯——即使他們未來碰到的案例，完全不同於課堂上教過的案例，效果也不會打折。

我教大數法則時會舉一些例子如買樂透、丟硬幣，學生們很容易就採用統計邏輯去看這些例子。另外，在那些原本只有偶爾才會採用機率思維的事情上（例如可以客觀評分的能力），學生們的推論能力也跟著變好了；[15]至於那些原本極少用統計思維去考量的事情上（例如人格特質），學生們的推論也變靈光了。課堂上，我只教了一種問題類型，驚喜的是學生在各種不同問題類型的統計推理卻都跟著提升了。

你可以學到的事

想要精準地判斷關係並非易事。即使數據已經收集好、整理好放到我們面前，我們還是很可能會錯估共變關係的程度，尤其可能會產生確認偏誤。假如出現A就代表會出現B，我們可能就會說A和B有關聯，可是實際要去評估A和B有沒有關係的話，會需要去比較四格表裡面的兩組比例才行。

在沒有先入為主的狀況下去評估兩個事件的相關係數，例如我們評估兩個毫無意義、隨機配對的事件時，它們的相關程度必須非常高，我們才能明確察覺到關聯性。只要事件組合的出現時間拉長到幾分鐘，我們覺察共變關係的能力就會變得很差。

我們很容易會掉進「假的相關」陷阱裡。在評估兩件事情是否相關時，假如它們兜起來好像很合理，我們就傾向認為兩者應該相關，接著就相信關聯確實存在（雖然它們並不相關）；假如兩起事件貌似連不太起來，即使兩者非常相關，我們還是很容易會忽略它們正相關的證據。更糟的是，我們還會把負相關判斷成正相關，正相關判斷成負相關。

判斷相關時，代表性捷思法常常是造成先入為主的原因。假設A和B在某些方面很相似，我們就很容易會覺得兩者相關。在先入為主這件事情上，可得性捷思法也推了一把：假設「A和B有關的情境」比「A和B無關的情境」還要容易記憶，那麼我們也非常有可能會高估兩者的關係。

相關不等於因果。如果有看似合理的原因可解釋「A可能會造成B」，那麼我們就會假定「這種相關，已經證明了因果」。A與B相關，有可能是A造成B，也可能是B造成A，還可能是有第三個因素同時導致A和B的發生。然而，我們常常都不會想到有這些組合的可能，原因是我們沒有認知到人太容易會用因果去解釋相關了。

信度表示同一事件在不同情境可以得到同樣分數的程度，也表示同一事件在不同測驗可以得到同樣分數的程度。效度表示測量方法確實測量到需要測量內容的程度。測驗方法可能擁有無懈可擊的信度，可是又同時毫無效度可言。兩位占星師可能會口徑一致地說雙魚座比雙子座還要外向，可是同時，我們又幾乎可以肯定這種說法不具效度。

越容易編碼的事件就越容易得出正確的相關判斷。有些事情編碼起來可說是輕而易舉（是否有能力做某事），這時我們就能夠精準判斷不同情境下的相關程度。在「某種事件可能會受到某種能力影響」的情況下，與其透過某個單一事件去預測另一個單一事件，更精準的方法是透過事件的多次平均去預測類似事件的多次平均。即便是在能力預測上，多次的預測力也會大大勝過單次的預測力。不過，面對像是人格特質這類難以編碼的事物時，相關程度的評估結果很可能會錯得超乎我們想像，這時，大量觀察會遠比少量觀察更適合作為未來行為的指標，可惜的是我們往往沒能注意到這點，或者是根本完全沒有意識到這點。

除非已經擁有數量龐大的行為樣本，而且抽樣涵蓋多元情境，否則試圖從某人過去顯露性格的行為去預測未來他顯露性格的行為時，我們需要格外謹慎與謙卑。我們唯有認清有些行為難以編碼，才會意識到預測這類行為時，我們非常容易出錯。若我們能時時將基本歸因謬誤放在心上，便會明白自己有多容易會以偏概全。

PART 4

實驗

事實看似確鑿，卻不敵細究。

——哲學家威爾．杜蘭 Will Durant

現在有越來越多的機構開始借助實驗這種方式來獲取資訊。這是好事，因為如果某個問題可以藉由實驗找到答案的話，這樣一定會比利用其他各種相關分析方法得到的答案要好。例如醫學、社會科學常用的多元迴歸（multiple regression）這種相關分析方法，基本上是探討多個自變項（independent variable，又稱為預測因子）在同時間內和一個特定依變項（dependent variable，又稱為結果或輸出）之間的相關性。它問的是：「撇開其他變項的影響，自變項A會如何影響依變項？」雖然這種統計方法備受大家喜愛，先天上卻有弱點，而且所導出的結果經常會誤導人。問題就在於「自我選擇偏誤」。如果我們沒有指定每個個案去接受什麼樣的實驗處置，那麼這些個案就可能會因為非常多不同的因素，導致它們和依變項之間的關係出現差異。我們之所以能夠判斷多元迴歸分析提供的答案是錯的，是因為隨機控制實驗（randomized control experiments）——又經常被稱作黃金準則的研究方法——得到的結果可能會不同於多元迴歸的分析結果。

就算不是真正「隨機地」去分派個案接受實驗處置，有些時候還是會出現「自然實驗」（natural experiment）。自然實驗發生的時機是當個案群體（像是人、農地、城市等）與自變項之間存在著值得玩味的差異，但群體的組成又沒有偏誤到無法讓我們把各個群體拿去和依變項比較。

我們的社會曾因為該做而未做的實驗而付出慘痛代價，導致數十萬人喪生，數百萬次犯罪出現，大量金錢耗損，全都是因為僅憑假定就貿然行事，未經測試就貿然引進人為干預措施。若我們研究的對象是人，我們會傾向採用口語報告（verbal report）做為研究依據。問題是這類口頭報告錯誤百出。如果我們能夠將人類的行為盡量予以具體量測，而非依賴口頭描述，就更能正確回答研究問題。

不妨想想：哪些因素會影響你的健康和幸福？比起隨意的觀察，實驗更能夠告訴你正確的答案。

第9章

多做實驗，答案自現

二〇〇七年秋天歐巴馬宣布參選總統後不久，谷歌執行長施密特（Eric Schmidt）在一大群谷歌員工面前訪問歐巴馬。[1] 施密特開玩笑問了個科技難題：「現在有一百萬個32位元的整數，如何把它們做最有效的排序？」歐巴馬想了一下沒有立即說話，於是施密特打算認真提下一個問題，不料歐巴馬突然回答：「這個嘛，絕對不能用氣泡排序法吧（按，氣泡排序法是效率最差的排序法）。」這樣答並沒有錯。只見施密特詫異地拍了拍前額，台下響起熱烈掌聲。稍後在群眾的問答時刻，歐巴馬對台下觀眾說：「我堅信理性分析，講求事實、證據、科學和反饋。」並且承諾會按照這種方式治國。

產品經理丹・席洛克（Dan Siroker）當天坐在台下，當場就決定效力於歐巴馬陣營。他說：「我被氣泡排序法那句話打動了。」

席洛克加入歐巴馬陣營，提供一些科學建議，例如訓練競選工作人員進行AB測試——進行實驗時，如果不曉得哪種程序或處置最有助於達到目的的話，就擲銅板來決定誰接受A實驗處置，誰接受B實驗處置，接著針對你想探究的問題開始蒐集相關資料，進一步利用統計檢定法來比較A的平均值與B的平均值。

本章將詳細說明ＡＢ測試是什麼，以及如何在職場與日常生活中運用ＡＢ測試。只要知道如何設計出優良的實驗，你將更有能力去判讀媒體上各種所謂的科學知識。

ＡＢ測試

席洛克加入歐巴馬競選網站團隊前，多年來許多網路公司的網頁開發工程師早就在線上測試各種網頁版本。他們做決策時的依據不是看誰的官大，而是根據確鑿事實所得出的最佳方案。例如工程師們想要蒐集「用戶的點擊百分比」這項資訊，就會給一定比例的網路用戶觀看藍色為主的首頁設計，其餘用戶觀看紅色為主的設計，而且會對隨機挑選出來的用戶同時施測顏色、版型、圖案、文字等各種可能的頁面面向。一項事物該不該出現在網頁上，不是取決於高層意見，而是取決於證據。

競選網站需要用到ＡＢ測試的理由很簡單：該如何設計網頁，才能取得最多金主的電子郵件地址。比方說，以下哪種按鈕能吸引最多人訂閱：「了解更多」、「立即加入」，還是「立即訂閱」？哪種圖片最能吸引人訂閱：明亮綠松色的歐巴馬獨照、歐巴馬黑白全家福照片，還是歐巴馬在造勢場合的演說影片？

你八成猜不到，最有效的組合是「了解更多」加上全家福照片。而且還不光是「更有效」而已；這個組合比起「最不有效」的組合，足足多吸引了百分之一百四十的金主。這對政治獻金和票數而言都造成極大差別。

社會心理學家早在數十年前就發現到，在新的情境中，他們對人類行為的直覺多半是錯的。這個道理，如今網頁設計師也懂了。

從二〇〇七年起，歐巴馬各式各樣的選戰決策都仰賴AB測試。曾任社會心理學家的選戰專家陶德．羅傑斯（Todd Rogers）就曾經替歐巴馬做過數十項實驗，有些在結果出來之前只能瞎猜。像是：究竟是請柯林頓用電話錄音的方式打給民眾拉贊助比較有效，還是請能言善道的志工打給選民比較有效？（結果顯示是後者的效果遠勝柯林頓）迄今發現最有效的刺激投票率單一方式，就是在選舉前一天請選戰工作人員親自拜票。

關於如何刺激投票，至今已有許多研究成果。以下哪種說法較能刺激選民出門投票：告訴他們投票率預期很低？告訴他們投票率預期很高？你可能會以為告訴民眾預期投票率低，比較會刺激他們出門投票，畢竟做個成本效益分析就會知道，預期投票率低的時候，你手上這張票的重要性會大於投票率高的時候。但別忘了，人很容易受到社會影響，想要按照別人喜歡的方式行動。如果大部分人喝酒喝很多，他們就會跟著喝很多；如果大部分人喝酒喝不多，他們也會跟著喝不多。如果大部分人住旅館的時候會重複使用同一條毛巾，他們也會跟著做。因此，告訴選民他們的選區會有很高的投票率，催票才會有效。別告訴他們投票率很低。

假如你告訴選民：你知道他們上一次有去投票，而這次投票日結束後，你還會問他們有沒有去投票。這個方法有助於刺激投票率嗎？人不但想維持自己在別人眼中的良好形象，也想要自我感覺良好。所以不意外，上述說法至少可以增加百分之二點五的投票率。[2]但是只有運用AB測試，才能夠確認上述這項策略會帶來正面結果、負面結果，還是毫無影響。

二〇〇八年和二〇一二年兩屆選戰中，歐巴馬陣營口袋實在太多法寶，令共和黨人招架不住。羅姆尼陣營在二〇一二年選戰中認為勝券在握，甚至連敗選聲明都沒準備。

話說回來，共和黨人不是沒有能力玩AB測試。早在二〇〇六年，德州州長瑞克・裴利就發現花錢寫信給選民、進行付費電話拜票，以及在草皮上插候選人看板都效益不彰。所以他打選戰時就沒在這些項目上花錢，改側重在買電視及廣播時段。為了獲知哪些時段最具效益，他們挑選十八家電視收視市場及三十家廣播收聽市場，隨機指定起始日期，再透過民調追蹤哪幾個時段會讓裴利的支持度增加最多。選戰工作人員不得自行決定哪個收視或收聽市場要在哪個時段接受什麼樣的實驗處置。因為一旦由他們自行決定的話，民調結果的進步將有可能會是因為特定市場中某些條件變化所導致，而非因為在該市場中下候選人廣告的關係。正是因為這次實驗設計當中的這種隨機性質，才使得結果準確性大大提升。

AB測試在商業上的運用，和政治上一樣有用，因為研究人員能夠隨機區隔母體，施以不同的實驗處置。當個案數量（N）很大時，連細小些微的差異都能被察覺出來。不管是政治還是商業，一點點小小的增長可能就是成功的關鍵。

透過實驗可以利他也利己

商人越來越常運用AB測試，也越來越察覺到這種測試方法不僅能夠幫助他們改善人們的生活，更能夠增加自己的利潤。

研究人員為了瞭解蔬果促販方法的優劣，在德州艾爾帕索的超市進行了AB測試。[3] 若在手推車內置放分隔板，隔板上告訴消費者「請將蔬果放在手推車前方」，這樣就能夠讓蔬果銷量翻倍！蔬果不但是一家店毛利最高的商品，也有益顧客健康。[4] 研究人員同時有效運用了社會影響力：隔板的標語上如果寫著來店顧客平均購買X件蔬果，蔬果的銷量也會跟著提升。

結果更顯示，最能夠從這些刺激蔬果買氣的標語受惠的一群人，就是低收入民眾，因為他們本來就比較傾向購買加工食品，少買新鮮蔬果。

美國超市多半是按類別陳列商品：澱粉類放在第四條走道，醬料放在第六條走道，乳酪放在第九條走道等。日本雜貨店則多半是按餐點類型做整體分類：義麵、醬料和乳酪放在義大利區；豆腐、海鮮和醬油放在和風區。日本這種整體的分類作法，能夠減少顧客購買加工食品，也會讓時間緊迫的顧客更有可能購買較健康的食品回家烹調。[5]

每個組織都可以透過更多實驗來瞭解目前營運與工作環境的成效。假如允許員工一部份工時在家工作的話，會提升生產力嗎？全部工時都在家呢？完全不允許在家工作呢？哪一種方法能夠讓高中生比較願意做功課：一週出一次大作業，還是每天出小作業？

實驗的「受試者內設計」和「受試者間設計」

像西爾斯（Sears）這種全國性的大百貨公司有能力去隨機針對特定公眾群體下特定的媒體廣告，也有能力隨機決定要將特定商品放在店內的什麼位置。舉例來說，某兩州的分店要將某商品放在店後方，同個商品在另兩州的分店則要放在店前方。他們在全國的店面數量大到能夠讓ＡＢ測試發揮極為強大的威力，而統計檢定最大的威力，就是它能夠發覺某種數量的差異性是否顯著。N愈大，就更有信心去確定某種數量的差異性為真，而非偶然所造成。

你還可以藉由「受試者內設計」（within design）讓這種威力更猛。例如在同一家店內互換商品陳列的位置。這樣就能控制住不同店面之間可能存在的各種差異。一種典型的受試者內設計叫做「前測後測」（before-after）設計。把珠寶放在某家店前方，內衣放在同家店後方，銷售業績會如何？如果是反過來放呢？帶有前測後測的ＡＢ測試，會比單純的ＡＢ測試敏銳得多，因為每個個案都可以據此產生「差異分數」，然後用該分數當作衡量指標。例如，該指標會將休士頓分店在接受實驗處置前的業績，減去接受實驗處置後的業績，進行比較。這樣的差異分數便能夠控制住因地、因客群而異的各種變項，包括店面大小、該店的聚眾能力、當地消費者的偏好等等——這些差異又稱為誤差變異數（error variance），因為店與店之間、客群與客群之間的這些變異，都與介入措施無關，亦即：想要利用ＡＢ測試找出答案時，得到的分數高低卻可能是受到與問題無關之原因所影響。一旦每個個案都施以前測與後測，便可以減少誤差變異，也才能夠比較確定條件A下的銷售業績相對於條件B下的銷售業績的差異為真。

使用前測後測時，必須注意實驗處置順序的「對抗平衡」（counterbalance）問題。也就是說，要讓一些個案先到實驗組，另一些個案先到控制組，否則實驗處置的結果就會受到次序所干擾；原先讓你以為是實驗處置所導致的結果，其實可能是受到次序或單純受到時間所影響。

有一些前測後測的實驗是來自偶然的意外，實驗結果卻十分有用。我愛舉的一個例子是美國的一間禮品店。[6]店裡的綠松石銷量很差，於是老闆某天在出差前決定要促銷這些寶石，便交給助理一塊牌子，上面寫著：「本盒綠松石全面×½。」老闆回來時發現綠松石都賣光了，讓他很高興。不過讓他更驚訝的是，助理告訴他這些寶石加價兩倍賣，竟然比以前更好賣。原來助理誤解老闆的意思，以為是要他按照原訂價乘二出售，而非按原價做半價折扣。

通常價格是一個不錯的指標，它代表「價值」，這也是為什麼顧客會認為昂貴的珠寶代表有很高的價值。當然，不是所有商品都適用這個道理，綠松石之所以是例外，是因為很少人有專業能判斷寶石的品質，所以才會讓人容易認為價格高代表價值高。

我們也可以好好利用前測後測的威力，對自己做實驗。想知道為什麼會胃酸過高，消化不良嗎？那就每天記錄一下你吃的和喝的東西，尤其注意酒精、咖啡、碳酸飲料和巧克力這類比較可能是元凶的食物。接著就去按照真正的隨機實驗那樣操課——用擲銅板決定要不要來杯雞尾酒。記得一次只能做一件不同的事，免得變項彼此干擾。假設你停止吃巧克力，又停止喝碳酸飲料，則此時胃酸逆流情況有所改善，那就沒辦法曉得究竟是巧克力還是飲料才是造成胃食道逆流的元兇。第十二章會談口語報告（verbal report）及其他科學方法，讓你可以進行更多與自己相關的實驗。

統計上的相依與獨立

個案數量越多，加上個案都是隨機接受實驗條件處置，這固然可以讓我們更有信心去確認某個影響是真實的，但別忘了還有一個因素也是考量的重點，那就是什麼才能叫個案。假設在甲教室針對三十名學生施測A流程，A流程可能是標準的教學方法，像是課堂講授，然後放學後回家做作業。另外在乙教室針對二十五名學生測試非正規的B流程，像是讓學生在家觀看教學影片，並且由專人指導功課。請問這樣總共有幾個個案（N）？不是五十五個。如果是五十五個，而且兩套流程的結果又存在差異時，這樣的數量足以讓差異變得很顯著。

個案N其實是2。因為N所指的是「在各個觀察彼此獨立（independence of observations）的前提下」的個案數量。在此例中，學生或者任何一群人都會在接受實驗處置以及衡量結果的期間有互動，如此一來他們的行為就無法稱作是彼此獨立。喬安聽不懂課在上什麼，別人可能也會受其影響；比利在課堂上耍蠢，可能會讓大家考試考不好。課堂內每一個人的行為都有可能會相依於（dependent）其他人的行為。所以在這種情況下，沒有辦法進行顯著性檢定，除非以團體為單位的數量相當大，也就是N變成是團體的數量，而不再是人數。

如果你不會統計檢定，就無法確定不同的實驗處置究竟會帶來什麼影響。即便如此，採用「比上一次更好的方法」也強過依賴假設。

我們唯有掌握統計上獨立的概念，才能理解各種事物。直到二〇〇八年間，標準普爾這類信評機構所運用的房貸潛在違約預測模型，依舊假定房貸違約相互獨立不相關。這點實在令人難以置信。[7]他們會假定身在A地的阿杜是否違約，無關身在B地的阿珍違約的可能性。在承平時期，這樣子的假定不見得沒有道理。但在許多情況下，尤其是房價迅速飆升的時期，消費者可能認定房市正在泡沫化。這樣一來，編號20031A的房貸違約可能性，在統計上就會相依於90014C號的房貸違約與否。

況且，信用評等機構並不是公正單位。信評機構是銀行付錢聘請來做信用評等，所以把證券評為安全等級，會讓信評機構的生意更好。至於信評機構究竟是缺乏能力去設計良好的違約預測模型，還是純粹想要詐欺，在此無法評論。無論如何，有一件事實很清楚，那就是：有瑕疵的科學方法會帶來災難性的後果。

你可以學到的事

假定多半是錯的。就算假定是對的，但未經測試就直接相信假定（其實我們很容易就能夠測試出這些假定的對錯），實在很不智。AB測試的原理簡單到連小孩都容易懂：先制訂想要檢視的流程，擬定控制條件，用擲銅板的方式決定誰（或者哪件事）要接受哪一種實驗處置，然後觀察結果。在隨機控制的狀況下，如果結果出現差異，就能夠確定是自變項的原因，造成依變項的結果。這樣的因果關係是利用相關分析方法無法保證會得到的。

相關分析研究之所以很弱，是因為個案所接受的實驗條件處置，並非研究人員所指定。比方說，要做很多還是很少功課；要採用廣播廣告還是傳單廣告；是屬於高所得還是低所得。如果不去隨機將個案（人也好，動物也好，農田也好）指定到特定條件的話，等於是把許多不確定性都納進來了。個案在不同階層的自變項，會和其他層級差很多，而且這些差異有的能夠測量，有些則無法。任一個可以量測到的變因，或者沒有量測到、甚至沒有想到的變因，都可能產出結果去影響自變項。甚至可能發生依變項其實才是造成自變項有所差異的原因。

個案數量越大時（人也好，農田也好），你就越有機會發現真實的效應，而且發現假效應的機率也越低。如果某種統計檢定指出，每二十次就會發生不到一次的差異，那就表示該差異具備0.05的顯著水準。如果不去運用這樣子的統計檢定，我們多半無從判斷影響是否為真。

若將每一個個案指定去接受各種條件的實驗處置，實驗就會變得更加靈敏。也就是說，當「受試者內設計」的實驗結果呈現出某種程度差異時，那麼將同一套實驗改用「受試者間設計」模式進行測試時，將會發現結果更有可能具備統計顯著性。原因是因為任兩個個案之間的各種差異的可能性都已經被控制住，只剩下實驗處置的差別，而後者就可能是產生因果關係的原因。

很重要的一點，是要去檢視個案之間（例如研究人的時候，個案就是人）是否會相互影響。凡是個案本身可能會影響到別的個案，以致這些個案之間都會相互影響，就不具備統計上的獨立。所謂的N是指無法相互影響的個案數量。A教室裡的N不是學生的總人數，而只是1。（除非學生之間相互影響的可能性很小或完全為零，像是每個學生坐在教室裡考試，每個人以隔板隔開，而且彼此禁止說話。這樣就可算是例外。）

第10章 自然實驗與真正的實驗

由於新生兒的免疫系統尚不健全，因此必須盡量不要讓他們接觸到會致病的細菌與病毒。

——二〇一一年二月二日，美國有線電視新聞網CNN：「維持嬰兒健康的抗菌要點」

嬰兒越早接觸到各式各樣的細菌，長大之後愈是不容易發生過敏。

——二〇一一年十一月三日，加拿大電視新聞台：「研究發現嬰兒接觸細菌和過敏風險較低有關聯」

日常生活中或是職場上，朋友、同事和媒體總是提供我們一大堆的建議，告訴我們怎麼做才對。

公元兩千年到二〇一〇年間，我們獲悉飲食要盡量減少攝取脂肪，如今卻被告知適量的脂肪對健康有益。去年的報告指出，維生素 B_6 補充品能夠改善老人的情緒與認知功能，今年卻有專家認為這種補充品無助於改善這兩項功能。十五年前的研究發現，一天喝一杯紅酒有益心血管健康，但八年前的研究則說任何酒類都能達到相同效果，不料最近我們又再度獲知只有喝紅酒才有幫助。

就算我們願意無條件接受最新的醫療建議，還是會面臨相互衝突的建議。某位牙醫建議一天要用兩次牙線，另一位牙醫卻說偶而用一下牙線就夠了。

《紐約時報》的金融顧問建議你賣股票，改買債券。《華爾街日報》的專欄作家卻建議你投資房地產，手上持有現金。你的個人理財顧問建議重押原物料，但你朋友傑克的投資顧問卻說贖回國內基金，改買進外國股票基金。

有一對家長很焦慮，要不計任何代價將孩子送進最頂尖的幼稚園。但另一對家長卻只在乎要讓孩子從玩樂中學習，認為在家就能夠促進幼兒的智力發展，不須送到外面。

本章的目的是要和你分享一些訣竅，用來幫助你評估媒體或是熟人所提供的科學證據。同時也會提供一些建議，告訴你如何自行收集、評估證據。此外你也會看到，如果只是盲目假設介入措施可以帶來某種效果，卻沒有事前透過實驗看看效果如何，那麼整體社會將付出多麼可怕的代價。

一連串的說服力

設想一下，二月間你看到有線電視新聞網報導說要避免讓嬰兒接觸細菌。到了十一月，卻看到加拿大電視新聞台的報導說細菌對嬰兒有益，因為可以降低如過敏這類自體免疫疾病發生的機率。究竟該相信誰？什麼樣的證據，會讓你決定去讓小嬰兒接觸細菌？又是什麼樣子的證據，會讓你盡量避免讓嬰兒接觸細菌？以下這幾種自然實驗（natural experiments）可以幫助你找到答案。自然實驗指的是，我們可以比較兩個（或多個）大致上相似、但彼此間卻又有些相異之處的個案，而這些相異之處可能會和我們想要探討的結果變項有關聯。這種相異之處未經過人為操縱（如果是經過人為操縱的話，就算是真正的實驗了）。此外，這些個案之間也不存在「會讓比較失去意義」的差異性。

假設你已經知道：東德人比西德人更不會出現過敏。

假設你已經知道：俄國人比芬蘭人更不會出現過敏。

假設你知道：農夫比都市人更不會出現過敏。

假設你知道：待過托兒所的孩童，比沒待過的孩子更不會出現過敏。

假設你知道：嬰兒時期家中有養寵物的孩童比沒養寵物的更不會出現過敏。

假設你知道：嬰兒時期常拉肚子的孩童比不常拉肚子的更不會出現過敏。

假設你知道：自然產的嬰兒比剖腹產的嬰兒更不會出現過敏。

其實，以上所說的都是事實。[1] 這些自然的實驗之所以很像真正的實驗，在於這些個案看似相似，卻也有相異之處（即：自變項不同），而相異之處可能就是造成結果不同的原因（也就是「過敏」這個依變項）。每一個自然實驗都可以用來驗證「早期接觸細菌，能夠幫助抵禦過敏及氣喘等自體免疫疾病」這樣的假設是否為真。（自體免疫疾病是白血球攻擊身體組織的一種不正常、誤友為敵的過度「保護」反應。）

過敏給人帶來許多影響，小至脾氣暴躁，大到體弱多病。氣喘的影響更嚴重，美國每天都有上萬名孩童因為氣喘無法上學，上百人因氣喘就醫，有些人甚至因此喪命。

我們可以假定，以前的東德和俄羅斯，比起西德和芬蘭，環境較為不乾淨。

我們也可以假定，農場長大的孩子，比起都市的孩子更容易接觸到各式各樣的細菌。我們知道家中有養寵物的孩童比起沒養寵物的孩童，更容易接觸到各式各樣的細菌，尤其是糞便中的細菌；我們也知道幼兒園裡的細菌很多，孩子在幼兒園裡比起待在家中更容易接觸到細菌。

拉肚子可能是因為接觸細菌的關係。自然生產的嬰兒在母親陰道也會接觸到許多細菌。以上這些自然的實驗都支持「細菌對嬰兒是好的」這種說法。

但你願意根據上述的研究發現，就讓自己的嬰兒變得髒兮兮的，讓他們接觸來自動物糞便的細菌嗎？你不會。

但假如我再告訴你：以棉棒從嬰兒直腸採集的檢體中發現，如果嬰兒體內有多樣化的細菌，則可以預測到六歲時比較不容易出現自體免疫上的疾病。以上這句話是事實。[2]如今我們已經掌握到「相關性證據」（correlational evidence）（有時又稱為觀察性研究證據）：在特定母群體中，越是提早接觸各式各樣的細菌，日後越不會出現自體免疫疾病。

你還是不願意讓孩子接觸細菌嗎？不妨聽聽看「細菌接觸理論」這種頗為可信的理論，它可以解釋從前述相關性證據及自然實驗得出的證據。這個理論說：讓幼兒早期接觸細菌，可刺激並強化孩子的免疫系統，使其得以調適並自我節律，繼而減少日後發炎機會，也比較能夠免於罹患自體免疫疾病。

說到這裡，你願意讓你家嬰兒變得髒兮兮了嗎？我自己是不會這樣做的。不論是自然的實驗、相關性證據或是可能性頗高的理論，聽起來都不錯。但我想看到的是經過「雙盲」（double-blind）且「隨機」（randomized）的真正實驗所得出的結論，也就是利用擲銅板的方式，指定一些嬰兒去多菌環境的實驗組，指定一些嬰兒去少菌環境的控制組。而且施測人員與受試者（在本案例中，受試者是母親）都不知道哪一個嬰兒是被分配到實驗組，哪一個是被分配到控制組（這就是雙盲實驗設計），這樣才不會造成「施測者或受試者知情受試者的施測狀況後，影響了結果」。如果透過以上的實驗，結果呈現「多菌環境實驗組的嬰兒比較少出現過敏及氣喘」，那我才會認真考慮讓我家嬰兒接觸各式各樣的細菌。

不過，我倒是不願意讓自己家的嬰孩參加這種實驗。幸運的是，沒有人須要這樣做，因為可以用動物模式的實驗取代，即利用譜系上和人類相近的活體動物做實驗。如此一來，便可以認定人類也會出現類似動物實驗處置的影響。

學者曾研究幼鼠接觸細菌的相關影響，[3] 不過方法並不是讓幼鼠接觸極多細菌，而是讓一部分幼鼠待在無菌環境，其餘控制組的幼鼠則待在實驗室老鼠平常的環境（這個環境其實細菌也很多）。結果無菌環境中的老鼠結腸和肺部都出現某種殺手T細胞的異常增生。這些T細胞隨後會組織起來發動攻擊，導致發炎、過敏和氣喘等症狀。

看樣子，我會支持加拿大電視新聞台的建議，放手讓孩子在泥巴裡打滾，雖然我心裡還是會非常緊張。（我的建議僅供參考，畢竟我不是真正的醫師，只是個博士。）

如果你決定要讓嬰兒接觸多一點細菌的話，請留意這樣子的好處只會出現在剛出生的頭幾年，所以可別無止盡地讓孩子接觸各種微生物。

有趣的是，我剛寫完上面這段文字時，《JAMA兒童醫學期刊》剛好就刊出一篇研究，指出嬰兒腹絞痛（疑似腸躁症所引起）只要服用五滴羼有洛德乳桿菌的溶液，就能大幅改善症狀，[4]且可以減少將近五成嬰兒因為腹絞痛而哭不停的狀況。

假設你的幼兒被細菌感染，該不該按照醫師的建議，給孩子吃抗生素？

假設你知道越富裕的國家，發炎性腸道疾病（包括克隆氏症、潰瘍性結腸炎）發生的機率越高，[5]你還會給孩子吃抗生素嗎？這類疾病有時候會變得非常嚴重，甚至致命。症狀包括腹痛、嘔吐、下痢、直腸出血、體內痙攣、貧血以及體重變輕。若你又得知發炎性腸道疾病就和過敏與氣喘一樣，也是一種自體免疫疾病，這時難免會懷疑它和富裕國家有關。可以肯定的是，這種關聯性是間接的，因為經濟富裕本身肯定不會引起發炎性腸道疾病。

真正的原因應該出在與經濟富裕相關的某件事。有點年紀的人應該都對小時候常見的中耳炎記憶猶新，現在這些人的下一代若是罹患中耳炎，馬上就可以治癒，這都得感謝阿莫西林（amoxicillin）藥物的出現。越是富裕的國家，當然越有可能去就醫，然後從醫生那裡獲得抗生素治療疾病。

但如果你聽完我的想法之後，也許就不見得會覺得吃抗生素是好事。我的顧慮不是沒道理：經常罹患中耳炎且常服用抗生素的孩子，日後罹患發炎性腸道疾病的風險較高。[6]抗生素這種東西很沒有分寸，不分青紅皂白、好人壞人，一律通殺，包括腸胃裡的微生物也不例外。

連成人服用抗生素可能也和後續出現腸道疾病有關聯。研究發現，罹患發炎性腸道疾病的成人比起未罹患該疾病的成人，過去兩年內多次服用抗生素的機率高出兩倍。[7]不過，目前這些證據仍然屬於間接證據。我們需要的是真正的實驗。剛好就有這麼一個正確的實驗。

假如發炎性腸道疾病是因為缺乏好菌而引起，那麼從某個健康的人的腸道取出好菌，再將好菌利用像是灌腸等方式注入到病患的腸道，這樣子的治療方式應該會有效。

於是勇敢的科學家和更加勇敢的病人站出來進行實驗。實驗結果證明有效：接受「把健康的人腸道取出的好菌，注入到病患的腸道」這種實驗處置的病患，比起只注入生理食鹽水的控制組病患，更容易改善症狀。（消費者如今也很幸運，因為市面上已經很容易買到腸道益菌的藥丸。）

所有的兒童疾病在用抗生素治療之前，都應該要先經過多方研究，也要事先澈底分析其成本效益。這個道理也適用於成人疾病。

自然的實驗到真正的實驗

從自然實驗得出的結論，往往具有重大意涵，亟待利用真正的實驗進一步探討。

碰到以下情況的孩子，小學整體的表現會比較差：家長的教育程度不高（此時孩子有較高的風險會出現課業不佳），且孩子的一年級老師在教學評鑑排行落在最末尾的三分之一。但如果這些孩子有幸受教於教學評鑑排行前三分之一的老師，則他們的表現將追平中產階級家庭的孩子表現。[8]這是屬於自然實驗的研究發現。假如今天是隨機指定孩童到教學能力不一的老師班級，那就變成是真正的實驗了。另外，看到以上的自然實驗研究發現，還會有家長認為教師效能評鑑的結果不重要嗎？

都市綠化很棒，事實上，比你想像的更好。一項針對芝加哥同款式公宅的研究指出，周圍有綠化的公共住宅比起周圍荒蕪或是水泥地的公共住宅，犯罪率減少將近一半。[9]這個研究發現一點也不令人意外，我們在第一章就提過，人的行為會深受情境影響。這項研究也能算是真正的實驗，因為芝加哥的公宅主管機關認為同一個住宅區內，住戶的分派都是隨機的——我們也沒有理由懷疑不是如此。不過一般人口中的「隨機」，不見得和科學家的定義相同，因此若要完全確定「綠化與犯罪率低」的假設是正確的，仍須進一步藉由隨機指定住戶入住公宅，以便確認綠化與犯罪率不僅具有關聯性，更具有因果關係。顯然我們非常需要這類的實驗。如果真正的實驗結果與自然的實驗結果相同，那麼就要進行第四章談過的成本效益分析，用金錢去衡量拆除水泥建物改成種樹所帶來的效益，以及所須付出的成本。分析結果可能會顯示，地景再造對城市來說是一件很划算的事。

有時候科學家會察覺，自己觀察到的現象算是一個自然的實驗，因此獲得進一步的啟發。十八世紀愛德華．金納（Edward Jenner）醫師觀察到擠牛奶的女工很少感染天花，而天花和女工可能會感染到的牛痘有所關聯。所以他猜這些擠牛奶的女工之所以比起製作奶油的工人還不容易感染天花，是因為受到牛痘的保護。於是金納找來一名手上患有牛痘的年輕女工，從她身上抽取某些物質並接種到八歲男孩身上。這名男孩後來發燒，腋窩出現不適，幾天後金納再將天花患者的病灶接種到男孩身上，結果男孩並未發病。於是金納發現了防範天花的處置方法。牛的拉丁文叫做 vacca，牛痘的拉丁文則是 vaccinia，因此金納就將這種處置方式稱作 vaccination（按，疫苗接種）。這就是一個從自然實驗進展到真正實驗的例子，從而讓世界變得更美好。如今天花僅以單一病毒標本的形式存放在單一的實驗室裡。繼續保存的原因是萬一世界上再度出現天花，才能用它來製作疫苗。

沒做實驗，慘事出現

如果沒做實驗，可能要付出慘痛的生命、金錢與幸福代價。

美國的「贏在起跑點」（Head Start）計畫是為了低收入戶（特別是少數族裔）孩童所設計的學齡前計畫，旨在改善孩子的健康、學業成績及智商，實施至今將近五十年，斥資高達兩千億美元。但這項投資的結果如何？參與計畫的孩子健康確實進步了，而且參與初期也讓智商與課業表現提升了。可惜這些認知能力的進步只能維持幾年——等孩子達到小學中年級，認知能力的表現就掉回沒參加該計畫孩子的水準。

小時候參加過「贏在起跑點」計畫的孩子，長大後的表現是否會比沒參加過計畫的人還要好，這點我們不確定。[10]因為當年沒有用隨機的方式指定哪些孩子去參加這項計畫。換言之，當年參與這項計畫的孩童，可能本來就和沒參與這項計畫的孩童之間有各種無法得知的差異性。而且他們長大之後的表現資料（資料少得令人詫異），又只是回溯性的資訊，也就是必須仰賴人們去回憶是否曾經上過幼稚園、上哪一個幼稚園等。回溯性研究很容易出錯，尤其是數十年前發生的事可能會記錯。雖然有些回溯性研究指出當年參加過「贏在起跑點」計畫的孩童在長大之後明顯有好的表現，[11]其實這種結果連自然的實驗都算不上，因為當年參加和沒參加這個計畫的孩子之間，一定存有既存的差異。如果沒有差異，那才奇怪。

結果呢，美國依然投注大量金錢進入「贏在起跑點」，完全不顧計畫是否有成效。

所幸我們確實知道有些學齡前計畫可以幫助長大之後的成人表現，這點已在第四章提及。有些屬於「贏在起跑點」加強版的隨機實驗計畫證明，參與這些實驗的孩子獲得了一定程度的智商增長，但增長的效果持久。更重要的是，還可以大幅促進學業的進步，以及長大之後的經濟收益。

事實上，不去瞭解學齡前計畫哪部份有用，哪部份沒用，代價實在很高。說不定改將「贏在起跑點」的兩千億美元計畫經費花在少數格外需要協助的孩子身上，提供密集的照顧，反而會更有幫助，或許還會帶來更可觀的社會效益。（我們知道的事實是：越貧窮的孩童，接受優質的早期孩童教育，受到的影響會越深。反觀中產階級的孩童，則不太會因為優質的早期孩童教育而影響其日後表現。）[12]何況也從來沒有以實驗去探討「贏在起跑點」計畫的哪一個面向會最有成效。究竟是要集中在學業表現，還是集中在出社會後的表現？該實施半天，還是實施整天？計畫要執行兩年，還是執行一年就可看出同樣成果？若能找出這些問題的答案，將為社會與經濟層面帶來巨大影響。而且和已經花費出去的經費比較起來，回答這些問題可說是容易得多，又便宜得很。

退一步說，起碼孩子參加「贏在起跑點」，不至於有害。但倒是有許多「非科學家」所熱衷的介入措施，就真的有害。

為了幫助剛經歷創傷事件的受害者，曾有些人好意構思出一項計畫，讓所謂的「悲痛諮商師」去鼓勵療傷團體中的成員從自己的角度覆述事件的經過，描述自己的情緒反應，同時對別人的敘述提出自己的看法，並且彼此討論壓力顯現出的症狀。悲痛諮商師總是會安慰這些成員，說他們面對創傷時的反應都是正常的，而且症狀通常會隨著時間而減輕。自從發生九一一事件以後，多達九千名悲痛諮商師曾經到紐約市協助心理創傷者。

我認為悲痛諮商是很棒的構想。但是行為科學家至今做過超過十二次隨機實驗，檢視「危機事件集體減壓法」（critical incident stress debriefing，CISD）的成效。結果發現非但沒有證據顯示這種團體有助於改善憂鬱、焦慮、睡眠障礙或其他壓力症狀，[13]反而有證據顯示，參與這種集體減壓團體的人，可能會罹患嚴重的創傷後壓力症候群。[14]

當然，行為科學家還是有找到有效的介入方法來幫助創傷受害者。社會心理學者詹姆斯・潘尼貝克（James Pennebaker）請創傷受害者在危機事件結束幾週之後，連續四個晚上寫下他們自己對事件的想法與感受，以及事件對他們人生產生的影響。[15]就這樣而已。不用和諮商師碰面，不用進行團體治療，諮商師也不會給任何創傷的處理建議。就只是單純的書寫活動。結果證實這項書寫活動對身陷悲痛與壓力的人們產生巨大影響。我個人以為這種書寫活動的成效不會很大，起碼不會像立即性介入措施、訴說悲痛、專家輔導那樣有效。但事實就是事實。假定多半是錯的。

潘尼貝克認為書寫之所以有用，是因為人在經歷一段痛苦和沉澱之後，可以用這種敘事的方式回過頭去理解事件本身，並且理解自身對事件的反應。結果也確實顯示，進步最多的人，都是一開始敘事顯得不成熟、不連貫，到最後卻能夠寫出前後連貫、有條理、而且能夠從事件中理出意義的敘事。

另有一群人出發點也很良善，想預防青少年在同儕壓力下去犯罪，導致自我毀滅。可惜結局比前述「危機事件集體減壓法」的成果更糟。

多年前，紐澤西州的拉威（Rahway）州立監獄受刑人想要勸告有犯罪傾向的青少年歹路不可行，否則後果嚴重。於是這些受刑人邀請孩子走進監獄，給他們看看監獄實景，還鉅細靡遺地告訴孩子們獄中發生的雞姦與謀殺故事。這個計畫叫做「嚇到你不敢再犯」（Scared Straight），後來被拍成紀錄片，於美國 A&E 頻道播出，更一度獲獎。全美各地也紛紛推動類似計畫。

「嚇到你不敢再犯」計畫到底有沒有效？至今做過七次實驗，[16]每次實驗都發現，參與該計畫的孩童，比起沒接觸介入措施的控制組孩童，更傾向去犯罪。平均而言，大約會增加孩子百分之十三的犯罪機率。

至今這個計畫依舊在拉威監獄實施，已有超過五萬名紐澤西的孩童參與。我們來算一下：五萬乘以百分之十三是六千五百。也就是說，當初這些受刑人好心想出這套計畫，使得今天多了六千五百名犯罪孩童案例。這還只是在紐澤西州而已。該計畫在全美各地實施，華盛頓州公共政策研究所曾估算，每花一美元在「嚇到你不敢再犯」，犯罪與獄政成本就增加兩百美元。

為什麼這個計畫無效？我覺得它應該有效才對。但沒有人知道為什麼無效，更不知道為什麼反而招致災害，但這不重要。當初推出這項計畫就是悲劇，繼續放任實施則形同犯罪。

既然如此，為什麼沒有人阻止繼續實施？我猜，是因為大家覺得它明顯應該成功。包括許多政客在內，許多人寧願相信直覺上有說服力的因果假設，也不願意相信科學證據。何況科學家又提不出合理理由，說明為什麼「嚇到你不敢再犯」會無效。科學家（尤其是社會科學家）

都懂得看到衝突的資料時，先別相信直覺上的因果理論，因為科學家都知道ATTBW的道理——假定多半是錯的（Assumptions Tend to Be Wrong）。（撰寫本書時，A&E頻道仍然在播放頌揚「嚇到你不敢再犯」的電視節目。）

「藥物濫用防治教育計畫」（Drug Abuse Resistance Education, D.A.R.E.）是另一項企圖拯救孩子的精心計畫。該計畫先對警察進行八十小時的教育訓練，再由警察到學校課堂上教導孩子避免使用藥物、酒精與菸草。計畫由州政府、地區政府及聯邦政府共同出資，每年預算高達十億美元。從計畫網站上可以看見，全美有百之七十五的學區加入這項計畫，另外也已推廣到全球四十三個國家。

實際上，這項有三十年歷史的計畫並沒有減少孩子濫用藥物。[17]即便已有科學證據顯示該計畫無效，相關機構依舊不願意承認計畫無效，反而積極反駁。後來提出的替代方案至今也尚未獲得第三方的完整評估。

為什麼「藥物濫用防治教育計畫」沒有效？不知道。如果能夠知道原因，當然很好，但也不須要知道為什麼。事實上，有一些標榜減少藥物、酒精與菸草濫用的其他計畫真的很有效，例如「生活技能訓練計畫」（LifeSkills Tranining）和「中西部防治計畫」（Midwestern Prevention Project）。[18]這些計畫多了一些「藥物濫用防治教育計畫」所沒有的特點，其中最值得一提的就是教導孩子抵抗同儕壓力的技巧。當初想出「藥物濫用防治教育計畫」的人提出的假定是：對青少年而言，警察是重要的社會影響力角色。但假如想出這套計畫的人有先去問社會心理學家的意見，就會知道同儕壓力才是更有效的社會影響力。此外，那些成功的計畫還有一個特點，就是會揭露青少年和成人的藥物酒精濫用情形。本書先前也提到過，這類資訊經常令人驚訝，因為濫用藥物酒精的人數比例，實際上比青少年以為的要少了很多。光是知道他人的行為，就能夠減少濫用情形。[19]

然而，許多對年輕人有害的計畫，此刻仍然在實施。真正能夠幫助到年輕人的計畫，反而沒有被強力推動，或根本沒有實施。「錯誤的假定」實在是讓社會付出慘痛的金錢與苦難代價。

你可以學到的事

有時候我們對兩件事之間關聯的觀察，會準確到幾乎等於真正的實驗所得到的結果。有些人因為生長環境的因素，從小接觸到較多的細菌，後來就比較不容易罹患自體免疫疾病。若我們從更多更廣的場域也能察覺到類似的關聯性——像是衛生條件較好的國家相對於衛生條件較差的國家、農村相對於都市、家中有養寵物相對於家中沒養寵物、自然產相對於剖腹產等等——此時前面觀察到的關聯性（小時候接觸較多細菌，長大不易罹患自體免疫疾病）就值得進一步深思。科學家可以從這種的觀察發現，進一步設計出真正的實驗，以確認「越早接觸細菌，日後越能降低罹患自體免疫疾病的風險」的因果關係。

科學與醫學研究當中，常說「隨機控制實驗」乃是黃金準則，這樣形容是有道理的。因為這種實驗的結果會勝過其他種類的研究結果。利用隨機指定的方式進行實驗，足以確保在人為操縱自變項以前，實驗組與控制組中的個案之間並無任何變項上的差異。如果個案之間真的出現差異，則多半能夠假定是因為科學家的介入措施所引起。所謂的雙盲隨機控制實驗，則是指施測者及受測者雙方都無法得知受測者接受什麼樣的實驗條件處置。雙盲實驗能夠幫助我們確認實驗的結果是因為介入措施所造成，而不是因為施測者或受測者掌握到誰在接受哪一種介入措施。

社會往往會因為該做而未做的實驗，而付出慘痛代價。沒有人曉得斥資兩千億美元的「贏在起跑點」計畫究竟能不能夠有效改善學童的認知能力，因為沒有人做過隨機實驗。我們倒是確定知道一些其他優質的學齡前計畫很有效，因為有人做過隨機實驗，確認過參與這些計畫的孩子在長大之後，不論是健康或其他表現都更好。只要對學齡前的計畫進行恰當的實驗，就可望能夠節省大量經費，對個人和對社會都是好事一樁。反觀「藥物濫用防治教育計畫」沒辦法減少青少年的藥物與酒精濫用；「嚇到你不敢再犯計畫」不僅沒有減少犯罪，反而增加犯罪；「悲痛諮商師」的介入恐怕很難減輕受害人的痛苦，只會適得其反。不幸的是，社會上很多領域無法用實驗的方式去確認介入措施是否有效，也無法確保公共政策的實施必須以實驗結果做為依據。

第11章
這結果怪怪的

汽車業務員賣車給女性客人時，是不是會賣得比男客人還要貴？

班級大小是否會影響學習成效？

綜合維他命有益身體健康嗎？

雇主會不會只因為求職者長期失業，就對他們產生偏見？

停經後的女性應不應該接受激素替代療法，以降低罹患心血管疾病的風險？

上述每一個問題都已有各式各樣的答案。有些答案因為研究方法有瑕疵，導致結論錯誤；有些答案因為研究方法不錯，所以結論滿可能是正確的。

本章要談三個重點，用來幫助你理解科學研究結論，也讓你懂得判斷該不該去相信這些研究結論。

1. 利用相關分析做出結論的科學研究非常會誤導人——就算是運用較複雜、能「控制住」

一群變項的「多元迴歸分析」，也是一樣。

2. 能夠隨機指定人（或物）去接受不同實驗處置（或甚至不接受實驗處置）的實驗，整體上會比多元迴歸分析好很多。

3. 人類行為的相關假定經常錯得離譜，所以應該針對重要的人類行為，盡可能用實驗的方式來檢驗對於人類行為的假設是否正確。

多元迴歸分析勿盡信

本章一開始的每一個問題都是在問：某個自變項（又稱作預測因子）——也就是輸入端，或者推定的原因——會影響某個依變項（又稱作結果）——即輸出端，或者效果。實驗可以用來操縱自變項，但相關分析只能用來測量自變項。

多元迴歸分析（multiple regression analysis，MRA）是一種相關分析方法，能夠同步檢視多個自變項與一個依變項之間是否相關（有時候是逐次檢視，但在此不討論這種類型的多元迴歸分析）。[1]在多個自變項當中，其中一個變項是研究人員有興趣要瞭解的預測因子，其餘則是控制變項（control variables）。這裡的目的是想要證明A變項在排除了其餘變項所產生的影響之後，確實會影響B變項。也就是說，要證明「即使依變項受到所有控制變項的影響，A和B變項之間的關係仍然存在」。

請看以下這個例子：吸菸已證實與罹患心血管疾病有相關。一看到這個結論，許多人會認為吸菸會「造成」心血管疾病。問題是，有很多其他事情都同時會和吸菸及心血管疾病有相關，像是年齡、社會階層、體重過重。年紀大的老菸槍比菸齡短的年輕人抽了更久的菸，所以我們必須把年齡排除在「吸菸－生病」這項相關性之外，否則我們看到的結論將會是「年紀大加上吸菸會與心血管疾病有關聯」。但這樣就混入兩個變項。我們想要探討的，單純只是吸菸和心血管疾病之間的關聯，而不管吸菸者的年紀多大或多小。一旦「吸菸－生病」的相關性排除「年齡－生病」的相關性，就可以說是「控制住」年齡對心血管疾病產生的效果。這樣子的結論才

＊作者說明：「迴歸」這個詞其實有點令人混淆，因為「均質迴歸」看似與「查驗一組自變項與依變項之間的關聯」是兩件不同的事。但為何「迴歸」這個詞，會同時使用在這兩個非常不同的目的之上，原因可能是卡爾·皮爾森——就是皮爾森相關分析的發明人——率先採用這個方法來檢視一些相關個體之間存在的變項之相關程度。父代身高與子代身高之間的相關，永遠會呈現均質迴歸。平均來說，身高較高的父親，會生下身高較矮的兒子；很矮的父親平均來說會有身高較高的兒子。一個相關就是只有兩種變項之間的一個單純迴歸分析。多元迴歸則是檢視一組變項當中每一個變項與其他變項之間的關聯。

能夠讓我們有效宣稱：不論在哪一個年齡層，吸菸和發生心血管疾病的關聯性都存在。

同樣道理也適用於社會階層。在其他條件不變的情形下，社會階層越低，吸菸的可能性越高；社會階層越低，發生心血管疾病的可能性也越高——這點與各種風險因子，包括吸菸，都無關。體重超重也是同樣道理，其他例子不勝枚舉。只要是會同時和吸菸及心血管疾病產生相關的變項，都必須從吸菸和心血管疾病的相關性中一一排除。

多元迴歸背後的理論是：如果將所有會與自變項和依變項產生關聯的事物，一一將它們從整套的相關性中抽出剔除，這樣就可以控制住會產生關聯的事物，從而得出預測因子和結果變項之間真正的因果關係。理論上是如此。但現實中有很多因素導致這種理想無法成為常態。

首先，我們怎麼知道已經窮盡所有可能的干擾變項——也就是找出所有同時會和預測因子及結果變項產生關聯的變項？從來沒有方法可以辦到這一點。我們頂多能夠去測量被假定或認定為重要的變項，至於許許多多未獲假定或認定為重要的變項，就不管了。但還記得先前說的ATTBW嗎：「假定多半是錯的」。所以多半在這裡就先吞了敗仗。

其次，我們要怎麼去測量每一個可能的干擾變項呢？萬一測量得不好，就無法確實控制住這個變項；萬一測量很差而沒有效度，就根本什麼也沒控制住。

不過，有時候某些有趣、重要的問題，只能靠多元迴歸分析來回答。有個例子是：宗教信仰是否和生育多寡有關聯？這個問題不能靠實驗來回答，因為不能隨機指定一個人去當有宗教信仰或沒有宗教信仰的人，所以只能靠像是多元迴歸分析這樣子的相關分析工具來回答。結果顯示，不論是在個人、全國或是文化的層次，宗教信仰都確實和生育多寡呈現相關。一旦控制住收入、年齡、健康情形與其他因素在個人層次、族群層次和全國層次的個別影響後發現，越有宗教信仰的人，越會生育。背後的原因我們不清楚，何況宗教信仰和生育之間的相關性甚至可能不是因果關係，而是因為某個沒被測量到的第三方變項同時影響了宗教信仰和生育的緣故。就算是因果關係，也可能是倒過來的因果關係：生育越多小孩的話，越會讓人想尋求宗教的力量和指引呢！不管怎麼說，這項相關性的研究結論還是很有意思，也可能會對現實生活造成影響。

我要特別澄清，不是所有的相關性研究或多元迴歸分析都一文不值。我自己就經常會運用多元迴歸分析，即便事先已經利用實驗確立因果關係，還是會這麼做。因為能夠看到這樣子的關係在現實中是存在的，而不是只存在於實驗室或者非典型的生態環境，還是比較讓人放心。

此外，我們也可以從因果關係當中學到一些不錯的知識。如：一個國家的富有程度和該國人民的智商表現之間，有什麼因果關聯？若單純只看這兩個變項的相關性，其實問題很大，因為許多事情都同時和財富及智商產生相關，如健康。事實上，健康、財富和智慧三者之間存在許多相關可能性，而且說不定還可能是受到其他變項所引起的。更不論因果關係可能是雙向的：一個國家的國民越聰明，就會越富有，因為可以用更厲害、更複雜的方法賺錢。或者倒過來，當國家越富有，國民就越聰明，因為越富有的國家通常教育品質也更好。

有時候還可以透過「延宕相關」（lagged correlations）的方法來確立堅實的因果關係，也就是一個自變項（假定原因）和另一個變項（假定結果）過了一段時間之後的相關性。如果一個國家的國民變得比較聰明，如：因為教育品質提升了，那麼日後是否會變得有錢呢？確實如此。愛爾蘭在數十年前全國同心協力成功改革教育，將改革重心放在高中、技職以及大學教育，[1]短時間內大學就學率提升了百分之五十。[2]結果不到三十年，愛爾蘭的人均國內生產毛額就超過英國（早期愛爾蘭人的智商成績比英國人低，部分英國心理學家竟說是愛爾蘭基因較差！）。芬蘭是另一個早在數十年前就開始大力改革教育的國家，重點是要讓最貧窮的學生接受的教育品質，等同於最有錢的學生。到了二〇一〇年，芬蘭在國際性學科測驗的成績已經領先各國，人均所得也增加了，超越日本和英國，只稍微低於美國。反觀美國等最近數十年來教育改革不是很突出的國家，人均所得相對於其他先進國家則是退步。以上資料的結論雖然僅具有相關性，依然可知若一個國家在教育方面有所突破，就會開始變得有錢。反之，如果教育停滯不前，財富相對於其他國家就會退步。滿具說服力的。

有些情況可以使得相關研究的說服力，提升到自然實驗，甚至是隨機控制實驗的層級。比方說，如果某個效果的規模非常巨大，我們就會認為，這不太可能是出自其他相關變項而產生的人為錯誤。此外，如果某個效果的大小取決於施加「劑量」的多寡，也會讓人相信特定處置的作用為真。也就是說，施加的處置越強烈或越頻繁，則反應越大。例如，一天抽兩包菸的人罹患心血管疾病的風險，比一天只抽六支菸的人還要高，因此可以推斷，比起「吸菸和發病率無關」這種命題，「吸菸有害心血管健康」的命題反而可信得多。

話說回來，有太多人在使用多元迴歸分析，但這種分析方法卻有很大的問題，我必須誠實點出問題所在，因為媒體報導引述的研究，經常都是運用這種非常容易出錯的研究方法。許多政策的決策也是一樣。流行病學家、醫學研究人員、社會學家、心理學家和經濟學家都在用多元迴歸分析，但這種方法可能會發生嚴重錯誤。至於那些堅信多元迴歸分析能夠表達出因果關係的人，多半都在睜眼說瞎話。

很多時候，用多元迴歸分析和用隨機控制實驗所得到的因果關係會很不一樣。此時我們必須相信實驗的結果，而不是相信多元迴歸分析的結果。

你覺得班級學生人數會影響學生的學習成效嗎？合理覺得應該會。但是備受敬重的學者藉由數十次多元迴歸分析研究告訴我們，排除學區內家庭的平均收入、學校大小、智力測驗成績、城市大小及地理位置等影響之後發現，班級平均大小和學生學習成效並不相關。[3] 換句話說，不用再浪費錢去縮減班級規模了。

然而，田納西州的科學家後來做了一項隨機實驗，用擲銅板的方式指定一些幼兒園到小學三年級的孩子進入小班級（十三人至十七人）或大班級（二十二人至二十五人）。結果發現小班級的學生在標準化測驗中，成績出現標準差達 0.22 的進步程度，而且少數族群孩童的進步效果比起白人孩童更大。[4] 至今已有多個實驗同樣研究縮減班級規模的效果，結論都和前述田納西州的研究幾乎一樣。[5] 這些實驗不是「補充」前人對班級大小效果的研究，而是「取代」所有用多元迴歸分析對班級大小的研究結論，原因是用實驗得到的答案比較可信。

為什麼利用多元迴歸分析，會得到班級大小不太會影響學習成效的答案？不知道。就算不知道，也不影響我們對於「小班制很重要」的意見。

當然，有很多問題還待回答。我們不曉得前述班級大小對於學習成效的影響，是否適用於全國各個地區；是否適用於每一種都市化程度；是否適用於每一個社會階層等等。我們也不曉得班上究竟發生什麼事，才會導致學生學習成效出現差異。不過這些問題可以用更多實驗加以回答，一旦日後針對不同於以往、且值得注意的母群體所做的實驗，確實也得出正面結論的話，我們就能更有信心去認定，班級大小確實會影響學生的學習成效。

至於教育經費是不是最該花在縮減班級規模？這又是另一個問題了。我也沒辦法回答。芬蘭的班級規模普遍不算小，其教育成果進步比較可能是因為用高薪聘請老師，而且錄用的老師都是在校成績頂尖的大學畢業生，不像美國的老師現在都是錄用在校成績比較差的大學畢業生。不管怎麼說，不能光靠找出X變項對於Y變項帶來的好處，就去決定一項政策。必須去通盤進行成本效益分析。

相關性研究（像是運用多元迴歸分析）的問題在於，它先天容易受到「自我選擇」的影響，造成結果出錯。個案與個案之間（不管個案是人、教室、農田）會因為無數個原因而有所差異。比方說，長期吸菸者並不只是純粹長期吸菸，還會伴隨許多其他和吸菸有關的因素，如：年長、社經地位較低、體重過重。A班級雖然比B班級規模更大，但是兩個班級之間也會有無數種差異，而這些差異是研究人員無法掌控的。說不定大班制的A班級會被分配到教學比較厲害的老師，是因為校長覺得比較會教的老師，比起其他老師更能夠掌控大班級；B班級功課比較好，因為校長覺得功課好的學生不像功課差的學生那樣，會因為注意力不集中而影響功課……等等。這種問題不是靠增加更多班級數量，或是增加控制變項就能夠解決得了。

而在「隨機指定個案去接受特定實驗條件處置」的研究當中，前述的班級與班級之間的差異性問題依舊存在，只是面向不同。重點在於，實驗條件是施測者設定的。也就是說，實驗組班級和控制組班級都被設定擁有教學能力相似的老師，資質與學習動力相似的學生，以及同樣的資源。這兩組班級都不是自行去「設（選）定」自己想要前述這幾種變項的哪一種，而是由施測者決定。在這種情況下，實驗組班級和控制組班級之間平均而言的唯一差異，就是施測者感興趣的變項，也就是班級大小。這類班級大小的實驗結論不能算是百分之百正確，因為老師和校方行政人員都知道實驗條件是什麼，知道哪些是小班級，哪些是大班級，而這可能會影響老師的教學方式，包括想花多少力氣去教學。只不過這種問題相對於自我選擇的問題，比較不嚴重。

「醫學研究」你敢信？

你知道食用大量橄欖油可以減少百分之四十一的中風風險嗎？[6] 你知道得到白內障之後，比起不動手術，如果用手術治療將可減少未來十五年內百分之四十的死亡風險嗎？[7] 你知道耳聾會造成失智嗎？你知道對別人疑神疑鬼會造成失智嗎？

你上這些說法，你是否覺得不太對？它們確實不太對。但媒體卻常報導類似這些所謂的研究發現，而且引述的多半都是流行病學研究（流行病學是在研究人口中的疾病規律及其成因）。

很多流行病學研究都是仰賴多元迴歸分析，試著用這種方法去「控制住」社會階層、年齡、早年病史及其他影響因素。但不論怎麼分析，還是無法避開自我選擇的問題。接受特定醫療的人、食用大量特定食物的人，或是服用特定類型維他命的人，本來就不同於那些沒有接受特定醫療的人、不食用特定食物的人，或是不服用特定維他命的人。

看看以下這份研究吧。它說：排除「社會人口統計變項、體能活動、身體質量指數，以及中風的危險因子」之後發現，食用更多橄欖油的人會比較少中風。[8]有一份研究指出，「重度」橄欖油食用者比起從來不食用橄欖油的人，中風風險會減少百分之四十一。但是問題在於，死亡率的降低說不定「並不是」食用橄欖油所造成的，而是因為其他的、會和食用橄欖油呈現相關的因素所造成的，像是族群。義裔美國人是橄欖油的愛用者，非裔美國人則很少使用橄欖油。義裔美國人的預期壽命又比黑人高出許多，而且黑人也剛好比較容易中風。

「社會階層」通常是干擾流行病學研究的最大因素。研究關於中風風險差異的時候（還有許多其他醫學研究），階層是一個再明顯不過的影響因素。有錢人和我們想的很不一樣，他們有錢可以吃得起橄欖油，不必使用玉米油；有錢人也比較可能會讀很多書，會和其他讀書人交流，因此知道橄欖油比起便宜的油更有益身體健康；有錢人的醫療品質也比較好。更不用說有錢人（及更高的社會階層——用教育、收入或職業來衡量）在生活任何層面都會出現比較好的結果。

如果流行病學研究沒有控制社會階層這個因素的話，會導致醫學推論容易出錯。但假設研究人員有意識到要去衡量社會階層這個因素，該怎麼衡量呢？用收入？用教育？用職業來衡量嗎？哪一個最好？還是該結合這三種方法？事實上，不同的流行病學研究會用不同的方法來衡量，有些會三擇一；有些三種都用；有些則是三種都不用。結果就是，我們在媒體上會看到各種「醫學研究發現」的混亂局面。[9]（脂肪有害健康。不對，脂肪有益健康。紅肉有益健康。不對，紅肉有害健康。抗組織胺可以改善普通感冒症狀。不對，抗組織胺沒有效。）之所以會出現不同結果，其實多半只是因為採用不同方式去界定社會階層所造成的，或者是因為根本沒有把社會階層納入考量。

多元迴歸分析研究存在著無數的潛在干擾變項，社會階層只是其中之一。凡是會和預測因子及結果變項都呈現相關的事物，都有可能用來合理解釋兩者之間的相關性。

市面上販售的膳食補充劑數以千計。有時候，多元迴歸分析的結果會發現某些補充劑會有特定好處，於是媒體就跟著報導。遺憾的是，讀者或是觀眾多半無從判斷媒體報導的這些研究，究竟是多元迴歸分析的結果呢（如果是的話，你不必相信這種報導），還是真正實驗的結果（如果是這一種方法的話，你可能就要認真參考）？記者多半不瞭解這兩種研究方法的重要區別，即便是專跑醫藥的記者也不懂。

「多元迴歸分析的結果」和「實驗的結果」不同，這樣的例子太多了。如：多元迴歸分析指出，維他命E補充劑能夠降低罹患攝護腺癌的風險，但在美國多地進行的實驗中，隨機給某些男性服用維他命E，給其餘男性安慰劑，結果發現服用維他命E反而會輕微增加罹患癌症的風險。[10]

還不只是維他命E而已。許多實驗研究結果顯示，服用綜合維他命好處並不大，或者根本沒有好處，甚至服用太高劑量的特定維他命反而有害健康（而有近半數的美國人會服用綜合維他命）。[11]市面上販售的約五萬種膳食補充劑，也幾乎沒有證據證明對健康有益或者有害。從目前的證據來看，有些指出膳食補充劑沒有用處，有些對健康有害。[12]不幸的是，因為膳食補充劑業者不斷遊說國會，因此補充劑至今不受聯邦法律的規範，也沒有法律規定製造業者有義務用實驗去檢驗補充劑的實際效用。結果就是每年大家耗費數十億美元在購買這些沒用，或甚至有害的「補品」。

該做實驗之處，改用迴歸分析，會怎樣

失業越久，越難找到工作。撰寫此書時，短期失業（失業不到十四週）的人數只比二〇〇八年金融風暴來襲前稍微多一些。[13]但長期失業的人數卻比當時高出百分之兩百。雇主是不是對長期失業者心存偏見？是不是單純因為失業太久，才不給對方機會？在其他條件不變的情形下，我們無法透過多元迴歸分析知道雇主是否歧視長期失業者，偏愛短期失業者。因為長期失業的人之所以長期失業，說不定是因為本身的工作經歷就不太理想，或者找工作不積極，或是太挑工作。當年金融海嘯發生後，許多政客就是拿這些說詞來解釋失業率。不過這些理由究竟是真是假，並沒有辦法靠多元迴歸分析加以確認。就算再怎麼「控制住」這些變項，自我選擇的偏誤依舊存在，無從得知聘僱決策是否存在偏見。

此時唯有實驗才能回答，而且有人做過實驗了。蘭德．蓋亞德（Rand Ghayad）和威廉．笛根斯（William Dickens）兩位經濟學家針對六百個職缺投遞四千八百份虛構的履歷，[14]結果發現就算兩份履歷長得一模一樣，差別只在失業時間的長短，短期失業者的面試機會還是會比長期失業者多出兩倍。更有甚者，資格不符合職缺要求的短期失業者，會比資格符合職缺要求的長期失業者，擁有更多面試機會！

有些問題明明只能用實驗來回答，卻還是有一些科學家偏愛用多元迴歸分析來回答。

許多實驗研究都指出，非裔美國人的求職者名字如果比較像黑人（像是丹德壘 D'André 或喇凱莎 Lakaisha），會比名字比較不像黑人的人（唐諾 Donald、琳達 Linda），更難獲得面試機會。名字比較像白人的求職者，會比名字比較像黑人的求職者多出百分之五十的面試機會。[15]取個像白人的名字，約等於名字像黑人的人八年的工作資歷！備受敬重的經濟學家羅納德．福瑞爾（見第六章）和史蒂芬．李維特（Steven Levitt）兩人懷疑名字取得像黑人真的會負面影響經濟結果，因此做了一份多元迴歸分析的研究，檢視「名字取得像黑人」與「多種經濟結果」之間的關係。[16]兩人研究的母群體對象是加州的黑人女性，父母皆不是西班牙語裔，且成年後一直待在加州。依變項不是求職的順利程度，也不是收入或者工作狀態，而是衡量人生結果的間接指標，像是該名女性所屬的郵遞區號地區當地平均收入，以及該名女性是否有購買私人保險。這兩位學者還說，購買私人保險這個變項是「能用來衡量女性當下就業狀況好壞的最佳指標。」[17]（其實是只這兩位學者想得出來的最好指標。坦白說，用這種指標來衡量職業成就，還滿粗糙的。）

兩人發現，比起名字取得比較像白人的女性，名字取得比較像黑人的女性在各種職場成功指標上的表現，都輸很多。這個結論符合我們的預期，因為實驗研究的結論就是如此。但是當兩人控制住以下變項之後，名字與職場成功之間的差異關係卻消失了！這些變項分別是：當事人出生的醫院有多少比例的黑人嬰兒、當事人出生的行政區有多少比例的黑人嬰兒、當事人的母親是否出生在加州、當事人出生時母親的年紀、當事人出生時父親的年紀、經歷幾個月的產前護理、當事人是否出生在郡醫院、當事人出生時的體重、當事人有幾個孩子，以及當事人是否為單親母親。

兩位學者確實有意識到採取這種分析方法的問題，並且坦言：「採取這種經驗研究方法的明顯弱點在於，若有些當事人的個人特質，同時與人生境遇及名字呈現相關，但我們卻漏了去觀察這些個人特質的話，我們的分析結果會產生偏誤。」[18]說得一點也不錯。

然而他們還是繼續主張，在控制住其他因素後發現，一個人的名字再怎麼像黑人的名字，與往後的人生狀況並無關聯。「我們發現……在控制住當事人出生時的各種狀況後，取一個特別像黑人的名字，和往後人生際遇，並無負向的關係。」[19]要做出這樣的結論，必須逐一評估數不清的變項，才能讓人信服；況且許多未受兩位學者檢視的變項，反而更能預測職場的成功與否。（還有，檢視大量的控制變項之後，如果發現許多變項反而比「真正想探討的自變項」更可能和依變項產生較強的關係，此時結論就變得不那麼確定了。）

弗萊爾與李維特的研究想傳達的意涵就是：家長可以放心給孩子取黑人名字，不用擔心這樣會對孩子將來職涯發展造成負面影響。但如果從實驗研究的結論來看，這個見解非常不太可能是對的。

最近凱薩琳．米克曼（Katherine Milkman）等人就做了一項研究，發現名字取得像黑人的人，在申請研究所時會很不利。[20]研究團隊假裝自己是想申請研究所的學生，用電子郵件寄信給數千名教授，詢問下週是否可以安排會面來討論研究構想。結果發現，名字比較像白人的男學生會面機率，會比名字像黑人的男學生高出百分之十二。這種差異，在現實中會造成重大影響，因為能不能給最想要的教授指導研究，會關係到後續研究職涯是否能夠傑出。

那麼為什麼弗萊爾與李維特還是認定多元迴歸分析的威力和正確度，都大到足以懷疑實驗研究的結論呢？我猜應該是和法國人所說的 déformation professionelle（專業扭曲）有關——也就是傾向去採用同行專家都在採用的研究方法與觀點。經濟學者在做研究的時候，往往只能利用多元迴歸分析法。經濟學者不可能去操縱聯邦準備理事會設定的利率。如果想要探討金融風暴下，究竟是撙節還是灑幣措施會對一國的經濟產生正面效果，也只能去分析撙節和復甦力道之間的相關性，不可能隨機指定哪些國家要採取撙節措施。

經濟學家雖然在校學習到要以多元迴歸分析當作主力統計方法，卻沒學會要對這種方法保持高度批判。李維特和記者史蒂芬．達布納（Stephen Dubner）合寫過一本書，[21]書中針對美國教育部「幼兒縱貫研究計畫」的資料進行分析，檢視幼兒園到小學五年級孩子的學業表現和其他數十個變項，包括家長收入、家長教育程度、孩子家裡有多少書籍、父母多常讀書給孩子聽、孩子是否是領養的等等，然後利用多元迴歸分析方法探討前述各式各樣的變項和學業表現之間的關係。他們的結論認為，排除許多變項的影響（包含家裡有多少書）之後，「讀書給孩子聽並不會影響幼兒的測驗成績」。[22]事實上，「讀書給孩子聽是否有助於智力成長」這件事，根本不適合用多元迴歸分析，只有實驗才能提供答案。李維特的另一個研究發現是：排除許多變項的影響（包含讀書給孩子聽）之後發現，家裡有書的話，會高度影響孩子的測驗成績。換言之，家裡買很多書的話，會讓孩子變得更聰明，但讀書給孩子聽卻不會讓孩子變聰明？李維特對多元迴歸分析竟然相信到這個程度。

更要命的錯誤是，李維特宣稱家庭環境不太會影響孩子的智力。這個結論來自孩童領養研究。他說：「研究顯示，孩童的學業能力較受親生父母的智商影響，而非養父母的智商。」[23]但我們若要衡量家庭環境的重要性，不可以看相關性，而是要檢視「自然實驗」中孩童被領養的結果，對照孩童留在親生父母身邊的結果。一般而言身生父母社經地位較低，養父母為孩子打造的環境則會比較好。而且事實上，被領養的孩童在校表現比起沒被領養的手足高了半個標準差；被領養的孩童的智商比起沒被領養的手足高出不只一個標準差。養父母的社會階層越高

（此時更有利於智力的增長），被領養的孩童智商也越高。因此實際上家庭環境「確實會」對智力產生很大的影響。[24]

不過我得替李維特說句公道話，因為不光是他一個人做出「領養環境效果」的錯誤結論。行為科學家和遺傳學者數十年來早就在環境對於智力的影響效果這個議題上，一直用相關性資料做出錯誤結論。

有些著名的經濟學家似乎完全不認可實驗的價值。傑弗利．薩克斯（Jeffrey Sachs）曾經在幾個非洲村莊實施一套野心勃勃的衛生、農業與教育計畫，想改善當地人民的生活。相對於其他替代方案而言，薩克斯的計畫成本很高，而且備受發展學者的批評。[25]

雖然後來這些村莊的居民生活確實改善了，但是沒參與他的計畫、且條件與參與計畫村莊類似的其他村莊，居民的生活進步幅度更大。面對這種結果，薩克斯其實大可以隨機去指定相似的村莊接受他的實驗處置，然後對照看看沒接受他的實驗處置的村莊是不是確實表現比較差，就有機會平息批評聲浪。但他卻以「不合倫理」為由，不肯做這種實驗。[26]其實有可行的實驗卻沒有去做，這才叫做不合乎倫理。薩克斯花了別人口袋裡大把銀子，卻還是沒辦法告訴我們，比起其他較便宜的替代方案，他採用的昂貴方案是否更能改善人民的生活。

不過現在有越來越多的經濟學者開始在做類似社會心理學的隨機控制實驗。最近一個例子是經濟學者森德希・摩拉奈坦（Sendhil Mullainathan）與心理學者艾爾達・沙菲（Eldar Shafir）聯手做了一系列令人刮目相看的實驗，證明資源稀缺會對人的認知功能產生不利的後果，從農夫到企業執行長，無一例外。[27]實驗者要求受試者設想：突然要拿出高達數千美元的鉅款修車，該如何調整自己原本的預算，同時並請他們做智力測驗。結果發現，此時窮人的智商大幅下降，但有錢人的智商不受影響。（順便一提：如果修車只需要幾百美元，測驗結果顯示，窮人和有錢人的智商都不會受到影響。）

經濟學者拉吉・切堤（Raj Chetty）大力鼓吹經濟學界利用自然的實驗來檢驗經濟假設，像是：長期而言教師的教學品質真的會影響學生嗎？為了回答這個問題，我們可以去檢視某位教學優秀的教師進到特定班級教學（或者離開特定班級）之前與之後，該班級學生的平均表現如何，[28]這樣就可以估算出優秀的教師和比較沒那麼優秀的教師給學生帶來的影響差距。比方說，某個小學每年的三年級學生學業成績都普通，後來有位優秀教師來任教，成績才提升。如果這一屆的三年級學生學業表現突飛猛進，而且一直維持到該名優秀教師離開為止，那麼就可以去檢視這樣子的成績進步對往後的學業表現、上大學的比例，以及成人收入的影響。實際上我們也看到，好老師確實會給前述這些變項帶來顯著影響。這種研究幾乎算是實驗了，因為在好老師抵達之前，這一班的學生可算是控制組，好老師抵達後這一班的學生就是實驗組。雖然學生的實驗處置並非隨機指定，但是如果老師去哪一個班級教學是隨機指定的話，就可以合理認定是個良好的自然的實驗。

經濟學者所做過數一數二重要的實驗，要屬羅納德·福瑞爾的一系列寶貴教育實驗。例如，實驗結果指出，即便施以金錢誘因，也對少數族群學生的成績沒有太大影響。[29]金錢誘因也不太會影響教師的教學績效——除非是在年度一開始時就對教師施以金錢誘因，並且告訴他們如果學生成績沒有進步的話，就會把錢拿回去，引發老師的損失趨避心理，金錢誘因才會有效。[30]這項研究發現恰好可以說明第五章曾提到的「比起潛在獲利，潛在損失的影響更大」的概念。弗萊爾也參與了哈林兒童區（Harlem Children's Zone）這項成功的實驗，該項實驗最後促使非裔美國學童成績大幅進步。

心理學家也愛用多元迴歸

恐怕我得承認，誤用多元迴歸分析不是行為科學家的專利，連心理學者也難逃一劫。

在心理學界，經常可以看到學者用這種方式表達以下研究發現：有優良育嬰假福利公司的員工，會比沒有類似福利公司的員工，對工作感到更滿意。學者還會進一步用多元迴歸分析來佐證這項相關性，指出育嬰假方案如果越好，那麼員工就越滿意自己的工作。就算「控制住」公司大小、員工薪水、同事之間氣氛良好程度、主管英明程度等變項之後，相關性還是存在。但是這種分析有三個問題。第一、所測量到的變項其實有限，而且一旦有一個或多個變項測量不當，或有其他研究者沒有測量到的變項，加上這些變項又同時和不錯的育嬰假福利以及工作滿意度呈現相關時，那就有可能是這些變項導致員工對工作感到滿意，而非育嬰假福利的緣故。第二、不去看員工對公司的整體感受，只單就育嬰假來衡量員工的滿意度，其實說不太通。因為公司既然在育嬰假方面提供良好福利，其他方面也很有可能對員工很好。如果只是從一顆交織著許多變項的複雜毛線球中抽出一條線，然後嘗試去「控制住」毛線球中眾多變項中的零星幾個變項，無法保證不會出錯。第三、這種分析很容易會掉入第三章談到的「月暈效應」。和不喜歡自己的工作的人比較起來，喜歡自己的工作的人會覺得公司廁所比較乾淨、同事長得漂亮，而且上下班通勤也不那麼令人厭煩。正所謂愛情是盲目的，喜歡也是盲目的。

在人格研究更容易看出上述幾個問題。單獨把人的某一面向人格抽出來，然後假定它和其他面向人格沒有強烈關聯，或是沒有交織在一起，根本沒道理。但是心理學界經常會看見這樣子的研究結論：「控制住外向人格、自我控制方法，以及抑鬱傾向等變項之後發現，自尊和學業表現有相關。」問題是低自尊和其他不佳狀態（像是抑鬱）通常彼此相關：如果你心情很差，就不太會看得起自己；如果你看不太起自己，就有可能會讓心情變差。所以單純去檢視自尊這個變項，並且不管它和憂鬱的關聯性，本身就太虛假。現實中不太可能會有人說：「我覺得我超棒的，但我又好憂鬱，腦子不清楚。」也不太可能會有人說：「我從來沒有那麼開心過，但我又很討人厭。」當然也許是有這些可能性的存在，但這兩句敘述聽起來很古怪，表示自尊和抑鬱二者多半是糾結在一起，不像化合物那樣可以把元素拆開來。

接下來我要說的，可能心理學者不喜歡聽：不論研究自尊是否會影響學業表現（控制住抑鬱變項），或是研究外向人格是否會影響參與社團的踴躍程度（控制住神經質傾向），或是研究每天被別人擁抱多少次能夠幫助抵禦疾病感染（控制住年齡、教育程度、社會互動頻率，以及其他數十個變項），都沒有辦法用多元迴歸分析得到結論。大自然所結合在一起的東西，多元迴歸不能拆散它們。

無相關，不等於無因果

有相關不代表有因果，可是相關性的研究還會出現另一個問題：沒有相關不代表沒有因果關係——大家在這一點犯下的錯，恐怕不亞於前者。

在公司內實施多元教育，能否增加女性與少數族裔的聘用比例？為了回答這個問題，有份研究詢問七百間美國組織機構的人力資源部門主管：公司內是否有實施多元化教育，同時也檢視每間機構向平等就業機會委員會（Equal Employment Opportunity Commission）提交的少數族群員工聘用比例。[31]結果顯示，有沒有實施員工多元化訓練和「管理階層中白人女性、黑人女性與黑人男性所占的比例」毫無關聯。於是研究者就認為，員工多元化訓練的實施與否，並不會影響組織機構是否聘用少數族群員工。

問題是，有無實施員工多元化訓練，本身就已經是一個自我選擇的變項。說不定有些聘請員工多元化訓練師的公司，本來就不太有心想要聘用女性和少數族群員工；反觀別的公司就算沒有真正聘請員工多元化訓練師，說不定卻用其他更有效的方法增加前述員工的聘用。事實上，那些實施員工多元化訓練的公司，說不定就是拿這個計畫當作幌子，說一套做一套。沒實施員工多元化訓練的公司則有可能是透過設立員工多元化任務小組，或是像美軍那樣將少數族群員工的晉升列入主管績效考核，來更有效地聘用少數族群員工。如果想要證明員工多元化訓練計畫有用或者沒有用，就必須靠實驗。不能只光看到A和B之間沒有相關，就馬上跳到結論認定A一定無法導致B。

歧視要怎麼看

談到歧視，讓我開門見山告訴你：不能用統計數據來證明一個組織機構或是整個社會是否存在歧視現象。你可能常看到新聞報導特定行業的女性員工面臨升遷的「玻璃天花板」，或報導男學生或少數族群學生受到停學處分的人數比例失衡。言下之意（往往更是直接控訴）就是說這背後有歧視。可是要瞭解真相，不能只看數據。我們不曉得「想成為事務所合夥人或擔任企業高階主管資格的男性和女性，人數是否相等」。我們倒是知道，在「做出會遭致退學的舉動」這件事上，男性和女性的傾向不太一樣。

直到最近，大家都還普遍相信研究所學生及大學教師的女性人數偏低，原因是歧視。歧視是肯定存在的，我曾親耳聽到幾位男性在討論招募女研究生或招聘女老師的事情時，有人說：「選男的，女的容易讀到一半就不讀了。」看來還不如在會議室裝竊聽器，才能證明統計數字沒辦法證明出來的男女比例失衡現象。

但如今六成的大學畢業生已經是女性，不論是學士後攻讀法律或醫學還是社會人文、生物科學的研究生，都以女性居多。我任教的密西根大學就有三分之二的助理教授是女性（而且取得終生教職的速度和男性一樣快）。

難道這些統計數據證明男性被歧視嗎？並不是。我也可以保證，就算去竊聽會議室的對話，也找不到歧視男性的證據。學界反而因為未來可能會有大量女性進入研究所就讀，而開始思考降低男性錄取標準的可能性。不過至今還不曾實施。

然而還是有一些人拿著學校裡讀到的統計數據，宣稱理工學科仍然存在對女性的歧視。我最近讀到一本書，裡頭就直指女性想要踏進理化科學界總是吃閉門羹。如果只有統計數據，沒有其他證據的話，這種主張就不合理。

要證明歧視存在，無須在會議室裡裝竊聽器，只要用實驗就行。想要知道賣車的業務員開價給女顧客和少數族群顧客，是不是會開得比男顧客還要高？那就派出一位白人男性、一位女性，還有一位少數族群的客人去汽車展示間走一遭，看看各自被開價多少。實際上有人做過這樣子的研究，也證實男客人被開的價錢最低。[32]

長得好看的人是不是人生會比較幸運？許多研究證實確實如此。把一張假的不良少年照片夾在個人資料上方，交給扮演法官的大學生去裁定刑期。結果顯示，如果「嫌犯」長得很好看，大家會覺得他較有可能會改過自新，所以刑期會判比較短。如果少年長得不好看，那就把他關好關滿吧。[33]

甘迺迪總統曾經說過：「人生不公平。」而實驗是最佳工具，讓我們能瞭解這個世界對某群人來說，比其他人更不公平。

你可以學到的事

多元迴歸分析旨在檢視一個自變項和一個依變項之間的關聯性，而且是透過控制住自變項和其他不同變項之間的關聯性，以及控制住這些其他不同變項和依變項之間的關聯性，以便確認自變項與依變項二者之間的關聯。唯有當辨識出全部可能影響依變項的原因時，加上能夠可靠且有效度地去測量時，多元迴歸分析的結果才具備因果關係。但實際上很難達到這些要求。

多元迴歸分析的最根本問題在於自我選擇，這也是所有相關性方法的問題。也就是說，不是由研究人員去指定受試者（或者個案）各自要用哪一個自變項來施測，因此已經混入不知道有多少個會和我們想探討的自變項呈現相關的變項。大多數時候我們沒有辦法逐一辨識出有哪些變項混進來，但可以確定的是，我們無法有信心宣稱能夠找到一切可能相關的變項（起碼在行為科學研究領域辦不到）。

多元迴歸分析還是有許多用途。因為有時候自變項無法操縱。比方說，不可能去改變某個人的年齡。而且，就算已經做過實驗，多做一下多元迴歸分析還是會增進我們對事實的信心，確認實驗得到的某項關係確實存在於自然環境之中。此外，多元迴歸分析的成本比實驗低廉許多，還可以用來找出值得進一步用實驗深入探討的變項間關係。

做得好的實驗得出的變項關係結論，如果和多元迴歸分析得出的結論不同，一般而言要相信實驗的結論。當然，前提是實驗要做得好，若做得不好，那實驗就和多元迴歸分析沒有兩樣，甚至比多元迴歸分析更沒有用處。

多元迴歸分析的一個根本問題在於，我們假定自變項就像一塊塊積木，每一個變項都在邏輯上獨立於其他變項。但多半時候事實並非如此，至少在行為資料上不是事實：自尊和憂鬱本來就會彼此牽扯，所以光是挑出其中一者，然後探究該變項是否會影響依變項，而不管其他變項是否也會對依變項產生影響，這樣的作法是很虛的。

變項之間有相關，不代表變項之間有因果關係；變項之間沒有相關也不代表變項之間就沒有因果關係。用多元迴歸分析的時候，不只會出現偽陽性結果，也可能會出現偽陰性結果，因為有某個錯綜複雜的因果關係沒有被發現。

第12章

別問我，我不知道

一生當中你會從報章、雜誌、商業報告讀到多少關於人類信念、價值觀、行為的問卷和意見調查？上千次肯定跑不掉。甚至你自己就會做這樣子的意見調查，以蒐集對公司、學校或是慈善機構有用的資訊。

大多數人一看到意見調查結果就不假思索直接接受，像是：「哦天啊，《時代雜誌》的報導說百分之六十五的人贊成增稅蓋更多國家公園。」我們在設計問卷題目時，以及看到受訪者的答案時，也是如此。

到目前為止，本書當中提到的各種思考工具，幾乎可以適用於所有事物，包含動物、植物或礦物。我們可以對老鼠做A/B測試；可以用自然的實驗去探討影響玉米收成的因素；還可以用多元迴歸分析去探討影響水質純度的因素。在本章中，則要來看看測量「與人類相關」的變項時，會在方法上遇到什麼樣的困難。人不像老鼠、玉米或水，人可以用語言的方式（口頭或書面）表達態度、情感、需要、目標以及行為，人還可以說出前述這些變項的因果關係。讀完本章你就會知道這類語言描述多麼會誤導人，但你應該不會感覺意外，因為本書第一部分已經說過，我們對影響人類行為的因素，所知十分有限。本章將告訴你可以改用各種方法去觀察行為，這樣所獲取的個人特質與狀態，會比單純的語言描述更可信。

我還會告訴你一些自我實驗的訣竅，讓你進一步探討究竟是哪些因素在影響你的態度、行為，以及身心健康。與你自己有關的相關性證據，就像與他人有關的相關性證據一樣，都很會誤導人。只有對自己做實驗，透過實驗獲得的證據才會正確且具有說服力。

態度是臨場建構出來的

看看以下例子。日後聽取別人的語言自我陳述之前，你才不會盲目相信；說不定還會讓你思考該如何取得有用的訊息，以瞭解別人的態度與信念。這些例子也會讓你對他人做出的「事後自我判斷」或「行為的因果解釋」，更加保留。

問：我先問你人生中遇過哪三件好事，再問你滿不滿意人生。或者我先問你人生中遇過的三件壞事，再問你滿不滿意人生。你覺得這兩種問法，哪一種比較會讓你對自己的人生感到滿意？

答：不管你猜的是哪一個答案，很抱歉都不對。實際上要取決於我問的好事或壞事是最近剛發生，或者是很久以前（例如五年前）發生的。如果你腦中浮現的是最近剛發生的鳥事，那麼比起回想起最近剛發生的好事，你會更覺得人生過得很差。[1] 這一點並不讓人意外。但如果是回想起很久以前發生的事情，那麼情況就相反了。和過去遇到的鳥事相比，你會覺得現在的人生比較棒。和過去遇到的好事相比，你會覺得現在人生過得很差。（這就可以合理解釋一個令人詫異的現象，那就是為什麼在經濟大蕭條時期長大成人的那一代，在大蕭條期間過得越是辛苦，越是對人生感到滿意。）[2]

問：住在遠方的表哥打電話過來問你過得如何。你的回答是不是會取決於當時你家外面的天氣，像是陽光普照，或是陰天濕冷？

答：看情況。假設天氣不錯的話，你比較有可能說過得不錯。不過，如果表哥打來是先問你家附近的天氣如何，然後才問你過得如何，此時你的回答就不會受到天氣好壞的影響。[3] 為什麼會這樣？心理學家指出，我們被問到天氣如何的時候，我們會對「自己的心情受到天氣影響的程度」先打個折扣，然後看是要再加幾分快樂分數或減幾分。有點像這樣：「生活過得還不錯，但可能是因為外頭攝氏二十一度，而且陽光普照，所以結論是，日子普普通通。」

問：你覺得婚姻滿意度和人生滿意度之間有什麼相關性？

答：題看似簡單，只要去詢問人們對自己人生的滿意度，接著問他們對婚姻的滿意度就行。兩者之間的相關性越高，就越能認定婚姻滿意度會影響人生滿意度。實際上有人做過這樣的研究，[4] 發現相關性是0.32，也就是婚姻滿意度對人生滿意度只有中等重要性。但假設顛倒提問的順序，先問人們對婚姻的滿意度，再問他們對人生的滿意度，此時相關性就變成0.67，表示婚姻品質的好壞會高度影響整體的人生品質。換言之，某人究竟是回答他的人生不錯，還是普通，強烈取決於你剛才有沒有先問他覺得婚姻過得怎麼樣。這個現象和本章後續將提到的其他例子一樣，都說明了第一章提到的語文觸發（verbal priming）現象，會影響人們表達的態度（按，受到語文的刺激，聯想到一些記憶，影響我們的判斷或行為）。本章其他的例子則將說明，第二章提到的脈絡（context），也會影響人們所表達的態度。

提問順序之所以那麼重要，是因為如果先問起婚姻，就會讓婚姻格外突出，從而強烈影響受訪者對人生的整體感受。如果不先問婚姻的問題，受訪者就會去思考更廣泛層面的事情，然後由這些事情決定自己人生的滿意度。那麼究竟婚姻品質對人生品質有多重要？這個問題沒有答案。至少用這類問題是不會得到答案的。如果我們對「婚姻品質影響人生滿意度」的重要性很容易受到他人影響，那我們對現實的認識可說是原地踏步。

但事實上，只要是詢問人們的態度和行為，受訪者的答案幾乎都是可以被左右的——而且常會被很巧合或可笑的事情左右。

若我在詢問你對政治人物的整體好感度以前，先告訴你量分表是1到6分，數字越大越有好感，其他人平均給5分，或是告訴你其他人平均給2分。在前者情況下（你獲悉其他人平均給5分），你會給政治人物比較高的分數，在後者的情況下則會給比較低的分數。部分原因是從眾，因為你不想變成怪人。但更有意思的是，先告訴你別人的評分不只會在無形中改變你對政治人物的看法，更會改變你所認定我在問的政治人物類型。[5] 如果我跟你說多數人對政治人物有很高的評價，你會覺得我口中的「政治人物」是指邱吉爾或羅斯福總統這類的政治家。但如果我跟你說多數人對政治人物評價不高，你會覺得我在暗指愛騙人的政客。我光是這樣說，就已經改變你心裡所評價的對象了。

有多少比例的美國人支持死刑？整體來講，多數人支持。但如果是死刑的個案，只有少數人支持。越是詳細說明犯罪情形、罪犯本人、犯罪脈絡的話，就越少受訪者願意對罪犯處以死刑。[6] 妙的是，連令人髮指的犯罪也不例外，像是強暴殺人的罪犯。把嫌犯的人格及生命史說得越清楚，大家就越不願意判他死，即使大多數關於嫌犯的資訊都是負面的，亦然。

有多少比例的美國人支持墮胎？我先問你：你想要哪種答案？二〇〇九年蓋洛普的民意調查顯示，百分之四十二的美國人說自己「支持母親有墮胎選擇權」，而非「支持嬰兒的生命權」。[7] 換言之，不到一半的美國人支持墮胎。但根據同一年度稍晚所做的另一份蓋洛普民調結果，顯示百分之二十三的人認為任何情況下墮胎都應該合法，百分之五十三的人則認為墮胎應該要有條件合法化。[8] 換言之，變成百分之七十六的人支持墮胎。我很確定，如果更進一步詢問人們如果是在強暴、亂倫，或是拯救母親性命的前提下，是否支持墮胎，鐵定會有更多人支持。受訪者只要任何一個問題回答支持，就可以算成是支持墮胎。換言之，「不到半數民眾支持墮胎」或「民眾壓倒性支持墮胎」，結果完全取決於問題的問法。

許多心理學研究顯示，人不會把對事情的態度裝在內心的資料夾隨身帶著走。「我覺得墮胎怎麼樣？嗯，我找一下內心資料夾：『墮胎』⋯『立場』，找到了，我是有點反對。」

事實上，許多態度反而高度取決於脈絡，而且是臨場建構出來的脈絡。脈絡一旦改變，態度也隨之改變。可怕的是，連看似微不足道的事情，像是問題的問法、使用哪一種答案類別、答案類別的數量，以及前一個問題的屬性，都會深深影響受訪者表達意見的脈絡。即使是對個人或社會具有重要性的態度研究，也可能容易改變。

你快樂嗎？

用語文方式表達對事情的態度，還會遇到一大堆方法論上的問題。人會說謊，尤其是性、錢等主題。人的自我感覺良好，也喜歡維持自己在別人眼中的形象。這些都是所謂的社會期待偏誤（social desirability bias），也就是人經常會強化正面事物，剔除負面事物。不過，若我們要探究人的行為及內心真正的態度，要瞭解為什麼人會有特定的信念與行為背後的原因，這時謊言和維持形象，並不會是主要的障礙。

至少，我們應該清楚知道哪些事情會讓自己快樂或不快樂。是吧？

請按照你覺得會影響一天心情的重要性程度，將下列因素加以排序，看看你能多準確評估影響心情波動的因素。請對每一個因素用數字1到5進行評分，1是最不重要，5是最重要。

1. 工作順利程度
2. 前一晚睡得夠不夠
3. 身體健康程度
4. 天氣的好壞程度

5. 有沒有性行為

6. 今天是禮拜幾

7. 如果你是女性的話，你在月經週期的哪個階段

不管你的答案是什麼，千萬別相信自己的答案是對的。起碼我們知道，哈佛大學的女學生都答錯了。[9]心理學者曾經請女學生連續兩個月每天下課後描述自己的心情狀態，並說明今天是星期幾，前一晚睡了幾個小時，健康狀態如何，有沒有性行為，月經週期在哪個階段等等。兩個月之後，再問他們覺得每一項因素影響心情的程度。

從受試者的回答可以探討兩件事：①受試者原本以為每一項因素影響心情的程度，以及②每一項因素實際上預測到受試者心情的準確度。究竟這些自我描述有沒有符合實際上受訪者描述的因素和心情之間的相關性呢？

結果顯示，受試者完全不準確。因素對心情的實際影響（來自每天的評分），和受試者認為因素的變化會影響心情的變化程度，兩者毫不相關。完完全全不相關。如果女受訪者認為今天是星期幾非常重要，實際上星期幾和心情好壞之間的關聯性有可能很低，也有可能很高；如果女受訪者說性行為不太重要，實際上性行為和心情好壞之間的相關性有可能是高的，也有可

能是低的。

更尷尬的不僅如此。（不只對受試者尷尬，也讓其他人很尷尬，因為照理來說能進哈佛的女學生，不會連自己心情是受到什麼因素影響都不知道。）A女判斷自己心情會受到哪些因素的影響，其準確度並不會高於她去猜測其他女學生心情受到哪些因素的影響。事實上，A女猜其他人的準確度，和A女自我判斷的準確度差不多。

當然，有不少理論探討影響人的心情的因素。若想探究人的心情會如何受到不同事情的影響，我們就會去看一下這些理論。可是實際上並沒有辦法觸及到真正的事實真相，即使表面上似乎有辦法。

我很想直接說：我們真的無法確知哪些事情會讓我們快樂。當然，這樣說會太超過。但可以確定的是，我們腦中以為各種事物影響快樂幸福的重要程度，和實際上的重要程度頗不一致。當然，不只是影響心情的因素會出現這種問題。我在第八章介紹相關性的時候就說過，人很不擅長去發覺兩件事情之間的相關性。

上述哈佛研究的結論意涵，也可普遍適用在其他地方。心理學者發現到人類對情感、態度與行為的肇因的描述，並不是那麼可靠。這一點，也已經在第一部分做過說明。

態度與信念的相對性

A先生：「你老婆過得怎樣？」

B先生：「跟什麼比？」——綜藝表演老梗

回答以下幾個問題，看看你對族群和國家差異性的看法有多正確：

哪個國家的人比較重視「走自己的路」：中國人還是美國人？

哪個國家的人比較認真：日本人還是義大利人？

哪個國家的人比較讓人開心：以色列人還是阿根廷人？

哪個國家的人比較奔放外向：奧地利人還是巴西人？

我打賭，你會猜美國人比中國人更重視自我實現，[10]你也會猜日本人比義大利人更認真，或阿根廷人比以色列人更令人開心，巴西人比奧地利人更外向。[11]

我們怎麼知道有這些差異？因為是這些國家的人自己說的。

為什麼人自認的價值和人格，會和大眾的看法差那麼多？（而且還和熟悉以上這些文化的學者意見相差很多。）

因為人在回答自認的價值、性格以及態度時，容易受到許多人為錯誤（artifacts）的影響。（這個詞在英文中有兩種意思。在考古學中，這個詞是指人類創造的物品，像是陶土製品。在科學方法論中，該詞指非刻意的測量錯誤所造成的錯誤結論，而且通常是因為人類行動干涉的結果。）

拿前面提到的文化比較為例，某國人對於自己國民所描述的特點，和我們心中認為該國人應該要有的特點，兩者之所以有差異，是因為參照團體效應（reference group effect）的緣故。[12] 當你問起我的價值、我的個性，或是我的態度時，我的回答無形中會隱約取決於「我和某個我所知道的團體，例如我所屬的社團」做比較之後的結果。所以如果你問一個美國人覺得自我實現重不重要，她無形之中就會拿自己和其他美國人做比較，說不定也會和美籍猶太人或是和同校的女性美籍猶太人做比較。這麼一來，和其他美國人（或是猶太人、女性猶太人，或是俄亥俄州的女性猶太人）相較之下，她可能就不會覺得自我實現有那麼重要。相對地，受訪的中國人也是在和其他中國人、男性中國人，或是北京師範大學的男性中國人做比較，一比之下，說不定他會覺得自己比參照團體裡面大多數人更重視自我實現。

人在自我描述時，高度受到自己與參照團體做隱約比較的影響（這點會導致奧地利人自認為比巴西人還要奔放外向）。我們怎麼知道這點？主要的原因之一就是如果把參照團體加以「明示出來」，這樣子的隱約比較就會消失不見。比起同校的亞裔美國學生，柏克萊大學的歐裔美國學生更加自認為用功。不過一旦明確要求歐裔美國學生和「典型亞裔柏克萊大學生」做比較的話，此時比起亞裔美國學生，歐裔美國人學生並不自認為很用功。[13]

在其他條件不變的情況下，多數文化中的人民都會覺得自己比同一團體中的其他人還要優秀。這種自我彰顯的偏誤（self-enhancement bias）有時又被稱作沃貝根湖效應（Lake Wobegon effect），取自作家凱勒（Garrison Keillor）書中虛構的小鎮，鎮上「所有孩子的表現都優於平均」。有百分之七十的美國大學生自認為在領導能力方面優於平均，只有百分之二的人自評低於平均。[14]至於「和別人相處的能力」，幾乎所有人都自認為優於平均，事實上，百分之六十的人自認能力在前百分之十的水準，甚至有百分之二十五的人自認為是頂尖的百分之一！

自我彰顯的偏誤程度會隨著文化差異而有所不同，也會隨著同一文化中次團體的差異而有所不同。美國人可能是全球最常出現自我彰顯偏誤的人，而東亞國家的人民則會出現相反的謙虛偏誤（modesty bias）。[15]每當請大家針對涉及價值成分（像是領導力或是和他人相處的能力）的議題做自我評估時，就會發現西方人給自己的評分高於東方人給自己的評分。美國人會比韓國人更認為自己是優秀的領袖；義大利人則會比日本人更認為自己是認真的民族。

自我描述還會受到許多其他人為錯誤影響，包括所謂的默從反應心向（acquiescence response set），或稱為同意反應偏誤（agreement response bias）。也就是不管問什麼，受訪者都傾向回答「是」。你可能已經猜到，比較禮貌的東亞人和拉丁美洲人比較常說「是」，而直率的歐洲人和歐裔美國人比較不那麼常說「是」。在同一文化當中，也存在著傾向回答同意的個別差異。所幸還是有辦法去糾正這個偏誤現象，也就是靠研究人員去平衡回答的類型，讓受測者在一半的次數上會因為同意某些問題而獲得高分，另一半的次數則會因為否定某些問題而得到高分（「我喜歡參加大型派對」對照於「我不喜歡參加大型派對」）。如此整體而言便能消除同意反應偏誤。社會科學界家都很清楚如何運用這種方法去修正偏誤，卻經常忽略它，實在令人訝異。

聽其言，還是觀其行？

但有沒有比問問題更好的方式，可以用來比較人與人、團體與團體、文化與文化？當然有。行為觀察方法——尤其是在對方不知情的情況下觀察到的行為——更加不容易受到人為錯誤的影響。

與其去問對方覺得自己多認真，你可以去看他們的成績（更好的方式是先控制住智力分數，再去看成績）；可以去看他們房間的整潔度；可以去看他們赴約或者上學是不是會準時等等。如果想要瞭解整個文化的認真程度，則可以去檢視代表認真的指標，像是郵遞速度、時鐘精準度、火車公車準時紀錄、人民多長壽，或者給該國人一份冗長的問卷，看看他願意回答幾題。（很巧的是，各國人的數學成績，與冗長問卷回答的總題數，呈現極高度相關。）

令人驚訝的是，用檢視行為的方式來看不同國家的人的認真程度後會發現，越是在行為指標上顯示不認真的國家，該國人民越會在自我描述上，認為自己很認真！[16]

要測量任何心理變項，我會看對方的行為（包括生理行為如心跳、皮質醇分泌量、不同腦部區域的活動），而不是去看他對於對具體情境的回應（向他描述情境，再衡量我預期他或希望他出現的結果或行為）；相對的，關於人的信念、態度、價值和特點，我會比較重視「在具體情境下做出的回應」，而非對方的語文描述。

不過，倒不是要你每次都要質疑媒體對事情所做的語文描述，也不是要讓你覺得設計問卷是不可能的任務。如果你只是想瞭解員工究竟希望週六或週日一起去野餐，大可不必擔心他們的答案無效。

但即便是詢問人們的喜好，也不代表他們的答案完全可信。賈伯斯就曾經說過：「顧客不須要知道自己想要什麼。」亨利．福特也曾表示，如果當年要他去問消費者想要什麼樣子的交通工具，他們只會說「跑得更快的馬」。Realtors 房地產公司有一句話是這麼說的：「買家是騙子。」當初說非買牧場大宅不可的客戶，結果卻愛上一九二〇年代都鐸風格的房子；很愛現代鋼構玻璃大樓的客戶，最後卻買下造型磚的房子。

企業不容易瞭解人們的喜好。即使是費心規劃出的焦點團體法（focus group），也可能會失敗。亨利．福特死後，他的繼任者很喜歡邀請一群人到公司做焦點團體調查，不只會問他們問題，也要他們互相問問題。公司會再依據這些人的意見，判斷哪些新產品或服務比較會受歡迎。據說在一九五〇年代中期，福特汽車一度想移除四門轎車的B柱（中間柱），看看這樣拉風的造型會不會受到買家的歡迎，於是找來一群人做焦點團體調查，結果反應並不好，他們要麼覺得「奇怪，怎麼沒有B柱」，不然就覺得「看起來怪怪的」或「覺得不安全」。反觀通用汽車跳過焦點團體調查，直接生產無B柱的奧斯摩比（Oldsmobile）車款，結果一炮而紅。然而，福特汽車顯然沒有從這次硬頂敞篷車經驗學到教訓，繼續堅持做焦點團體調查，以致一九五〇年代上市的艾德瑟（Edsel）成為史上經典的失敗車款。

我的忠告就是：盡量不要聽其言。要觀其行。

回顧以上這幾章，你應該要學會一件事：要用最好的方法去測量變項，然後盡可能用最好的方法去檢驗該變項和其他變項之間的關係。綜觀各式各樣的研究方法，真正的實驗應該優先於自然的實驗，自然的實驗又應該優先於相關性研究（包含多元迴歸分析），以上方法都會比相信假定和人云亦云好很多。若應當採用最好的科學方法時，卻沒有這樣做，個人、機構和國家付出的代價將會不小。

自我實驗

稍早提到的哈佛女學生自我心情評量研究告訴我們，人類不光是在生活上，在其他方面也不擅長找出事與事之間的相關性。所幸我們可以對自己做實驗，以求更瞭解哪些因素在影響我們的行為。

為什麼會睡不著覺？早上喝咖啡會提升全天的做事效率嗎？午餐後小睡一下會有助於下午完成更多工作嗎？做瑜珈能不能讓人變得更幸福？佛教的「慈心觀」作法——對他人微笑，注意別人的優點與善行，心中默念「慈心」——真能讓你內心平靜，不對別人發怒嗎？

自我實驗的缺點在於N只有1。優點則是它本身就是「前測後測」的「受試者內實驗設計」，可以減少誤差變異數，因此能夠提升實驗結果的準確度，而且還可以避免出現太多干擾變項。如果你打算探討某件事情會給你帶來什麼樣的影響，務必要在調查期間讓其他條件保持不變，再去比較發生這件事情和沒有發生這件事情的結果，如此實驗品質才會良好。不要同一段期間又是搬家又是上瑜珈課，或是又是搬家又是和男朋友談分手。要在能夠好好做前測後測的時候，才去上瑜珈課。在開始上瑜珈課的前幾週，先記錄一下自己在這段期間的身心良好程度、人際關係，以及工作的品質，然後開始上瑜珈課之後的幾週，也用同樣方法去衡量這段期間的這些指標結果。利用簡單的三點量表（three-point scales）衡量就可以。每天結束時，替自己的幸福程度打個分數，看是：①不好，②還可以，或是③很好，最後計算出上瑜珈課之前和之後各個變項的平均值。（希望實驗期間你的生活中不會突然發生什麼大事，打亂實驗。）

除了前測後測之外，你還可以善用隨機指定實驗條件，這樣更好。比方說，想要探討早上一杯咖啡是否能促進辦公效率的話，那就不要想喝才去喝，否則實驗結果會被不知道多少種類的變項干擾。如果你只在腦袋昏沉的早上喝咖啡，或是只在須要專注的那一天才喝，測出來的資料會是一團亂，得出的結論很可能會偏離事實。你該做的，是每次走進茶水間之前先擲銅板，正面就來杯咖啡，反面就不要喝。然後用三點量表追蹤每天的辦公效率（要寫下來！）：①不是很有效率、②還算有效率、③很有效率。過幾週之後再做個統計，分別計算一下有喝咖啡和沒有喝咖啡的日子的平均做事效率。

這一套實驗方法，可以用來驗證一切可能會影響你幸福感或辦事效率的因素。不要以為不靠隨機指定實驗條件，也不靠認真記錄及追蹤結果，就能夠知道問題出在哪裡。

做這種實驗很值得，因為許多事情的影響程度會因人而異，像是咖啡對人的影響、耐力及重量訓練對人的好處程度，以及究竟工作效率的巔峰是在早上、中午或傍晚。張三或李四覺得有效的事情，不見得會對你有效。

你可以學到的事

語文描述很容易被扭曲，很容易出錯。人不會把對某事的態度裝在內心的資料夾以便隨時取用。人描述自己的態度時，會受到問題的問法、前一個問題在問什麼、問問題當下被偶然情境刺激給「觸發」。換言之，態度經常是即席建構出來的，容易受到無數種外在因素的影響。

人們被問到對某件事的態度時，他們的答案經常是隱約與參照團體比較出來的結果。如果你問我多認真，我會和其他很不認真的教授、我老婆，或是剛好在問問題當下周遭顯得突出的某個團體成員做比較，然後再告訴你我有多認真。

行為的肇因解釋很容易出錯，或是容易受到偶然因素的左右，相信你已經在第三章學到這一點了，本章只是要再次強調而已。最好把這種解釋當作是理論而已，有待進一步檢視才能發現「事實」。

人的行為勝過言詞。想要瞭解人的態度和人格的話，觀察其行為會比看（聽）其語文描述更好。

對自己做實驗看看。心理學者研究人類的方法也可以拿來研究自己。如果只是利用隨意觀察去探討什麼事會造成什麼結果，很容易出錯。反而是刻意操縱實驗、隨機指定實驗條件，以及系統性做紀錄，才能確保結論準確。這是隨意過日子，隨意觀察辦不到的。

PART

5

關於思考：直線的，迂迴的

人類從古至今已發現許多方法可以減少推理出錯。其中一種方法是遵循形式邏輯（formal logic）準則——這些推理的準則可用抽象方式表現，不須倚賴現實中存在的事實。只要論證結構符合某一種有效邏輯形式，就能保證得到演繹上有效的結論。至於這個結論是真是假，完全是另一回事，必須取決於前提（premises）是真是假，而所謂前提就是在到達結論之前的相關陳述（statement）。形式邏輯是一種演繹推理（deductive reasoning），也是一種「由上而下」的論證形式：有什麼樣子的前提，就必然會有什麼樣子的結論。

歷史上有兩種形式邏輯備受關注，最古老的叫做三段論（syllogism），適用在某些範疇推理（categorical reasoning）上，如：所有的A都是B。X是A。因此X是B。（舉個有名的例子：所有人都會死，蘇格拉底是人，因此蘇格拉底會死。）人類運用三段論已經至少有兩千六百年的歷史。

另一種形式邏輯叫做命題邏輯（propositional logic），這種邏輯出現的時間較晚，約在西元前四世紀時才首次被希臘斯多葛學派認真研究。命題邏輯能夠告訴我們如何從前提推導出有效的結論，像是條件句邏輯（logic of the conditional）。舉例來說：若P則Q。P，所以Q。（如果下雪，學校就會停課。下雪了，所以學校會停課。）P是發生Q的條件，又稱P是Q的充分條件。

和演繹邏輯正好相反的是歸納推理（inductive reasoning），這是一種「由下而上」的推理方法，也就是針對人事物進行觀察，然後看觀察的結果是否能夠表達出某種結論，或是支持某種結論。其中一種歸納推理法是去觀察事實，然後針對該類事實做出普遍性結論。本書充滿各式各樣歸納推理的例子。科學方法幾乎完全倚賴歸納推理。本書提到的歸納推理都屬於有效歸納，但是從這些歸納推理得出的結論，在演繹上並不見得有效，只能說是可能有效。從觀察和計算可以歸納出某個事件的母群體平均數為X，正負Y個標準差；或者從觀察實驗結果可以歸納出A會造成B，因為每次觀察都發現只要出現A，就會出現B，而且沒出現A，就沒出現B。雖然觀察到這種現象，會比沒有觀察到這種現象還要可能是A會造成B，但是沒有辦法百分之百肯定A一定會造成B，因為可能是「某件和A有關聯的事」才是造成B的原因。而且就算所有觀察到的現象都是真的，歸納得到的結論也不保證是真的。實際上有太多這類的例子，像是「所有的天鵝都是白的」這個通則，在歸納上是有效的，但並不是真的。

演繹和歸納這兩種基模，可說是管控著人們的推論方式，讓我們曉得哪些推論是有效的，哪些是無效的。不過大約在兩千六百年前的希臘和印度，出現另一種很不一樣的思考方法，叫做辯證推理（dialectical reasoning）。這種思考方法倒不是著重在管控人的推論，而是側重於想辦法解決問題。有種辯證思考法叫做「蘇格拉底式對話」，基本上就是兩個人透過對話或辯論，刺激批判思考，澄清概念，發現矛盾不合之處，繼而想出更為融貫、更為正確或更為有用的觀點，求得真相。

到了十八及十九世紀，哲學家黑格爾（Georg Wilhelm Friedrich Hegel）、康德（Immanuel Kant）與費希特（Johann Gottlieb Fichte）等人將辯證思考帶到另一個面向，聚焦在從「正論」到「反論」再到「合」的過程，也就是先是一個命題，隨後跟著與該命題可能矛盾對立的反命題，最後的「合」，則是解決二者不合之處。

大約在兩千六百年前，中國出現其他「辯證性」的推理思考方法，但中國的方法比起西方或印度的方法範圍更廣，能夠應付矛盾、衝突、變化及不確定性。比方說，黑格爾式辯證法遇到矛盾對立的事物時，會採取比較激進的作法，意即透過開展新的命題來消除兩個矛盾對立的命題。相較之下，中國的辯證推理則經常會想辦法讓矛盾對立的命題都有可能為真。

辯證推理既非形式邏輯，也不是演繹邏輯，通常也不能在抽象層次做思考。這種方法著重於找出真實且有用的結論，而非有效的結論。事實上，辯證思考得到的結論有可能和用形式邏輯得到的結論相反。東西方心理學界直到最近才開始投入辯證推理的相關研究，設法有系統地表達既存公式，同時提出新的辯證原理。

第十三章將介紹兩種常見的形式邏輯，在第十四章則會介紹我個人覺得特別有意思而且有用的辯證推理方法。本書討論到的所有科學方法，某種程度都倚賴形式邏輯。其他方法則有不少是依循辯證思維。

第13章 邏輯

紙牌1	紙牌2	紙牌3	紙牌4
N	4	A	3

有一疊紙牌，每張紙牌正面印著字母，反面印著數字。從這疊紙牌中隨機抽出四張，如上圖。請指出在這四張牌當中，我要翻動哪一張（或哪幾張），才能確認我翻動的那張牌，符合以下敘述的規則：「若紙牌正面是母音字母，則反面必定是偶數數字。」不要掀開那些「無助於確認規則」的牌。請認真做一下這題，可用鉛筆在答案旁邊打個勾。

為了確認規則，我必須要掀開：

a. 紙牌3就夠
b. 紙牌1、2、3、4
c. 紙牌3、4
d. 紙牌1、3、4
e. 紙牌1、3

稍後我們會在不同的脈絡情境當中，看到此題的答案。

批判性推理的文本通常蘊含大量形式邏輯與演繹邏輯，但之所以會有這些文本，比較是源自古老的教學法傳統，而不是因為它對日常思考有用。事實上，本章所談的形式邏輯，多半可能無助於解決日常生活中會遇到的問題。

儘管如此，學一下形式邏輯還是有必要，因為：

1. 形式邏輯是科學與數學的基礎。
2. 本章將告訴你，西方對理性的狂熱和東方習於辯證的思維二者之間有著顯著差異。用這兩種不同思維體系來處理同一個問題，可能會得出不同的結論。而且這兩種思維體系恰可用來批判對方。
3. 有教育水準的人，都應該要能夠掌握基本形式邏輯推理。
4. 形式邏輯很好玩，起碼對很多人而言是如此。（本章談的都是好玩的東西！）

據說西方之所以會出現形式邏輯，是有一天亞里斯多德在市場上聽厭了其他人亂七八糟的論點，於是決心設計出一套推理模板讓人套用，以確認自己的論點是否有效。若（且唯若）結論是依循前提而來，論證才是有效。一個論證是否有效，無關乎結論是否為真。論證可以是無效的，但結論是真的。反之，論證如果結構良好，可以是有效的，結論卻是假的。

為什麼要在意論證有沒有效？有幾個重要理由。第一，這樣可以避免乍看某些前提就覺得某種結論看似可能，結果被自己或別人所騙。除非前提確實為真，且必然會導出那種結論，才可以相信。第二，這樣可以避免單純因為討厭某種結論，就無視「前提為真且論證結果必然為真」這個道理，進而排斥該結論。第三，若我們能清楚掌握推論效度的概念，而不是只在意事實的真假，就能拋開前提和結論的實際意涵，純粹改用抽象層次去評估結論是否遵循前提。也就是用A和B去思考，而不是用鳥和蜜蜂去思考。如此一來，即便結論難以置信，起碼可以確定並非不合邏輯。

三段論

三段論是亞里斯多德在形式邏輯領域做出的一項重大貢獻。到了中世紀，僧侶不斷創造出新的三段論，使得三段論如同家庭手工業般迅速發展起來。直至十九世紀末，哲學家與教育界人士都認為可以利用許多有力的三段論規則來訓練思考，因此三段論在西方高等教育課程中舉足輕重。

三段論處理的是範疇推理，因此會牽涉到推論的效度。有一些類型的範疇推理涉及量詞（quantifiers），即「所有」、「有些」與「沒有」。最單純的三段論是兩個前提加上一個結論。而最最單純的三段論就是（一般人通常不會出錯）：所有的A都是B，所有的B都是C，因此所有的A都是C。一個典型例子就是：

所有店員都是人。
所有人都有兩隻腳。

所有店員都有兩隻腳。

以上論證有效，因為是按照邏輯從前提推導出來的。結論也是真的。

所有店員都是人。
所有人都有羽毛。

所有店員都有羽毛。

以上論證也有效，雖然結論為假。我們可能會因為結論難以置信，而傾向認為論證也無效。但此時只要店員、人和羽毛替換成A、B和C，就可以看出論證其實有效。這種論證可以迫使我們去反思結論到底是不是真的，十分有用。

再來看看以下的無效論證：此時前提與結論皆為真（至少看似可能）。

所有接受政府社會救助的人都是窮人。
有些窮人不誠實。
因此，有些接受政府社會救助的人不誠實。

用抽象層次表達出來就是：

所有A都是B。
有些B是C。
因此，有些A是C。

用抽象層次思考其實很有用，因為我們可能會因為覺得前提為真，看似足以支持結論，加上結論也看似為真，就覺得結論為真。倘若知道這個論證無效，就不會覺得結論必然為真，反而會讓我們懷疑結論的真假。（前述論證無效的關鍵在於要瞭解到A是B的子集合。）

說到這裡，接下來就有點複雜了：所有的A都是B，有些C是A，所以有些C是B。這個論證有效還是無效？沒有一個A是B，有些C是B，所以沒有一個A是C。這個論證有效還是無效？

光是想這些就可以想到天荒地老。中世紀僧侶就是靠不斷創造這些論證來打發時間。我同意哲學家羅素所說的，三段論就和這些僧侶一樣，生不出什麼東西，但人類歷史上居然長時期以來的教學法都認定三段論可以強化思考力。

我在教學生範疇推理時的最大收穫，就是學會畫文氏圖（Venn diagrams）——名稱取自十九世紀邏輯學者約翰．文（John Venn），他首創視覺化方法來表現範疇歸屬。我總覺得文氏圖對於處理範疇和範疇之間的關係很有幫助，甚至有必要。圖5列出比較有用的文氏圖，讓你

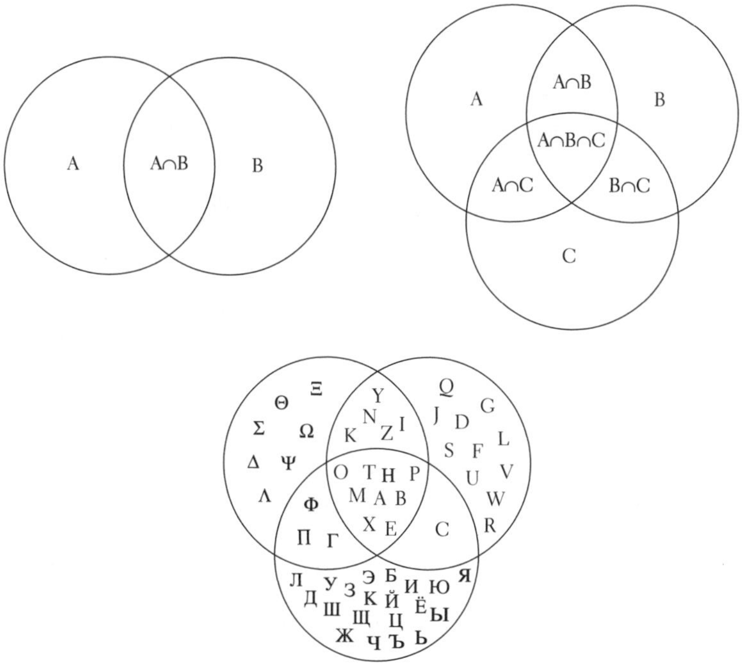

圖 5 . 範疇與範疇彼此重疊的交集。

瞭解這個概念。

圖5左上角的圖，充分表現出日常生活中我們會運用到的三段論。它表達的情境是：有些（但不是全部的）A是B，以及有些（但不是全部的）B是A。A說不定代表有毛皮的小動物，B說不定代表像鴨子的嘴巴。正好有一種動物是A和B的交集，也就是鴨嘴獸。這張圖也可以代表以下情境：某個國際學校裡有些（但不是全部）會說英語的人也會說法語，以及有些（但不是全部）會說法語的人也會說英語。（有些但不是全部的A是B，以

及有些但不是全部的B是A。）只會說英語的人（A）要上史密斯女士教的數學課，只會說法語的人（B）要上皮羅先生教的數學課。會說這兩種語言的學生，想上誰的課都可以。

右上角那張圖說明的是更加複雜的情境，但並不罕見：有些A是B，有些B是A，有些A是C，有些C是A，有些B是C，有些C是B。

最下方那張圖則是右上角情境的實際例子，也就是表現出希臘文（左上）、拉丁文（右上）與俄文（下方）三種語言字母的交集。光聽別人用口頭敘述這些範疇命題，你應該找不出這些範疇的正確交集。起碼對我而言，肯定會覺得一團亂。

文氏圖不足以讓你應付各式各樣的問題，但至少可以給你一些概念基礎，用視覺化的方式呈現範疇上的納入與排除。深入學習文氏圖之後，相信你會發覺到更多好處。

命題邏輯

日常生活中只有很小部分的推理須要用到三段論，命題邏輯反而比較重要，可以運用在各式各樣的問題推理。約在西元前三百年至西元一千三百年間，偶爾會有哲學家與邏輯學家做點命題邏輯的研究，不過要到十九世紀中期，邏輯學家才在這個領域取得可觀進展，尤其是專注在「運算子」（operators）邏輯，例如「與and」、「或or」。「與」涉及的是「並言」（conjunction），例如「A為真且B為真，因此A與B為真」。「或」涉及的是「選言」（disjunction），例如「A為真或B為真；A為真，因此B並不為真。」後來電腦設計與程式語言的基礎，都是來自早年命題邏輯的相關研究。

回到本章開頭的紙牌問題，就是須要運用條件句邏輯來處理，也就是「若P則Q」：「若紙牌的一面是母音字母，則反面必是偶數。」請先回答以下這個小測驗，再來看看你在紙牌問題的表現如何。

假設你是警局的警探，你的工作之一是要防止餐廳賣酒給未滿二十一歲的人。請你判斷：須要盤查以下哪一（幾）位客人，才能確認這位客人符合這條規則：「若客人在喝酒，則客人至少二十一歲。」不要去盤查無助於讓你確認是否有遵守規則的客人。

第一張桌子坐了四位客人，分別是（如下圖）。

請問你應該要盤查誰？

a. 客人1

b. 客人1、2、3、4

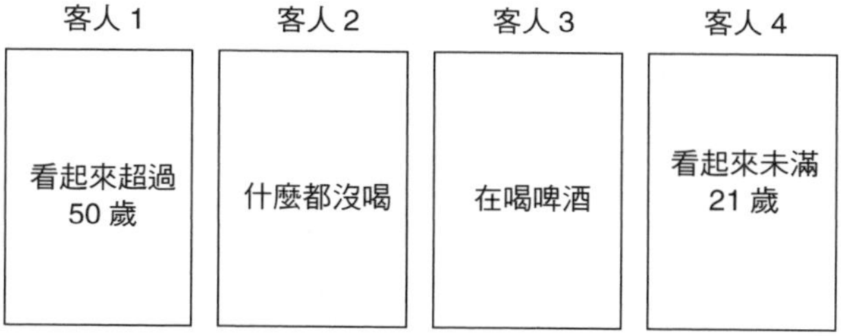

c. 客人3、4
d. 客人1、3、4
e. 客人1、3

我打賭你應該是選c，也就是去盤查客人3和4。現在回過頭來看一下紙牌問題，我賭你沒有選c，也就是紙牌3和4——你應該要選這個選項，沒錯吧？因為這兩個問題的邏輯結構一模一樣。以下是我的思考邏輯。

紙牌問題

確保不會違背這條規則：若這一面是母音字母，那反面必是偶數。

N：反面是不是偶數都無所謂。
4：反面是不是母音字母都無所謂。
A：反面必須要是偶數，否則就違背規則。
3：反面必須不能是母音字母，否則就違背規則。

餐廳問題

確保不會違背這條規則：有在喝酒嗎？那你已經二十一歲。

看起來至少五十歲的客人：有沒有喝酒都無所謂。

什麼都沒喝的客人：有沒有年滿二十一歲都無所謂。

喝酒的客人：你最好已滿二十一歲，否則就違背規則。

看起來未滿二十一歲的客人：你最好沒有喝酒，否則就違背規則。

就算沒有答對紙牌問題，也別氣餒。因為也只有不到百分之二十的牛津大學學生，能答對比較抽象的這個紙牌題！

為什麼紙牌問題比餐廳問題難很多？乍看之下很奇怪，因為兩者明明都可以運用條件句邏輯來解題——而且是最單純的條件句邏輯原理「肯定前件」（modus ponens）：

若P為真，則Q為真。

P為真。

因此，Q為真。若客人喝酒，則客人年滿二十一歲。

客人喝酒。

因此，客人年滿二十一歲。

肯定前件意味著否定後件（modus tollens）（若非Q，則非P）。如果Q（年滿二十一歲）非真，但P（喝酒）為真的話，就違背這項條件句邏輯規則。

請留意，P（喝酒）是Q的充分但非必要條件。P為真就能充分讓Q為真。有很多其他情況也會充分要求必須年滿二十一歲，像是開飛機或是賭博。

如果遇到雙重條件（biconditional）的情況，P就不光是必須是充分條件，而且也必須是必要條件，Q才會為真。規則就會變成（有點奇怪）像是：如果喝酒，則必須年滿二十一歲，而且年滿二十一歲，則必須喝酒。

我們先繼續探討一下條件句推理，再回頭來看看為什麼喝酒的問題易如反掌。

看似為真、效度，以及條件句邏輯

剛剛說過，三段論的結論即便是假，整段論證還是可能是有效的——只要符合有力論證形式即可。命題邏輯也是同樣道理。

請思考下面每一段論證是否有效。每一段論證都有兩個前提，加上一個結論。

論證A

前提1：如果他死於癌症，則他有惡性腫瘤。

前提2：他有惡性腫瘤。

結論：因此，他死於癌症。

論證B

前提1：如果他死於癌症，則他有惡性腫瘤。

前提2：他沒有死於癌症。

結論：因此，他沒有惡性腫瘤。

論證C

前提1：如果他死於癌症，則他有惡性腫瘤。

前提2：他死於癌症。

結論：因此，他有惡性腫瘤。

只有論證C是有效的，因為符合「肯定前件」，也就是：若P（死於癌症）則Q（腫瘤）。P（癌症）。所以Q（腫瘤）。論證A和B的結論看似為真，所以會讓我們傾向認為論證有效。但論證A背後的論證形式是無效的：若P（死於癌症）則Q（腫瘤）。Q（腫瘤）。所以P（死於癌症）。這種推理犯了逆向錯誤（converse error），因為錯把前提「若P則Q」改成「若Q則P」。（如果他有惡性腫瘤，則他死於癌症。）如果後者確實是前提的話，那我們的確會知道若Q為真，則P也會為真。但後者並不是我們的前提。

只要稍不留意論證的邏輯效度，我們就會經常犯下這種逆向錯誤。

逆向錯誤1

如果車子沒停在車庫，表示珍恩去市中心了。
簡妮說她在市中心看到珍恩。
因此，車子沒停在車庫。

但珍恩不一定要開車，她也可能是用別的交通方式去市中心，如果是這樣的話，車子就可能會在車庫。事先所掌握到的背景資訊，會影響犯這種錯誤的可能性。比方說，如果珍恩出門很少不開車，那我們就比較容易犯這種錯誤；反之，如果珍恩有時候會搭公車，有時候會搭朋友的便車，那我們就比較不會犯這種錯誤。

逆向錯誤2
如果我得了流感，我就會喉嚨痛。
我喉嚨痛。
因此，我得了流感。

但除了P（流感）之外，也有其他可能原因會導致喉嚨痛，像是普通感冒或是鏈球菌咽喉炎。假如大量民眾都得到流感，而且都有出現喉嚨痛的症狀，加上同時也沒有其他特別事件發生的話，我們就比較會犯這種推論錯誤。但如果同時間有人得流感，有人得普通感冒，又有人出現花粉過敏症狀的話，推論就比較不會出錯。

前面提到的論證B是指：如果死於癌症，則有惡性腫瘤。因為沒有癌症，所以沒有惡性腫瘤。這叫做反面錯誤（inverse error）。這一種無效論證可以表示為：若P則Q。非P，因此非Q。我們也很常會犯下這種錯誤。

反向錯誤1

如果下雨，街道會濕。

沒有下雨。

因此，街道不會濕。

假如我們居住的城市經常會有街道清掃機出來打掃（因此讓街道變濕），或是因為酷暑難耐，市府會打開消防栓讓居民清涼一下的話，就比較不會犯這種推論錯誤。但如果居住在乾旱的亞利桑那州，當地沒有街道清掃機，也沒有消防栓，就比較容易犯這種錯誤。

反向錯誤2

如果歐巴馬總統是穆斯林，他就不是基督徒。

歐巴馬總統不是穆斯林。

因此，歐巴馬總統是基督徒。

如果事先有一種內隱的知識當作額外的前提，說明「世界上的人不是穆斯林，就是基督徒」的話，上述結論就會是真的。但當然，我們不會相信世界上只有這兩種教徒，卻還是容易被帶到認為歐巴馬只有這兩種選項，因為（比方說）大家談到歐巴馬的宗教信仰時，只談過伊斯蘭教或是基督教這兩種宗教。

有意思也很重要的一點是，逆向錯誤和反面錯誤都只是「演繹」無效的結論（意即：從前提推論到結論不符合邏輯），卻還是可能可以「歸納」出不錯的結論（意即：如果前提為真，結論也比較有可能為真）。如果我喉嚨痛，比起沒喉嚨痛，確實比較可能表示我得了流感。如果沒有下雨，比起有下雨，確實街道比較不會濕。正因為這類例子的歸納結論看似為真，導致明明無效的演繹結論卻也看似為真。

還有太多不同論證形式及邏輯錯誤，不勝枚舉。這裡僅舉出最為常見且最重要的錯誤。

實用推理基模

抽象的條件句（例如若P則Q）實際上很難用。雖然我們平常都會運用條件句邏輯思考，但很少是按照抽象的條件句做思考，反而比較常會去運用我所謂的「實用推理基模」，亦即能套用在日常生活情境中的一系列規則。[1]事實上，本書有許多這種類型的基模。有些基模套用到的是條件句邏輯，像是用來區分自變項和依變項的基模，以及兩件事有相關不代表有因果關聯。沉沒成本和機會成本都是有效的演繹原理，而且都可以按照邏輯從成本效益分析的原理推導出來。經濟學課程雖然都會教這些原理，但多半教得不太好，因為都不太會告訴學生如何將原理化為實用，用於日常推理。

至於另一些基模，雖然背後也會套用到條件句邏輯，不過因為不保證答案為真，所以並不是有效的演繹。事實上，這類基模的用途不是要用來確認真相或是推論效度，而是要用來評估一個人的舉止是否得宜。這門邏輯學又稱作道義（deontic）邏輯，源自希臘文的deon，意思是義務。道義邏輯研究的是哪些情況下人有義務去做某件事；哪些情況下人擁有許可去做某件事；哪些行為是可以做、可以不做的；哪些事是超乎本分的；哪些事是必須完成的。其中一種道義基模叫做約定基模（contractual schemas），凡是牽涉到許可與義務的問題，都可以用這一種基模找出答案。

稍早提到的飲酒年齡問題，就要運用許可基模（permission schema）這一種道義基模才能得到正確答案。[2]你想喝酒嗎（P）？那就得年滿二十一歲（Q）。未滿二十一歲嗎（非Q）？那就別給我喝酒（非P）。

和許可基模關係密切的是義務基模obligation schema。[3]如果你年滿十八歲（P），就必須當兵（Q）。沒有當兵嗎（非Q）？那你最好沒有年滿十八歲，不然你就是違反當兵的義務。

在法學院讀過書的人，會增加不少道義邏輯思考能力。反觀哲學、心理、化學，或是醫學類科的研究所學生，讀幾年下來並不會增加這一類邏輯思考能力。[4]

另一種類型的實用推理基模，完全沒有套用到條件句邏輯，卻依舊可以應用在許多情境當中，而且可以純粹用抽象敘述表示出來。這一類基模在運用時必須用到邏輯思考，但基模的威力並非來自邏輯本身，而是來自能夠應付日常生活的問題。這類基模包括統計基模及科學研究流程基模（像是隨機控制實驗設計）。統計學和方法論課程雖然都會教這些基模概念，卻不太會去創造出對日常生活有幫助的實用性基模。比起自然科學與人文類科，社會科學與心理學的學、碩士班課程還比較會將統計及方法論基模套用到日常問題當中，因此比較能夠充實實用基模的內涵。[5]其他用途甚廣的實用推理基模，還包括第十五章會談到的奧坎的剃刀（Occam's razor）、共有財悲歌（tragedy of the commons），以及突現的概念（concept of emergence）。

最後要指出的是，有些很有威力的實用推理基模並不能拿來做抽象思考，它們只是經驗性原理，可以用來幫助我們正確解決日常生活中的問題。例如基本歸因謬誤、行動者／觀察者偏誤、損失趨避、維持現狀偏誤、會讓人們做出良好選擇的特定選擇特質原理、誘因不見得是讓人們改變行為的最好方法等等，另外還要加上本書談到的數十種概念，都屬於這一類型基模。

抽象實用基模非常有用，純粹邏輯基模卻沒什麼用處。我之所以會這樣認為，是因為儒家文化的中國從來沒有發展出純粹形式邏輯，卻依舊發展出高度文明。原因就在於中國發展出辯證的傳統，而且到了近代又增添新興柴火。這些將在下一章加以說明。

你可以學到的事

邏輯能夠把一個論證暫時從真實世界抽離出來，讓我們檢視這個論證的形式結構是好是壞，而不會受到事先的觀念所左右。不過形式邏輯並不像教育界多年來所認為的那樣，是構成日常思維的基礎。它頂多只是一種讓我們能夠偵測出推理錯誤的思考方法。

結論是真是假，和結論有沒有效，是兩回事。唯有在前提可以符合邏輯地推導出結論的情形下，一個論證的結論才會有效。結論如果是真的，有可能前提為真，也有可能前提為假；也有可能是按照邏輯從前提推導出來，也有可能推論不合乎邏輯。至於歸納得到的結論，則不一定是要按照邏輯從前提推導出來，但如果除了有經驗證據當作佐證，也符合邏輯的話，歸納結論的可信度會進一步提升。

文氏圖充分體現三段論思考，有助於處理範疇問題，有時必須要畫出文氏圖才能找到範疇問題的答案。

演繹思考之所以有時候會出錯，是因為套用到對歸納而言屬於有效的論證形式。這就是為什麼我們容易犯下演繹推論錯誤的原因之一。

實用推理基模是一套思考的抽象規則，深刻影響著人們的思考。這套基模包括道義規則（像是許可基模和義務基模），也包括本書提到的許多歸納性基模（像是統計基模、成本效益分析基模，以及用良好方法論流程進行推理的基模）。實用推理基模不如邏輯那般能夠普遍適用，只能應用在特定情境，不過有些實用推理基模的基礎還是源自於邏輯。其他類型的實用推理基模，像是奧坎的剃刀和浮現的概念，應用雖然廣泛，但背後的基礎並非形式邏輯。其餘基模類型則屬於實用的經驗性通則，像是基本歸因謬誤。

第14章

辯證思考

地球兩端文明傳統差異最鮮明之處在於邏輯。在西方，邏輯的地位向來重要，而且傳承未曾中斷。

——哲學家葛瑞漢

正因爲中國人的思維是理性的，因此不願意變得理性……不會只去看形式而不顧內容。

——哲學家劉述先

一味爭論邏輯上的一致性，不只可能會被人討厭，還會被認爲不成熟。

——人類學家長島信弘

如果你是在西方文化背景中長大的人，可能會詫異於中國如此偉大的文明，竟然沒有發展出形式邏輯。

打從柏拉圖的年代，一直到近代中國人接觸到西方思想以前，東方幾乎沒有關注過邏輯這件事。[1]當亞里斯多德在發展形式邏輯的時候，中國哲學家墨子和他的追隨者確實有談到一些觸及邏輯的議題，但墨子本人和其他遵循傳統中國文化的人都沒有發展出一套正式體系。[2]人們曾經對墨子思想產生興趣，但也只是曇花一現，沒多久邏輯這一套思維模式在東方就被冷落。（巧的是，墨子曾經有系統地做成本效益分析研究，比起西方認真研究這個領域早了好幾世紀。）[3]

那麼中國人究竟是如何在欠缺邏輯傳統的情形下，還能夠在數學上做出偉大成就，而且領先西方發明出數百種重要事物？

因此我們必須承認，即便一個文明不太重視形式邏輯，也能夠變得很進步。不只從中國可以看到這一點，所有根植於儒家傳統的東亞文化，包括日本與韓國在內，皆是如此。印度則不算，因為早在西元前五世紀或四世紀時，印度就已注重邏輯。有意思的是，當時中國人也注意到了印度的邏輯研究，還翻譯了一些談邏輯的文本，但譯文錯誤百出，因此這些文本並未對中國產生太大影響。

相對於邏輯的思維體系，中國人發展出辯證思考（dialectical reasoning）。辯證思考其實在許多方面和形式邏輯很不一樣。

西方邏輯思維和東方辯證思維比一比

亞里斯多德用以下三個命題當作邏輯思維的基礎。

1.同一律（identity）：A＝A：每件事都是它本身。A就是A，不是其他。

2.不矛盾律（noncontradiction）：A和非A不可能同時為真。沒有一件事情可以同時是，又同時不是。命題A和反命題不可能同時為真。

3.排中律（excluded middle）：所有事情都一定要麼是，要麼不是。A或非A可以是真的，但不可能有介於A和非A之間的事是真的。

現代西方人都會接受上述命題，但受到中國思維傳統養成的人，並不會相信這些命題——起碼不會覺得所有問題都切合上述命題。辯證思維反而才是東方思想的基礎。

心理學家彭凱平就曾經說過，東方辯證思維有三項原則。[4] 注意，是三項原則，而不是三項「命題」，因為彭凱平認為「命題」這個用詞太正式，辯證思維背後是對整個世界的通則性觀點，而不是如鐵一般不可更改的規則。

1.改變原則：

事實是一個不斷改變的過程。

現在是真的，不久就會變成假的。

2.矛盾原則：

矛盾驅動改變。

因為改變會恆常發生，所以矛盾也會恆常發生。

3.關係原則（整體性原則）：

整體，大於個別部分的加總。

個別部分只有在關係到整體時，才有意義。

這幾項原則彼此之間關係密切。改變會帶來矛盾，矛盾會產生改變。改變恆常發生，加上矛盾恆常發生，表示只去談個別部分，而不去看個別部分與其他部分之間的關係，也不去看個別部分與這個世界先前狀態之間的關係，是沒有意義的。

這些原則的另一項意涵是東方思想中很重要的信條，那就是堅持從極端對立的命題找出「中道」。矛盾不過是表象，「A是對的，但非A並不一定就是錯的。」禪宗有句格言認為：

偉大真理的對立面也是真的。

對許多西方人而言，這些觀念聽起來可能滿合理的，甚至有些耳熟，有點類似蘇格拉底式對話（又經常被稱為辯證對話），就是在一段對話裡，雙方分享不同觀點，目標在於更接近真理。猶太人從希臘人那裡借來這套辯證思維，接下來的兩千多年間塔木德專家不斷鑽研、發揚這套思維。十八、十九世紀時，黑格爾與馬克斯等西方哲學家也對辯證思維做出貢獻。到了二十世紀末，辯證思維開始成為東西方認識心理學者重視的研究領域。

東方這套辯證思維反映出「道」是如何深深影響東方思想。對東方人來說，「道」有多重意思，但基本上隱含的觀念，就是變化。陰（女性、暗、被動）和陽（男性、明亮、主動）反覆更迭，彼此相依，方能存在。當世界處於陰的狀態，肯定會有跡象顯示世界即將變成陽的狀態。太極陰陽圖用一抹白，一抹黑，表示人與自然共存之道。

圖 6. 太極陰陽圖

黑中有白點，白中有黑點，說明了變化的概念，而且真正的陽，就是陰中之陽。陰陽原則體現出相對立又相依的力道關係，相輔相成，彰顯出彼此的意義，或是令彼此化成彼此。

《道德經》上說：「禍兮福之所倚，福兮禍之所伏。孰知其極？其無正。正復為奇，善復為妖。」

一旦了解東方的辯證思維，就比較容易去理解東西方思想對於變化背後的假定差異。學者季莉君（Li-Jun Ji，音譯）的研究就曾指出，[5]不論是什麼趨勢——全球罹患肺結核的人數比例也好，發展中國家國內生產毛額成長率也好，或是美國孩童被診斷出患有自閉症比例——西方人傾向預設未來趨勢會按照當前趨勢方向持續下去，但東方人更有可能會預設該趨勢將會持平，甚至朝反方向發展。[6]受西方思維傳統薰陶的商學院學生，比較會因為看到股價在漲而買進股票，看到股價在跌就會出脫股票。相對地，受東方思維傳統薰陶的學生反而比較會逢低買進股票，逢高賣出。（回顧本書的第二部分就會知道，這是錯誤偏好的明證。）

辯證思維傳統能夠說明為什麼東亞人比較會注意脈絡（第二章已經談過這一點）。因為如果事情隨時都在變化，那我們最好多加注意事情周遭狀況，因為這些狀況會影響事情發生變化，產生矛盾。

秉持邏輯思維傳統與秉持辯證思維傳統的人，在看待命題與論證互相矛盾這件事情上，看法大不相同。如果我們向他人提出兩個命題，兩個命題蘊含的意義剛好相反——接近完全矛盾，此時西方人和東方人的反應會很不一樣。曾經有研究人員給密西根大學和北京大學的學生看兩份號稱是科學研究報告。[7]例如，某些學生看到的會是：①發展中國家大量的燃料消耗量，代表環境問題會極度惡化，包含全球暖化；②一名氣象學者研究全球二十四個地區的氣溫後，發現過去五年來每年氣溫其實略微下降。其餘學生只會看到上述兩個命題之一。最後再詢問所有學生覺得這些命題的真實程度究竟多高。

結果顯示，密西根大學學生如果有看到比較像是真的命題，例如①，而且同時也有看到比較不太像是真的命題，例如②，則他們就更傾向相信比較像是真的那個命題。可是從邏輯上來看，這種行為模式是說不通的，因為一個命題並不會因為另一個矛盾命題的出現，而變得「比矛盾命題沒有出現時更可信」。之所以會出現這種錯誤現象，大概是因為西方思維會很希望去挑出正確的命題，來化解矛盾衝突。而在挑選的過程中，會聚精會神去思考為什麼較應挑選那個比較像是真的命題。於是就被「驗證性偏誤」（confirmation bias）給牽著鼻子走了。後果就是，這個比較像是真的命題，在和另一個「看似矛盾且比較不太像是真的命題」來做對照時，前者變得看似更為有力了。

中國學生的反應卻很不一樣。當中國學生同時看到「比較像是真的」和「比較不太像是真的」兩個命題時，比起「只看到比較不太像是真的命題」時，更會去相信比較不太像是真的命題。當然，這在邏輯上也說不通，卻說明了這些學生認為這兩個互相矛盾的命題，各自都有某種程度的道理在。原本比較不太像是真的命題，在有對照的選項下，會讓人去思考有沒有可能是真的，於是地位會比起缺乏對照選項的情況下，更被強化，也變得更像是真的。我們甚至可以說，東方人有時候展現出來的是「反驗證性偏誤」（anticonfirmation bias）呢！

這麼說來，西方思想遇到矛盾時，可能會因為急於化解矛盾，而未思考到說不定兩個命題都有某種程度的道理。東方思想則會因為看到互相矛盾的命題，而誤把比較站不住腳的命題當作是真的，因為要強化比較站不住腳的命題，才能和對立且更強的論證取得妥協。

邏輯思維與辯證思維應該彼此截長補短，因為有時候同一件事一方的答案正確，另一方的答案卻是錯誤。

邏輯 vs 道

甚至從最頂尖的亞洲大學學生身上，也能看出東亞人不善邏輯思考的特點。

看看以下三個論證，你覺得哪一個符合邏輯？

論證1

前提1：警犬的年齡都不大。

前提2：有些訓練有素的狗年齡很大。

結論：有些訓練有素的狗是警犬。

論證2

前提1：植物做成的所有東西都有益身體健康。
前提2：香菸是植物做成的。

結論：香菸有益身體健康。

論證3

前提1：A都不是B。
前提2：有些C是B。

結論：有些C不是A。

第一個論證有實際意義，結論也滿像是真的；第二個論證有實際意義，但結論不太像是真的；第三個論證完全是抽象，並不指涉現實中的事物。儘管論證1結論看似為真，其實論證無效。論證2結論看似為假，論證其實有效。不具實際意義的論證3，論證也有效。（試著替這幾個論證畫畫看文氏圖，就會體會到文氏圖對於判斷論證是否有效，很有幫助。）

艾拉・諾倫扎安（Ara Norenzayan）、金秉鐘（Beom Jun Kim，音譯）等人做過研究，探討亞洲人和西方人在思考前述這類問題時，是否有所差異。他們請韓國和美國大學生觀看一系列有效與無效的論證，論證的結論有可能是像是真的，也有可能像是假的。[8]接著再請這些學生評估每個論證的結論，是否符合來自前提的邏輯推論。學生總共看到四種不同的三段論，有結構非常簡單的，也有結構十分複雜的。

結果顯示，無論論證是否有效，韓國學生和美國學生都傾向把「結論看似為真」的三段論證視為有效。但是韓國學生比起美國學生，會更受到結論像不像是真的影響。原因倒不是因為韓國學生的邏輯思考能力比美國學生差，畢竟兩國學生在完全抽象的三段論證題目上答錯一樣多題，而是美國學生在日常生活中比韓國學生更習慣運用邏輯定律，因此比較能夠無視於結論像不像是真的。

東亞地區大學生還會因為「某個類別裡面成員的典型程度」，而在三段論證上出錯。比方說，研究人員告訴學生所有鳥類都有某種（杜撰出來的）特徵，接著問學生相不相信老鷹有這個特徵，或相不相信企鵝有這個特徵。當然，這兩個結論都是有效的。結果顯示，美國學生比起韓國學生，更不容易受到「動物的典型與否」影響。例如，美國學生比較相信因為鳥類具有該特徵，因此企鵝必定會有這個特徵。而韓國學生則沒那麼相信。

最後，東亞學生比起美國學生更常在命題邏輯方面遇到問題，比較會因為情感而出錯。東亞學生如果希望某個結論是真的，就比較會誤判「結論來自前提的邏輯推論」。[9]這樣的錯誤可萬萬不行。這也說明了，運用褪去現實意義、化為抽象的邏輯，讓西方人在做判斷時得以避開不必要的干擾。

脈絡、矛盾與因果關係

第二章談過脈絡的重要性，也談到西方人思考世界的方法是去專注探討特定的重要對象（或人）。西方人會找出對象的屬性，將對象歸入某個類別，然後適用該類別的規則——這樣做的用意多半是要替對象建立起因果關係模型，這樣就能操縱這個模型以實現自己想追求的目標。

東方人思考世界的方法，則比較會去廣泛關注對象所身處的脈絡、和其他眾多對象的關係，以及對象與脈絡之間的關係。

東西方在做歷史分析時所採取的不同方法，正好說明這兩種理解世界方式的差異。日本歷史老師在教歷史時，會用一些細節鋪陳歷史事件發生的脈絡，[10]接著會按時間先後順序，講解重要事件，說明前面事件和後面事件的關聯。老師會以學生日常生活當作譬喻，說明當年這些歷史人物遇到的情況，藉此鼓勵學生去設想歷史人物的心境和情感狀態，並且用學生所設想到的感受，進一步說明歷史人物為什麼會採取特定行動。如果學生能夠設身處地對歷史人物展現出同理心的話，包含面對日本的敵人時，老師就會認為他們具備歷史思考的能力。日本課堂上經常會問「如何」的問題——頻率比起美國課堂高出大約兩倍。

反觀美國歷史老師，比較不會像日本老師那樣花太多時間鋪陳歷史事件脈絡。美國歷史老師會先從結果說起，而不是從最初事件或是事件的導火線說起。講解時也不會太注重、甚至完全不會按照時間先後順序說明歷史事件，反而會按照討論出來屬於重要的肇因因素，來排列事件先後順序（「三個主因造成奧圖曼帝國滅亡」）。如果學生能夠替自己認定的因果關聯模型提出良好佐證，說明為什麼某個歷史事件會發生，老師就會認為他們具備歷史思考能力。美國課堂上經常會問「為什麼」的問題——頻率比起日本課堂高出兩倍。

這兩種方法看起來都很有用，也可互補。不過，西方人會覺得東方人這種分析歷史的方法是錯的。西方人普遍不懂欣賞東方人的整體性思考方法，反而多半反對這種方法。令人詫異的是，有時日本的小孩到美國讀書時，會被學校降一級，因為老師覺得他們缺乏分析思考的能力。

不同思想產生出截然不同的形上學（metaphysics），也就是對這世界本質的假定。思考模式的差異，也會產生不同的形而下結果。正因為古代中國人重視脈絡，所以對某些事的看法是對的，古希臘人的看法卻不對。

也因為古代中國人重視脈絡，才會發現到物體之間距離再遠，還是會有作用力。因此中國人能夠正確理解聲學、磁性作用等，也能理解為什麼會發生潮汐。伽利略則沒想過潮汐會是月亮作用的關係。

當年亞里斯多德認為掉入水中的物體之所以會沉下去，是因為物體含有重力（引力）的特性。但並不是所有掉入水中的物體都會沉下去，有些會浮在液體表面。於是亞里斯多德認為，那是因為物體含有「輕力」（levity）的緣故。當然，實際上沒有「輕力」這種東西，而且重力（引力）是指物體之間的關係，而非物體所含有的特性。

連愛因斯坦也因為認為宇宙是處於穩定狀態，而偷偷在他提出的宇宙本質論中夾帶一個叫做宇宙常數的因子。但宇宙當然不是像亞里斯多德那個年代所假定的那樣處於穩定狀態。愛因斯坦這位西方人受到古希臘對「停滯狀態」（stasis）觀念的灌輸，直覺上認為宇宙應該恆定，只好用宇宙學常數來維持這樣的假定。

熟稔東方思想的物理學家波爾（Niels Bohr）深受中國辯證思考的影響，曾說自己的量子理論，一部份是受到東方形上學的啟發。在此之前，西方數百年來不斷在爭論光究竟是以粒子還是波的形式存在，兩種說法是互斥的，相信其中一種說法的人，就不可能相信另一種說法。波爾則說，光可以是這兩種形式的存在。根據量子理論，光可以被視為粒子，或可以被視為波，只是不能同時是粒子，又是波。

不過，雖然中國人搞對了許多西方人搞錯的事情，卻從來沒有辦法證明自己的理論無誤。因為要證明理論正確，就須要藉助科學，而這一點是西方兩千六百年以來的強項。科學基本上就是類別化，加上經驗規則，還要遵從邏輯原則。中國人雖然理解到西方人未能理解到的「距離遠也有作用力」概念，卻是靠西方科學才得以證明這個概念正確：原本西方科學家是想要證明距離遠不可能產生作用力，結果才驚訝地發現，遠距確實可以產生作用力。

穩定與變化

東方與西方對於變化的觀念大不相同。古希臘人非常執著於認定宇宙和萬物都不會改變，這一點令我百思不解。

雖然赫拉克里特（Heraclitus）和其他西元前六世紀的哲學家有體會到世界是會改變的（他曾經說過，人不可能踏進同一條河兩次，因為每次踏進去，人都不一樣，河也不一樣。），但到了西元前五世紀時，變化卻被穩定的觀念取而代之，赫拉克里特的觀點反而遭人嘲諷。巴門尼德（Parmenides）用簡單幾招就「證明」了萬物是不可能有所改變的：說某件事不存在，本身就是矛盾的。又因為「不存在」本身自我矛盾，因此「不存在」不可能存在。既然「不存在」不可能存在，那麼就沒有一件事能夠改變，因為如果1要變成2的話，那麼1這件事就不存在！

許多古希臘人樂見巴門尼德的學生芝諾（Zeno）後來證明運動是不可能發生的。飛矢悖論就是其中一項著名論證。

1. 如果箭位於一處，且箭的體積不變，表示箭是靜止的。
2. 在箭飛行過程中的每一刻，箭都是位於一處，且箭的體積不變。
3. 因此，在箭飛行過程中的每一刻，箭都是靜止的。
4. 由於箭永遠都是靜止的，因此運動（以及變化）不可能發生。

芝諾的另一項悖論是阿基里斯追烏龜。假設阿基里斯要追上前方跑得比他慢的對手——比方說一隻烏龜——那麼他首先必須要先跑到烏龜現在所在的位子。但是當阿基里斯跑到烏龜現在位置的時候，烏龜已經向前走幾步了。因此阿基里斯永遠追不上烏龜。由於跑得快的人永遠趕不上跑得慢的人，因此可以推斷運動不曾發生。

傳播理論學者羅伯特・羅根（Robert Logan）說過，古希臘人是被二擇一（either/or）的僵硬直線邏輯給作繭自縛。[11]

但古希臘人對於世界恆久不變或極為穩定的觀念，依舊傳承下去好幾個世紀。例如西方人強烈堅持要把人類行為歸因到人的恆久性格，而不是去歸因到情境因素（這就是犯了基本歸因謬誤），這一點可以直接追溯到古希臘時期的形上學。

基本歸因謬誤帶來的一個最明顯弊端例證，就是西方人對於一個人的性格會如何影響智力與學業成就的相關誤解。

我小學五年級的時候，數學變得不太好。我的父母要我別擔心，因為他們覺得我一向數學都不太好，我也滿開心有父母幫我背書。不過後來回過頭看，發現父母和我當年都沒有意識到我是因為重病而請假兩週，復學後數學才開始變差。而且剛好那個時候數學課開始在教分數運算。雖然我現在數學還是不太好，但總覺得如果當年沒有相信父母從我天生性格推斷我數學不好的話，應該會更好。

反觀美國華人「虎媽」可能會說：「你數學竟然給我拿B？給我拿A，否則我不認你這個兒子！」

兩千多年來，中國貧農的孩子就算再平凡，也可以藉由苦讀當上縣太爺，因此中國人認為用功會讓人變聰明。孔子就認為人的能力一部份來自「天賦」，但大部分來自後天努力。

一九六八年起專門針對美國高中三年級學生所做的研究顯示，華裔學生的智商和白人學生差不多。[12]不過華裔學生的SAT（學科評量測驗）考試成績卻比白人學生高出約三分之一個標準差。SAT成績與智商之間有高度相關，但是SAT成績的好壞，比起智商分數的好壞，更是取決於有沒有好好讀書。令人吃驚的是，追蹤這些高中畢業生數十年後的表現時發現，華裔美國人任職於專業職務、管理職務或是技術職務的比例，高出歐裔美國人62%。[13]即便是歐裔美國人之間，那些相信「能力是可以後天改變」的學生，在校成績也勝過那些認為「能力不可以後天改變」的學生。[14]此外，如果灌輸給歐裔美國人「聰不聰明一部分得看你有多用功」這樣的觀念的話，他們的在校成績表現就會進步。對於窮人黑人孩子和西語裔孩子而言，給他們灌輸努力的觀念，會格外有很好的效果。[15]

從生活中許多面向都可以看出東西方對於人的可塑性與改變的可能性，觀念有所不同。屬於歐洲文化的人（尤其是美國人）會把竊賊或殺人犯貼上「壞人」的標籤，亞洲人則會避免斬釘截鐵去做這樣的區分。或許正因為如此，亞洲國家比較少去長時間監禁一個人。美國人口中，坐牢的比例比起香港高出五倍，比南韓高出八倍，比日本高出十四倍。

辯證思維與智慧

早年美國著名專欄作家艾比蓋兒．范布倫（Abigail Van Buren）曾接到一份讀者投書，請她提供人生的建議。請思考一下這個故事最後的結局會是什麼。

親愛的艾比：

我先生有個姊姊「彤恩」，他還有一個弟弟。我公婆六年前陸續過世，姊姊彤恩每年都會向兩個弟弟提議，要幫父母豎立墓碑。這件事我完全贊成，可是彤恩卻要買很貴的墓碑，希望兩個弟弟一起出錢。最近彤恩告訴大家，她已經拿出一筆很大的錢買下了墓碑，樣式挑了，墓誌銘寫了，錢也付了，所以現在希望兩個弟弟把「自己該出的錢」還給她。她說，之所以沒問弟弟的們意見就直接先買，是因爲多年來父母的墓沒有碑，讓她心裡有罪惡感。可是我覺得，既然彤恩擅作主張，那麼兩位弟弟根本沒有義務要付錢。但我也知道，如果兩人不付錢的話，她一定會整天對他們（還有我）嘮叨個不停，糾纏著我們。請問我該怎麼辦才好？

我先繼續闡述東西方思維模式的差異，再回過頭來討論這一則小故事。

二十世紀中旬偉大的認知發展心理學家皮亞傑曾經主張，人在脫離孩提時期之後，思考的基礎全都是奠定在命題邏輯。他將邏輯規則稱作「形式運思」（formal operations），有別於孩子用來思考特定實際事件的「具體運思」（concrete operations），像是容器形狀與內容物之間的關係。（沙子從比較細長的容器，倒入比較寬短的容器，沙子還是一樣多。）皮亞傑主張，年紀還小的孩子雖然會運用邏輯來理解世界上發生的各種事件，卻缺乏能力去運用邏輯做抽象思考。孩子步入青少年時期，就轉而使用形式運思來思考抽象概念，但學習形式運思的方法——即命題邏輯的規則——只能透過意會，無法靠別人言傳。到了青少年時期尾聲時，已經充分發展出形式運思的能力，在這之後再也不可能學到如何用抽象規則進行思考。每個正常大人都懂得一樣多的形式邏輯規則。

上面這段見解大多是錯的。本書前面已經提過，除了形式運思，還有各式各樣的抽象規則，例如統計迴歸及成本效益分析。而且這些抽象規則不只能夠意會，也能夠言傳，就算早已脫離青少年時期，還是可以透過學習獲得。心理學家到了二十世紀後期，開始界定所謂「後形式運思」（postformal operations），某種程度是為了要回應皮亞傑的理論。後形式運思是主要在青少年時期之後才會學到的思考原則，而且通常用這些思考原則不會得到單一答案，而是會得到多種可能為真的答案。這些原則的運用，可能頂多是啟發我們用新視角來看問題，或是提供人們一種務實的方法，去應付很明顯的邏輯矛盾以及社會衝突。

尤其像是克勞斯・李格（Klaus Riegel）和麥可・巴塞切斯（Michael Basseches）這類後形式主義的心理學者，會把上述思維稱作「辯證」。[16]此派學者大量運用東方思維來闡述辯證的諸多原則，可以歸納為以下五種規準：

關係與脈絡。辯證思維注重以下幾件事：關係與脈絡、把一個對象或者現象放在更大的整體中看待、理解體系如何運作、取得體系之間的平衡（例如身體運作、團體運作、廠區運作）、從多方視角來看待問題。

反形式主義。辯證思維反對形式主義，因為形式主義在看待一件事情的時候，會注重事情的形式而非內容。如果只是去抽出問題的要素，套入形式模型當中，卻忽略有利於做出正確分析的事實本身以及脈絡的話，就會出錯。一味強調邏輯方法只會造成扭曲、錯誤及僵化。

矛盾。後形式主義心理學者認為，找出命題與命題之間，以及體系與體系之間的矛盾很重要；還有，對立的事物能夠互補。比起去堅持「兩個想法當中選擇其一就必須排斥另一個」，這樣更能夠促進更完善的理解。

變化。後形式主義心理學者強調要把事件理解為一個過程中的不同片刻，而非靜止不變、發生一次就永遠維持原貌。他們也認為體系與體系之間交互作用，就會出現變化。

不確定性。某種程度上，因為後形式主義心理學者認可變化及矛盾的重要性，也認為多數事件的脈絡中都有多重因素在影響事件，因此也肯定知識具有不確定性。

西方人其實對以上這些思考原則並不陌生，東方人和西方人的差別在於，東方人經常使用這些原則，認為它們很基本。以下就讓我們看看日常生活中可以如何運用這些原則。

文化、年紀增長與辯證

我曾經和伊果・格勞斯曼（Igor Grossmann）、唐澤真弓（Mayumi Karasawa）、泉里子（Satoko Izumi）、羅鎮卿（Jinkyung Na，音譯）、麥可・瓦姆（Michael Varnum）以及北山忍（Shinobu Kitayama）等人，一起在美國與日本兩地調查不同年齡及社會階層的人對於前面那個「親愛的艾比」故事的看法，也對受調查者提示一些社會衝突的情境，包含族群失合、對天然資源的運用發生歧見等。[17]我們問受訪者：請問你們覺得接下來會發生什麼事？為什麼？然後用以下六種辯證思考類別，逐一將他們的答案編碼。

1. 受訪者回答時，有沒有避免套用規則？
2. 受訪者回答時，有沒有考量到各個主要角色的觀點？
3. 受訪者回答時，是不是有留意到觀點對立的本質？
4. 受訪者回答時，是否看到事情有改變的可能，不必陷入僵局？
5. 受訪者回答時，是否有提及妥協之道？
6. 受訪者回答時，是否透露出某種不確定性，而非充滿教條式的信心？

結果發現，比起年輕美國人和中年美國人，年輕日本人和中年日本人比較會去運用辯證的方法來應付人際與社會衝突。[18]日本人比較不會執著於套用規則，比較會去考量各個角色的觀點，比較會去留意衝突的本質，也比較會去認為事情有轉圜與妥協的可能。而且對於自己的結論，都比較不是那麼確定。

表5說明遇到手足之間為了買墓碑而起爭執這種事時，「會從辯證角度思考者」和「不太

會從辯證角度思考者」的想法差異。雖然這些回應都是由美國受訪人寫下的，日本人的回應其實也幾乎類似，只不過日本人更會從辯證角度來看事情。

參與研究的學者認為，整體上日本人的回應比較偏向辯證式思考，正好反映出他們的智慧。我們拿同樣問題（以及日本人與美國人的回應）去問以芝加哥大學為根據地的智慧人際網（Wisdom Network）當中成員的看法（他們大多都是歐裔的哲學家、社會心理學家、心理治療師、神職人員），他們也覺得：凡是懂得從辯證角度來回應這個墓碑難題的人，比較有智慧。

人隨著年紀增長，是不是就會變得更有智慧，會更懂得去運用辯證思考來應付社會衝突呢？美國人確實是如此。我們看到美國人從二十五歲左右直到七十五歲左右的這段期間，年紀越大，越會去運用辯證思考來應付人際問題及社會問題。[19]其實人年紀增長，在處理社會衝突方面會變得越有智慧，這件事本身是說得通的，因為人會更加瞭解社會衝突的潛在後果，也會學到更多防止衝突的方法，以及懂得在發生衝突時，如何去降低衝突。

而日本人倒是不會隨著年紀增長而變得更有智慧。美國人隨著年紀增長智慧也跟著增長，日本人卻不會，我們認為原因如下：年紀輕的日本人在面臨衝突時，比起年紀輕的美國人更有智慧，是因為他們的社會化歷程，會要求他們去關

表5. 從辯證角度看事情的人，與不太會從辯證角度看事情的人，針對買墓碑一事的回應

不會從辯證角度看事的人	會從辯證角度看事的人
考量到衝突中每個人的觀點	
想也知道手足之間的關係一定會變差，因為假設兩個弟弟不付墓碑的錢，這樣姊弟之間溝通就有落差。如果弟弟們認為墓碑很重要的話，一開始就不會去計較錢這件事。	有些人可能會覺得要豎立墓碑才能對得起父母。但另一方可能會覺得不須要買，或者另一方沒有錢可以買，或者有可能兄弟倆認為這件事不重要。人在遇到重要的事情的時候，往往看事情的角度都會不太一樣。
認知到衝突不會只有一種後續發展	
最後她大概得自己付錢，然後會不斷去煩弟弟。因為如果他們想幫忙的話，早就會給她錢了。我不覺得會有什麼結果。	這件事可能會有幾種結局。一種是弟弟可能會給姊姊錢，然後弟弟的老婆會因此懷恨在心。另一種是姊弟三人鬧得不愉快。或者弟弟最後不付錢，姊姊也接受。或是只有一個弟弟付錢。
尋求妥協	
這兩個弟弟大概沒錢吧，不然早就會付給她了。姊姊得自己吸收這筆帳，沒什麼好說的。沒先徵求弟弟的同意就直接買墓碑，自行吸收這筆帳也是應該的。我覺得，就是因為她一個人出錢，所以才會事後不滿弟弟，實在沒道理。這是她自找的。	我覺得也許有妥協的餘地，兩個弟弟也覺得替爸媽買墓碑很重要。雖然姊姊沒有經過他們的同意就先買了，但他們可能還是會貢獻一些錢，雖然可能不見得符合姊姊的期待。但希望弟弟們還是能夠做出一些貢獻。

注社會脈絡。他們受到明確的教導，知道該如何避免、降低衝突，而且衝突在東方的文化中，比起在西方的文化對社會凝聚破壞更大。

年紀輕的美國人比較缺乏辯證思考原理的教育，也不太有人告訴他們如何因應衝突。但隨著美國人年紀增長，一生當中遇到更多衝突後，就會自己歸納出更好的方法去理解與應付衝突。相較之下，日本人因為只是去套用早年學到的概念，而沒有透過日常生活的各種行為去增添新的衝突因應原則，所以不會隨著年紀增長變得更有智慧。何況日本人在日常生活中遇到的衝突本來就比美國人少，所以也沒有太多機會能夠自行歸納出因應衝突的更好方法。

這樣說起來，究竟整體上是邏輯思維好，還是辯證思維好？這樣問不太妥當，畢竟二者各有利弊。有時候將論證抽象化有好處，能夠去檢視論證的邏輯結構；有時候堅持只看一件事的形式而非內容，就會出錯。有時候試著化解矛盾是有好處，但有時候更具建設性的作法，反而是去承認矛盾的存在，去思考是不是真理就在兩端對立的觀點之間，或是去思考有沒有可能超越矛盾，然後找到一個立足點，讓對立觀點都是真的而且可以同時並存。

雖然我接下來要說的話可能會被批評太過抽象，但我還是認為，邏輯思維對科學思考以及處理某些界定清楚的問題非常重要。至於辯證思維，則有助於去思考日常生活中會遇到的問題，尤其是人際關係方面的問題。

假設你同意東亞人、長輩與芝加哥智慧人際網的看法，也認為辯證思維是有價值的，那麼是不是可以學會對自己的人生進行更多辯證？

我覺得這是辨得到的，而且你早就已經在這樣學習了。本書你所讀到的大多數內容，都是偏向支持辯證的思維，不傾向過度倚賴形式分析。這本書強調的事情包括：要重視脈絡（才能避免出現基本歸因謬誤）；要去看過程與個體間的變異與變化（這樣才比較不會受到面試錯覺的影響）；要瞭解到對象及人的特質多半會和其他特質有關聯（因此要多加留意自我選擇的偏誤）；以及知識具有不確定性（因此要注意真分數、測量誤差、相關性的評估正確程度、信度及效度）。最重要的一點就是：ATTBW——假定多半是錯的 Assumptions Tend to Be Wrong。

你可以學到的事

西方思想與東方思想背後的基本原則，有些許差異。西方思想屬於分析式的，著重在同一性（identity），也不容許矛盾存在。相對地，東方思想注重整體性，希望人們能夠瞭解到事物是會變化的，而且要去接納矛盾。

西方思想會鼓勵去看一件事的形式，而不只是內容，以利評估論證的有效與否。正因如此，西方人會比東方人更不容易犯下邏輯錯誤。

比起西方思想，東方思想對這個世界的某些認識，以及人類行為的肇因，都更為正確。東方思想會讓人去關注影響事物與人類行為的脈絡因素，也會讓人瞭解到不管在任何過程或者個人身上，改變都可能會發生。

遇到兩相對立矛盾的命題時，西方人與東方人的反應不大一樣。西方人有時候會因為看到對照的命題比較弱，於是會比沒有看到這個對照命題時，更加認同原本有力的命題。相對地，東方人則會因為看到對照的命題比較有力，而會比沒有看到這個對照命題時，更加認同原本就是弱的命題。

東方人和西方人學習歷史的方法大不相同。東方人的學習方法注重脈絡；注重按照歷史事件的先後順序學習；注重理解事件與事件之間的關係，並且鼓勵學生對歷史人物產生同理心。西方人的學習方法削弱脈絡的重要性，不太認為必須要按照歷史事件發生的先後順序學習，反而注重找出歷史過程的因果關係。

西方思想近幾十年來受到東方思想頗大的影響，會用辯證原則補充西方傳統的命題邏輯。這兩個思想傳統很適合互相批判，辯證性思考會出錯的地方，用邏輯思考有其優點；反之，邏輯思考不足之處，就可看出辯證性思考的優點。

年紀輕的日本人在面對社會衝突時的思考方式，比起年紀輕的美國人還要有智慧。但是美國人一生當中會隨著年紀增長而變得更有智慧，日本人卻不會。日本人（以及其他東亞人）是因為有人教導他們如何避免與化解社會衝突，美國人則比較沒有人教，必須自行從人生歷練中學習。

PART

6

認識世界

多年前我和兩位年輕的哲學家史蒂芬．史迪奇（Stephen Stich）與艾文．高德曼（Alvin Goldman）聊起「思考」這個議題，結果發現我們都對許多相同的知識論（epistemology）問題感興趣。知識論想探討的是，什麼才算是知識？什麼才是獲得知識的最好方法？哪些是確定的知識？後來我們三個人和一位心理學研究生提姆．威爾森（Tim Wilson）為了這件事，一同舉辦長期的研討會。

哲學家認為可以用經驗科學的方法去處理一些兩千六百多年來關於知識的哲學問題。有意思的是，有些心理學家已經開始研究本書介紹的一些思考工具（例如基模與捷思法），研究也顯示科學知識工具對於理解日常生活有所幫助。史迪奇和高德曼還發現，心理學家真的能夠用科學方法去研究某些哲學性問題。另一方面，當科學遇到「該問哪些重要問題」，以及「什麼才算是知識」，則可以借重哲學文獻得到幫助。

高德曼將這種新的研究領域稱作「認識學」（epistemics），融合知識論、認知心理學，以及科學哲學（旨在評估方法的優劣以及評估科學家的結論）。史迪奇則開創Xφ的運動，X代表「實驗性」，希臘字母φ（phi）代表「哲學」。史迪奇和他的學生陸續產出的研究，不只是很棒的心理學，對哲學而言也很重要。不過我也得聲明，原本以為我們這些思考是很原創的，但其實並不是，因為後來發現其實許多哲學家和心理學家的想法很類似。只不過我們算是有幫忙掌握到一些原本難以捉摸的重要觀念，並且將其具體化。

第十五章和第十六章有部份是介紹高德曼提出的「認識學」內涵，也可以瞭解到史迪奇Xφ運動的實驗性精神。哲學家向來喜歡針對「人類直覺」提出說法，不過史迪奇等人透過研究告訴我們，人類對於這個世界本質的直覺、對於什麼才算是知識的直覺，以及對於什麼行為才是道德的直覺，其實會因文化、因人而異，因此不必去訴諸「人類直覺」這種虛幻的東西。[1]

第15章 別傻了，把問題簡化

盡量用最簡單的假設來解釋現象。——托勒密

一件事如果透過較少的步驟就能達成，用更多步驟就沒有用。——奧坎的威廉

看到事情有相同自然結果時，必須盡量視爲來自相同原因。——牛頓

如果能夠從已知實體建構出知識的話，就盡量不要用未知實體來做推論。——羅素

本書討論的兩大問題是什麼才算是知識，以及什麼才是好的解釋。這兩個問題同時也是科學哲學家關注的核心問題。科學哲學家在處理這些問題時，一方面會去描述科學家在做的事情，同時也會提出批判。相對地，有些科學哲學家會去利用科學家（與實驗哲學家）的研究成果，來處理傳統哲學問題（這種作法在哲學這一行引起了不少爭議）。

科學哲學家處理的重要議題包括：好的理論的要件為何？理論應該要多簡潔？科學理論未來會不會終將獲確認為真，抑或最多只能停留在「尚未被否證」呢？如果一個理論沒有辦法被否證，

是否表示該理論就是好的？用特殊用途的「特設」（ad hoc）方法來補強理論，哪裡不對？以上這些問題不只關係到科學家的研究過程，也關係到我們日常生活中對各種大小事的思考與認知。

別傻了，把問題簡化

以前我有位老師，總是喜歡創造無比複雜的理論，複雜到我不覺得有方法能夠檢驗或是能夠找到相關佐證來說服人。他替自己辯解說：「如果宇宙的長相如蝴蝶脆餅，相關的假設就必須是蝴蝶脆餅的形狀。」我心裡這樣回：「從『長得像蝴蝶脆餅』的假設出發，宇宙當然會長得像是蝴蝶脆餅，不然怎會知道宇宙長什麼形狀。還不如把假設當作一條直線，再接續下去。」

不要把事情複雜化，又稱作奧坎的剃刀（Occam's razor）：理論應該保持簡潔，把不必要的概念剃掉。在科學領域中，最好的理論就是能夠解釋證據的最簡潔理論。只有在一個情況下才會拋棄簡潔的理論，那就是複雜的理論比起簡潔的理論更能解釋更多證據。採用簡潔理論的另一個原因是比較容易驗證，而且在講究精準度的科學領域中，更容易建立數學模型。

羅馬時期的科學家托勒密（Claudius Ptolemaeus）也曾強調簡潔的理論，但他自己並沒有照著做。圖7是托勒密主張的火星繞行地球軌跡，可以看出是一個接著一個本輪（epicycle）繞行，

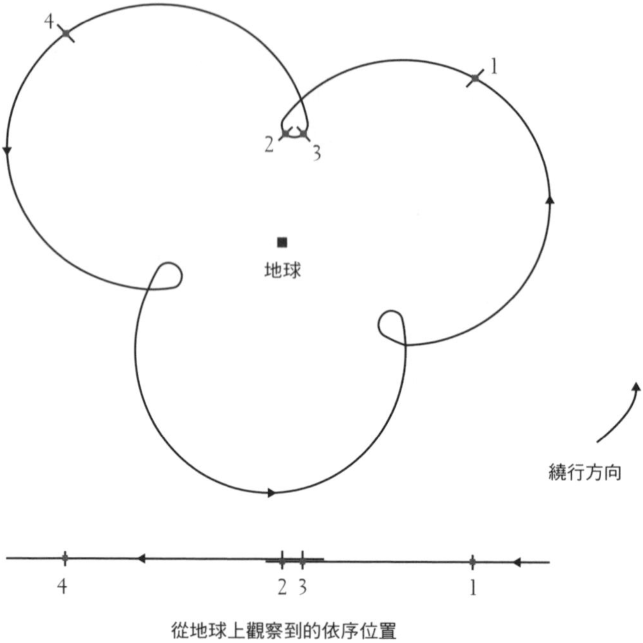

圖 7. 托勒密用本輪解釋火星圍繞地球的運動軌跡。

以符合火星運動的觀察結果。本輪的意思是「在另一個圓之上運動的圓」，托勒密那個年代的人相信宇宙奠定在精巧的幾何構造之上，尤其是圓形。如果行星運動的模型要用到很多圓圈的話，那也是沒辦法的事。

托勒密的理論完全符合觀察到的資料。但正因為沒有人想出其他可以用來解釋火星運動軌跡的運動定律，所以要到很久以後，才會發現托勒密的理論大錯特錯。

KISS——別傻了，把事情簡化（Keep It Simple, Stupid）——這句格言可以用在很多事上，複雜的理論、提案及計畫很容易出錯。就我個人經驗，願意把事情單純化的人，不去講究要多完整、多複雜，則比較能想出一些答案——至少會想出某個東西，即便沒有回答到原本問題。

若某個簡潔理論不足以解釋現存所有證據，還是應該要重視它，因為驗證複雜的理論不但耗時耗力，而且更容易讓人走偏，得到錯誤結論。

我在職涯初期研究過肥胖者的進食行為，發現他們的行為與下視丘腹內側核（VMH）有損傷的老鼠行為相似。這塊腦部區域受傷的老鼠，會處於隨時都很飢餓的狀態，不斷地吃東西，結果變胖。做這樣的類比滿有幫助的，後來我也成功證明了肥胖者的進食行為和VMH有損傷的老鼠的進食行為高度相似。這強烈表示肥胖者永遠處在飢餓狀態。於是我主張，這些肥胖者給自己體重的「設定點」（set point）比起大多數人還要高。[1] 最好的證據就是：不想減重的肥胖者進食行為，和正常體重者一模一樣；另一方面，想減重的正常體重者的進食行為，和想減重的肥胖者的進食行為很相似。[2]

研究進食行為與肥胖的專家當時告訴我，這種給自己體重設定「設定點」的簡單假設，無法解釋所有事實。他們並沒有錯。可是說這些話的人最後也無法更瞭解肥胖，反而是利用簡單假設去探討肥胖的人，對肥胖瞭解很多。

對科學而言合理的事，對商業與其他行業而言也很可能合理。有些卓越的企業甚至明訂要遵守「事情保持單純」的原則，許多管理顧問公司也建議客戶依循這種原則做事。例如麥肯錫管理顧問公司就要求旗下顧問盡量先把假設單純化，只有在非不得已的時候才複雜化。

專門給新創公司提供建言的人，也是主張一開始盡量單純：快速推出產品，得到市場反饋，不要執著於創造完美產品；要聚焦在可以極大化初期利潤的市場，不要什麼市場都想做；不要等到完全瞭解市場或是完全瞭解其他商業面向才開始做；還有，給潛在投資者看的商業模式，要盡量簡單易懂。

如同谷歌公司所說的：「有做，勝過為求完美而遲遲不做。」

用太複雜的方法來解決問題，有時會被比擬為「盧比．高德堡機械」（Rube Goldberg machines），高德堡是一名漫畫家，以繪製出奇複雜又好笑的方法來解決簡單問題聞名。在網路上搜尋以下連結，就會看到最嘆為觀止的高德堡機械：www.youtube.com/watch?v=qybUFnY7Y8w

不過，「奧坎的剃刀」這種處理多重假設的原則，並不完全適用於醫學界，因為在處理病症時，假設越多越好，以利判斷有哪些可能的解釋，以及驗證假設的最好方法是什麼。我可不希望給醫生看病時，醫生只會思考「最可能為真」的假設；我會希望他秉持著「每個假設都可能是真的，說不定要靠兩個或更多個假設才能解釋病人症狀」的態度來替我看診。儘管如此，醫學診斷還是會遵循某些簡約法則，像是醫學院都會教導學生在用複雜昂貴的診斷方法之前，應該先用簡單便宜的診斷方法，而且要先朝向可能性最高的方向思考。（「想成是一隻馬，而不是斑馬。」）

化約論

化約論（reductionism）乍看之下很像奧坎的剃刀，是許多哲學與科學爭論的重要課題。化約論主張，看似複雜的現象或是體系，其實都是眾多局部的加總而已。化約論進一步主張，如果把局部放在一個「不似整體現象那麼複雜」的水平來觀察，那就更容易理解這些局部了。這種立場否認突現（emergence）的可能性，也就是現象本身無法單純用更簡化、更基礎層次的過程來解釋。突現的最好例子就是人的意識：人的意識有些特性是在物理上、化學上及電學上找不到的（至今也找不到這些面向合理的解釋）。

如果你可以提出論點，完美解決化約論的兩個主張，那麼你的論點理應勝出。不過，研究特定層次現象的人，自然不會苟同外人把他們研究的事件看作單純是一種副現象（epiphenomena）。所謂的副現象，就是次於基礎事件的事件，在因果關係上不具真正重要性。

例如有些科學家就認為，總體經濟學（整體經濟體的行為與決策）可以完全用個體經濟學

（個人的選擇）來解釋。又有些科學家認為個體經濟學可以完全用心理學解釋。還有科學家認為心理學現象可以完全用生理現象來解釋，至少未來一定可以……等等。生理現象能夠藉由細胞生物學來解釋，細胞生物學能夠藉由分子生物學來解釋，分子生物學可以用化學來解釋，化學又可以拿電磁作用的量子理論當作解釋，後者又可以完全藉由粒子物理來解釋。當然，不會有人把事情化約到這種地步，但起碼還是有一些科學家在這一連串化約當中，認可至少一種化約。

許多化約很有幫助。簡約法則就是主張我們必須盡量用最單純的層次來解釋現象，如非必要絕不讓事情複雜化。即便最後結論認定一個現象確實有「突現」的性質，不能光靠更簡單的基礎過程來充分解釋，可是一開始我們先朝著更簡單的基礎過程去找答案，依舊還是有用的。

然而，某些人的簡化問題，在其他人眼中卻可能認為他看事情太淺。例如有些領域的科學家就認為，心理學領域的相關現象只不過是受到下一層、較不複雜的因素所導致。這些科學家甚至還試著要這樣解釋心理學現象。

接下來我要舉兩個心理事件被化約、出錯且誤導人的例子。先說好：我是心理學者！

大約十年前，著名的《科學》雜誌新任總編輯宣布，心理學研究的投稿都必須附上腦部影像，否則一概不接受。因為這位總編輯認為心理現象一定可以從神經層次來解釋，或者至少要瞭解一些腦部的運作，這樣心理現象知識才算是有進展。其實，很少有心理學者或神經科學家會接受「純粹用心理現象去解釋生理現象，這樣是沒用的」這種說法。這位總編如此堅持要把心理化約成生理，未免言之過早。

另一個更重要的例子是哲學家丹尼爾．丹尼特（Daniel Dennett）稱之為「貪婪化約論」的政策：約十年前，美國國家精神衛生研究院（ＮＩＭＨ）院長決定停止資助行為科學的基礎性研究。

可是該院卻持續資助神經科學與基因學的基礎性研究，因為院長認為（他的看法引起高度爭議）精神疾病源自生理過程，因此精神疾病可以主要視為一種生理過程，甚至只是一種生理過程，而不是將精神疾病視為環境事件、心智表徵與生物性過程迴路的一部份。

結果，該院每年斥資兩百五十億美元進行神經基礎性研究，又斥資一百億美元在基因方面進行基礎性研究，都沒做出任何精神疾病的新療法。精神分裂症療法已有五十年未見重大突破，憂鬱症則是二十年來沒有突破性療法。[3]

反觀有許多精神疾病的有效療法，則是受惠於行為科學基礎性研究。受惠的對象甚至包括沒有罹患精神疾病的人，可以透過許多介入性措施改善心理健康，增進人生幸福。

例如從匿名戒酒會（Alcoholics Anonymous），該會創辦之初的概念來自美國心理學家威廉．詹姆士（William James）的理論，認為宗教有助於消除一個人的絕望與無助感。

還有，內隱關聯測驗（Implicit Association Test）是現今最有效的方法，可以評估自殺未遂而入院治療者會不會再度自殺。[4] 這個方法原本是社會心理學家所發明，用來評估一個人針對各種人、事、物抱持著什麼內隱、未被察覺的態度。如果一個人對於自我的內隱關聯比較接近死亡，而非生命概念的話，表示有可能再度自殺。不管是靠當事人的自我陳述、醫師的判斷或是精神科測驗，都比不上用內隱關聯測驗還要能夠準確預測到當事人是否會再度自殺。

恐懼症最有效的治療方式，也是來自對動物及人類學習的相關基礎性研究。

第十章談過的心理創傷，最好的治療方式也是來自社會心理學的基礎性研究。

相關例子不勝枚舉。

最後，多虧有行為科學的幫助，我們才能瞭解到那些不是由行為科學家所創造的心理健康改善方法，實際上是多麼沒效，甚至帶來不良後果。

認識自己的能耐

一般人很少意識到自己其實很輕易、隨便就對外界世界做出某些假設。如果有意識到的話，就會少做一點假設了，或起碼不會那麼篤定自己的假設是對的。人一看到兩件事情之間呈現相關，就會創造出各式各樣的因果理論。如果現實未能證實假設，往往也會二話不說另找理由解釋為何假設沒辦法獲得證明。

當證據乍看之下有違自己的假設時，一般人其實會隨便找理由就忽略這個證據，而且還不自知。萬一假設真的錯了，一般人也不懂得利用假設檢定來否定這個假設。這算是一種驗證性偏誤。

連科學家也會犯這些錯誤：太快做出假設，或隨便找理由打發掉不利證據，或是不會找方法驗證看看假設是否能加以否證。科學上曾出現過一些很重要的爭論，都牽涉到理論不節制的問題、遇不利證據時解釋過度草率的問題，以及未能認真驗證，使得假設未獲否證的問題。

曾經有位美國心理學者寫信給佛洛伊德說，自己做的實驗能證明佛洛伊德說的潛抑理論（按，壓抑，一種防衛機制）是對的。佛洛伊德回信說，如果有人能實驗得證他的理論是錯的話，那他會忽略那個實驗結果。但既然他要這樣說，他也應該忽略那些能證明他理論是對的實驗結果，這樣才對呀。

佛洛伊德在神經學和催眠的研究成果斐然，他會有這種態度，實在很奇怪。不過他在從事精神分析時，秉持的科學哲學就是「詮釋病患說的話，才是通往真理的正途」，凡是不認同他詮釋的人，都是錯的。只要有學者或門生與他意見相左，他就會這樣說。

科學界不可能接受「僅憑一個人的看法，就能算是證據」這種主張。如果某個理論附帶一個條件是「只有這個理論的創造者或門生，才有資格評估理論正確與否」，那麼這種理論就不算是科學的理論。

像是佛洛伊德表現出的這般篤定與教條觀念，正是一個人在知識論上站不太住腳的跡象。許多（甚至是大多數）心理學家與哲學家如今都認為佛洛伊德的理論站不太住腳。

儘管如此，佛洛伊德的理論還是能夠讓後人提出許多假設，且這些假設都是可透過一般科學方法檢驗的，其中有些假設甚至獲得堅強的證實，例如像是第三章提過的「無意識」。如今已有大量證據指出，人會在同一時間接受到無數種刺激，但只有一部分刺激會送到有意識的心智做進一步考量；其他的刺激雖然沒有被意識到，卻還是有顯著能力去影響人的行為。其他精神分析理論也同樣獲得研究強烈證實，包括移情作用概念——人在小時候對父母或其他重要人物所形成的感受，會或多或少原封不動移轉到日後人生中其他對象身上；[5]或者像是昇華概念——自己無法接受的憤怒感受或是性慾，會疏通到較不具威脅性的活動，例如藝術創作。[6]

信奉心理分析理論的人經常會無限上綱，任何事情對佛洛伊德和其追隨者來看都說得通。比方說，我說病患有「伊底帕斯情結」（想和母親發生關係的慾念），誰能說我胡說八道？理由為何？像是猶太人媽媽就會說：「我才不管孩子有沒有伊底帕斯情結，只要他愛他媽媽就好。」

佛洛伊德的性心理發展階段理論——口腔期、肛門期、性器期、潛伏期與性愛期——認為，如果抑制一個人的早期階段發展的話，會對其日後行為造成重大影響。小孩如果強忍便意，沒有跟媽媽講的話，日後長大成人會變得很小氣或出現強迫症。佛洛伊德從來不覺得有必要離開診療室去找其他證據支持前述假設。就算他有去找，我也滿懷疑他找得到證據。

如今精神分析師用來做假設的主要方法之一就是代表性捷思法（representativeness heuristic），即根據兩件事之間的因果相似性，來做因果推論。例如二十世紀奧地利的精神分析理論學者布魯諾．貝特漢姆（Bruno Bettelheim）推斷，童話故事中的公主都討厭青蛙，是因為青蛙「黏黏糊糊」的觸感很像是兒童對性器官的感受。但「兒童不喜歡自己的性器官」這觀點到底是誰說的？而且還說是黏黏糊糊？唉……算了。如果我說公主不喜歡青蛙，是因為青蛙身體上一粒粒的凸點，讓她覺得和疙瘩很像，又有誰可以說我錯？又或者是因為她生性膽小，容易因為青蛙的迅速動作而受驚？

直到一九二〇年代，佛洛伊德對人性的理解，是受到愉悅原理概念所主導。也就是人生主要都在滿足「本我」的需求，要滿足生理需求、性慾，以及發洩怒氣。作夢通常則是和滿足願望有關。

然而，如果人的動機真的是要去滿足願望以及本我追求人生的滿足，為什麼有些經歷過第一次世界大戰的心理創傷患者，還會不斷去回想遭遇過的可怕事情？二者之間顯然矛盾。佛洛伊德自己也發現到兒童在玩耍時，有時候會想像出愛人過世的情境。還有，以往壓抑痛苦回憶的病人，如今在面對痛苦回憶時，會不斷強迫自己鑽進回憶，而且不會想辦法解決。精神治療師就常會遇到受虐癖患者——也就是會刻意找痛苦受的人。

以上這幾種人的背後動機，很顯然都不是愉悅，一定是有相對立的動機。佛洛伊德將動機稱為「死亡本能」（death instinct），亦即人有種慾望要回歸到無機狀態。

從這個假設可以很明顯看出代表性捷思法產生的作用：人生追求的主要目標是快樂，但有時候似乎會追求剛好相反的事，因此有種驅力會讓人傾向個人滅絕。這可說是草率的解釋，也絲毫無法被驗證。

談到用代表性捷思法做精神分析假設，我很愛舉一個例子，這個例子是前美國精神醫學學會會長朱爾斯．馬瑟曼（Jules Masserman）在《美國精神醫學期刊》上發表論文後得到的迴響。論文開玩笑說，腳指甲嵌甲象徵著男性的雄心壯志，以及對子宮的幻想。令馬瑟曼懊惱的是，論文竟然大獲讚賞，稱其見解睿智。[7]

比起精神分析理論，其他備受敬重、有證據佐證的理論，也會遇到無限上綱、驗證性偏誤，以及否定假設的問題。

演化理論至今已經衍生出上千個關於「生物懂得調適」的可驗證、且確認為真（以及不斷被確認為假）的假設。為什麼有些物種的雌性始終只有一個雄偶，但有些物種的雌性卻會混交？難道是多偶會提高某些物種的繁殖率，但不會提高另一些物種的繁殖率嗎？結果證明確實如此。

為什麼有些蝴蝶會披上七彩的外衣？解釋：為了吸引對象。證據：身上顏色被研究人員調淡的雄性蝴蝶，結果在擇偶配對上表現不佳。為什麼總督蝴蝶要在外觀上模仿得和君主蝴蝶幾乎一模一樣？因為君主蝴蝶對大多數脊椎動物都有毒，所以模仿對總督蝴蝶有利。動物只要吃過一次君主蝴蝶，覺得身體不適，就懂得以後遇到看起來像是君主蝴蝶的昆蟲得要避開。

不過，萬物會調適的觀點也容易被濫用，連專業的演化論者也會濫用。

認知科學家與演化論者都很喜歡談「心智模組」的構念，亦即「演化發展而來的認知結構，能夠讓我們在處理外在世界某些面向的事物時，給予方向指引」。心智模組基本上是獨立於其他心智狀態與心智過程之外的，而且不太倚賴學習而得。最明顯的例子是語言。當今沒有人會主張人類語言完完全全是學習而來。有大量證據顯示人類先天上已經有語言的某些根基：人類語言在某種深度層次來說，彼此之間都很雷同。所有文化中的人都差不多在同一個年齡學會語言，而且都受到特定腦部區塊主宰。

然而演化理論者往往太快提出模組解釋：每看到一個行為，就斷定演化模組能夠解釋。這類解釋沒有明確界線，就像許多精神分析式的解釋一樣，往往太過輕率，而且會無限上綱。

何況許多演化假設不僅過於草率、違反奧坎剃刀的原則，甚至無法以既有方法驗證。我們沒有必要去重視無法被驗證的理論。但這並不是說「我們不可相信無法獲驗證的理論」，只不過我們必須瞭解，相較於其他可被驗證的理論，這些無法獲得驗證的理論弱點在哪裡。對這個世界的事物，我愛怎麼相信就可以怎麼相信，但唯有能夠提出證據或者透過縝密的邏輯演繹，你才有必要認真看待我的見解。

心理學有太多理論化過於草率的例子。像是增強理論（reinforcement theory）讓人們知道哪些特定條件會有利於獲得「學習而來的反應」，哪些條件又會導致這種「習得的反應」消失，比方說像是老鼠壓桿進食的行為。這套理論有帶來重要相關應用，像是恐懼症療法及機器學習流程。但是這派理論的學者使用「增強」的預設概念試圖解釋複雜的人類行為時，有時候也會犯下和精神分析理論學者與演化理論學者一樣的錯。小明在學校表現好，是因為小時候很認真所以被強化，還是因為看到別人很認真所以把別人當成榜樣？我們怎麼知道？因為他現在在學校很認真，表現也很好。如果不是因為他表現認真而被強化，或者是因為看到別人因為這種表現被嘉獎，也跟著效仿的話，還可能有什麼其他解釋？但像這樣子的假設不光是過度草率、無限上綱，更是循環論證，而且也沒有辦法用現有的方法予以否證。

主張「理性選擇」理論的經濟學者，有時也會出現無限上綱及循環論證的毛病，和精神分析論者、演化論者與學習理論者並無二致。所有的選擇都是理性的，因為如果選擇不符合一個人的利益，他根本就不會去做這樣的選擇。而我們之所以知道某個人曉得他做的選擇最符合他的利益，是因為他就是做這樣子的選擇。這種近乎宗教式、認為人類選擇永遠會是理性的信念，使得這一派的經濟學家得以提出既無法驗證，同時又是不斷重複的「套套邏輯」（tautology）式的宣稱。諾貝爾經濟學獎得主蓋瑞·貝克（Gary Becker）就曾經主張：如果吸毒者在人生中的主要目標是追求即刻滿足，那麼他們吸毒就是理性的。這實在是太草率、無法被反駁，而且循環論證。如果理性選擇理論學者能夠把吸毒「解釋成」理性行為的話，可以說是毀了這個理論。既然我們早就已經知道所有選擇都是理性的，那就等於沒有辦法瞭解任何一種選擇究竟是哪裡理性。

當然我自己會犯同樣的錯，你也是。你我在日常生活中想出來的許多理論都是無限上綱，便宜又偷懶，未經檢驗，或者只想要找到能夠證實理論的證據來檢驗，而且遇到對立證據出現時，會二話不說想趕緊替理論辯護。

比方說，小茱是個優秀年輕的化學家，大家都認為她很拼，非常聰明，未來在科學界前途無量，想不到後來卻轉換跑道去當社工。於是我們就猜，她一定是害怕成功。我們隨便就想出這個理論，也隨便套用到這個情境。

鄰居比爾是位好好先生，卻突然在大賣場對孩子發飆。想必他有個以前沒人發現到的愛生氣和殘忍特徵。這回則是代表性捷思法、基本歸因謬誤和小數「法則」三者相互發揮作用，催生出這種理論。

一旦想出假設之後，原本可以去否證假設的證據，就會被一些理由隨便忽略。假設我有個理論認為，新創公司如果有眾多小型投資人在背後支持，即便他們對公司瞭解不深，該公司也注定會成功。把這個理論套用在新成立的某公司，相信這家公司會很成功，結果它卻倒閉，但我還是能夠解釋它為什麼失敗，理由愛想幾個就想幾個，例如管理層沒有像當初想的那樣優秀，還有市場競爭變化太快了等等。

假設我認為聯準會宣布減少「量化寬鬆」，這將造成股市恐慌，股價下跌。後來聯準會宣布減緩量化寬鬆步伐，股市卻大漲。看來理由是……自行填空吧。

瞧瞧小珍，生活一團亂，不可能當個好編輯，因為當編輯要時時留意時效，又要能夠兼顧從網路找資料，還要指派任務給下游的合作夥伴……想不到她竟然把工作做得那麼傑出，一定是前輩很早就替她打下基礎，不然看她那混亂的頭腦，不出亂子才怪。

我並不是說我們不該做出像上述的這些假設。我想強調的是，我們是多麼輕率做出這種假設，而且輕易找到理由而忽視證據。因此在相信這些假設之前，得要格外小心。

問題在於，我們不曉得原來自己是個提出理論的大師。

而討論到理論的驗證時，自然就要提出以下問題：什麼樣子的理論能夠被否證，以及什麼樣子的證據能夠用來否證理論。

可被否證

假如事實與理論不相符，那就換掉事實。

——愛因斯坦

實驗結果如果未經理論確認為真，不得視之為真。

——天文物理學家亞瑟．艾丁頓（Arthur S. Eddington）

「這是一個經驗性、實證的問題」。按理來講，這句話應該要能夠平息許多爭論才對，但實際上卻不盡然。

演繹思考是按照邏輯定律得出無可辯駁的結論（只要前提是正確的話），但大多數知識不是來自邏輯，而是來自收集證據。哲學家將這種用經驗性方式得出的結論，稱之為一種「可視為無效的推理」，基本上意思就是可以被擊垮。如果你找到看起來能夠支持假設的證據，結果也證實證據確實能夠支持假設，那就表示你的思考可能合理。反之，如果手邊的資料不支持假設的話，那就得用別的方式來支持假設，或是對假設保持適當懷疑。或者可以參考愛因斯坦所說的，去證明「事實」是錯的。

如果有人根據理論提出一項宣稱，卻說不出究竟什麼樣的證據能夠否證該宣稱的話，大家就得對這項宣稱格外警惕。因為對方想說的，多半可歸類為意識形態或宗教道理，而且是處於預言模式狀態，而不是經驗模式。

美國好幾個州的法律已經明訂，只要號稱是科學的知識，都必須先禁得起「可被否證」的原則檢驗，才能在學校教學生。如果不能被否證的話，就不是科學，不能拿來教學生。這樣的用意主要是防範老師教導學生上帝創造世界的「科學」。上帝創造可能會有類似這樣的典型說法：「人的眼睛結構太過複雜，不可能是經由麻煩又艱辛的演化過程所形成。」對於這般主張，恰當的回應是：「誰說的？」畢竟這種宣稱無法被否證。

不過，我還是會對「可被否證」這項條件有些不安，因為我也不太確定演化論是不是可以被否證。達爾文認為可以，並曾經這樣寫道：「如果能夠證明世界上有一種複雜的器官決不可能是經由許多連續、且每次些微的改變而形成的話，我的理論肯定就會瓦解。但是我找不到這樣的例子。」

至今沒有人發現過這樣的例子，也沒辦法找到。如果上帝創造論者宣稱某個器官不可能是演化所形成，演化論者也只能說：「它可以是演化所形成。」聽起來不是很有說服力，目前也沒有辦法能夠去實證性地檢驗這類宣稱。

儘管如此，演化論還是勝過所有其他生命起源的理論——其實也只有另外兩個：上帝創造論以及外星人在地球播種。演化論的勝出，並不是因為它可被否證（但尚未被否證），而是因為：一、演化論非常可能是對的。二、演化論對各式各樣、顯然毫無關聯的事實的解釋，令人滿意。三、演化論能夠用來形成可接受檢驗的假設。四、如同偉大的基因學家希多希爾．杜布詹斯基（Theodosius Dobzhansky）所說的：「不用演化來解釋的話，任何生物學現象都說不通。」

當然，演化論並不一定和上帝創世論水火不容。「上帝總是有奇妙的作為。」演化說不定是全能的上帝用比較不那麼神秘的方法來創造、延續生命。

還有，杜布詹斯基是有宗教信仰的人。人類基因組計畫主持人暨美國國家衛生研究院現任院長法蘭西斯．柯林斯（Francis Collins）顯然相信演化，但也是福音派基督徒。柯林斯從來沒有說自己對演化的信仰和對上帝的信仰是相同的——他應該會率先指出他對上帝的信仰是無從被否證的。

波帕亂講話

奧裔英籍科學哲學家暨倫敦政經學院教授卡爾・波帕（Karl Popper）宣稱科學的進步是依靠臆測與否證臆測，或是未能否證臆測。他主張歸納法不可靠，認為人不會（也不可以）因為看到命題得到相關證據支持，就認為命題正確無誤。看到上百萬隻天鵝都是白的，沒有其他顏色，所以歸納出「所有天鵝都是白的」。可是，澳洲天鵝卻是黑的呢。假設只能被否證，無法被證實為真。

邏輯上，波帕是對的。就算看過再多隻白天鵝，也不足以建立「天鵝都是白的」這種通則。經驗性的通則只能夠被駁斥，但無法被證實為真，因為這種通則永遠倚賴歸納得到的證據，只要遇到一個反例，馬上就能夠被駁斥。

正確歸正確，波帕的主張在實務上完全沒用。人活在這個世界上需要知識來指引行動，而「可被否證」只是創造知識過程的一小部分而已。科學大部分都是透過歸納事實來支持理論，才能進步。[8] 理論可以是從別的理論演繹而來；可以是來自歸納所觀察到的證據；也可以是來自靈感直覺，然後去驗證理論，如果驗證結果支持理論，就可以下結論認為這個理論有可能是正確的。反之，如果驗證結果不支持理論，理論的信賴度就會被削弱，要麼再從事別的驗證，或是暫時擱置這個理論。

「可被否證」對科學而言很重要，這點無庸置疑。有些事實強大到足以讓人從錯誤的假設中澈底覺悟。科學家以前曾經觀察到，體內注入箭毒的黑猩猩進行手術時保持靜止且看似睡著，於是科學家就形成假設：箭毒會讓人失去意識。後來首例注射箭毒後進行手術的人類案例回報指出：他在手術過程中一直是清醒的，而且醫生的每個動作都害他痛死了。此外，阿姆斯壯在一九六九年登陸月球之後，古人認為月球是生乾酪做成的假設也就不攻自破。

當理論遭受事實的致命一擊，理論就倒了（暫時倒下。許多理論都曾經被擊倒過，但後來又經修正重返擂台）。但是一般來講，研究乃是長期艱辛的過程，去檢視針對同一套理論的大量正面、反面研究發現。

科學大獎都不會頒給否證別人理論的人，甚至是否證自己理論的人，即便他們的研究可能會產生附帶效果。獲得科學大獎的人，都是根據新理論提出預測、讓大家看到哪些重要事實能夠支持理論，而且讓大家瞭解到這些事實如果不用理論來解釋的話，會很難解釋。

科學家不太接受波帕的反歸納法立場，我認識的科學家都覺得這種立場根本是錯的，因為科學大部分是靠歸納法才能進步。

波帕曾經批評精神分析理論無法被否證，所以不重要。這一點他錯得厲害。稍早我說過，精神分析理論有許多面向確實能夠被否證，有一些也的確被否證了。精神分析理論對於有益療法的核心主張要不是已經遭到駁斥，就是已被證實是有疑慮的。沒有證據可以證實「重提悲傷往事而且和治療師一起回顧往事，會讓人變得更好」，反而是和精神分析概念無關的精神療法，才是證實有療效的。

有位知名科學哲學家曾經跟我說，波帕其實很不懂精神分析理論，他對精神分析理論的程度，只達到「在咖啡廳偶然聽別人的聊天」的等級而已。

至於愛因斯坦曾經很誇張地說，如果事實不支持理論的話，該被換掉的是事實，這又該如何解讀？有很多不同的解讀方法，我偏好其中一種解讀：即便事實不符合理論，只要理論的基礎依舊穩固的話，我們還是可以繼續相信這樣令人滿意的理論。因為如果理論夠好的話，「事實」最後會被推翻。艾丁頓說的也是同一件事：如果沒有可靠的理論讓我們去接受一項事實的話，光是去相信這項號稱是事實的事實，其實站不太住腳。

社會心理學界的學者如果有把艾丁頓的話聽進去，說不定就能避免出糗。有個地位崇高的期刊曾經刊登過一篇談「超感知覺」的論文，論點離譜到難以置信：研究人員做過好幾次實驗，每次都請受測者預測電腦會隨機從清單上選出哪一個命題，結果這些受測者預測電腦行為的準確度，高於隨便亂猜，因此這說明了一種超自然現象——人能夠預測到連機器自己都預測不到的未來事件。這個論點當然經不起檢驗，沒有必要認真看待，因為根本沒有證據能夠支持像這樣的理論。有些人閒閒沒事幹曾想試著複製上述實驗，卻未能得出相同實驗結果。

特例與事後：特設公設與事後假設

人看到證據好像違背了原本的預測時，總是有很多方法去無視那些證據。其中一種方式是去補強假設，但這樣做的正當性值得存疑。所謂特設公設（ad hoc postulates）就是對理論進行修正，但是修正不是直接從理論衍生而來，而且存在的目的純粹是為了讓理論不要垮掉。特設的意思就是「專門為此」。

第十四章我提過亞里斯多德曾經自創一種屬性叫做「輕力」。原本的理論是，物體擁有重力的「屬性」，所以會往下掉。但為了解釋為何某些東西會浮在水面上而不會往下沉，於是提出輕力的特設公設，用來補強他自己的重力理論，否則理論就會瓦解。這種特設公設完全不是從基礎理論衍生而來，所以我認為這種理論算是「安慰劑」理論，根本沒有解釋到什麼事情。法國戲劇家莫里哀就曾經透過筆下的人物嘲諷這種說法，說助眠藥水之所以有效，是因為藥水有「助眠特性」。

托勒密的本輪概念，也是因為看到天體沒有像當時人們所認為應該要以完美圓形的軌跡繞地球運行那樣時，而提出的一種特設因應。

第十四章也提過，愛因斯坦提出宇宙常數這種公設，是為了補強一般相對論，這樣才能解釋宇宙處於穩定狀態的「事實」。可是，宇宙其實不是處於穩定狀態。

有位天文學家發現水星繞行太陽的軌跡不符合牛頓的理論，便想出一套特設理論來合理化，斷定太陽重力的中心點會因為水星的關係從太陽中央移到表面，而且只有遇到水星才會這樣，遇到其他行星不會。為了挽救一套理論，什麼樣子的特設公設都跑出來了（而且還很好笑）。

特設理論也多半是「事後」（post hoc）的理論，也就是事後拿資料去解釋事前沒有預料到的事物。每當發現特例就提出事後解釋，實在是易如反掌，像是：「我雖然說過我確定喬安會贏得比賽，怎知她因為比賽當天早上數學考差了，心情受到影響。」或者像是：「對呀，我雖然說過查理做人太差所以當不好主管，怎知他後來娶了個好老婆，讓他待人處事變得更加圓融。」

我以前會習慣去預測某某人當上系主任或者當上期刊主編後的表現，而且對自己的預測很有信心。萬一我的預測錯誤（蠻常出錯的），我也很會自然地合理化我為什麼預測錯誤，這樣我就不用去調整我原先的理論了。幸好現在我已經對自己的預測不那麼有自信了。起碼不會對別人透露我的預測，免得在別人面前出糗。

一般人都認為科學研究與理論建構的流程簡單扼要，不論是假設建立、收集證據，或是接受或排斥假設等，都是依循清楚的規則。然而下一章就要告訴你，事實上科學並非如此。

你可以學到的事

解釋應該簡潔。盡量用越少概念解釋越好，定義也要越簡潔越好。相同的結果應該解釋為來自相同原因。

為簡潔而化約是美德，但為化約而化約則是缺陷。盡量用最基礎的層次去解釋事件。不幸的是，沒有一套好規則能夠用來判斷某個結果究竟屬於副現象（epiphenomenon），不具因果重要性，還是屬於來自多個較單純的事件互動後所突現（emerging）的現象，而且當中的屬性無法被這些事件所解釋。

一般人很少意識到自己會多麼輕率去創造看似說得通的理論。代表性捷思法就是其中一種人們常會拿來當做解釋的方法：一看到相似的事件，就認為找到因果解釋了。形成解釋之後，又太看重自己的假設，而不曉得其實要想出其他許多不同的假設並非難事，而且不需知識淵博才能做到。

一般人驗證假設的方法多半有瑕疵，因為只習慣去找出能夠確認理論為真的證據，沒有一併找出能夠確認理論為假的證據。此外，遇到不利證據時，都很會找理由打發證據。

說不出哪些證據能夠證明理論為假的人，他所提出的理論就不可靠。我們可以相信「無法被否證的理論」，但也要瞭解，相信這種理論比較像是信仰。

如果理論可以被否證，那麼這只是理論的一項優點而已，理論能夠被確認為真才更重要。我的看法和波帕不同，我認為科學（以及日常生活中指引你我行動的各種理論）主要是依靠找出支持性證據才會進步，而不是靠找出否證證據。

看待「因應不利證據而生、且不是來自理論本身的理論補強措施」要保持疑慮。請用懷疑眼光看待理論的特設補強與事後補強，因為這類補強都太過隨便且明顯投機取巧。

第16章

保持真實

如今物理學該發現的都已經發現了。只差更精準的測量而已。

——絕對零度溫度值發現者威廉・湯姆森（克耳文勛爵）於一九〇〇年對英國科學促進會發表之演說

科學除了用線性、理性的方式前進，也有「非關理性」（arational）（或稱無關理性nonrational，或是近似理性 quasi-rational）的方式。有時候科學家會放棄廣受認同的理論，改去相信不太能夠被既有證據支持的理論。與其說最初是基於邏輯或是看到資料於是投向新理論的懷抱，還不如說是基於信念。

有時候科學理論來自特定世界觀，而世界觀又會因學術領域、意識形態或文化的不同而有差異。不同理論有時候真的會起衝突。

有些自稱是解構主義或是後現代主義的人，或許就是因為對科學抱持著與理性無關的態度，才會主張沒有所謂客觀真理。對於這種虛無主義式的見解，要如何反駁？聽到有人主張「現實」只不過是社會建構的虛構，又該如何回應？

典範轉移

就在克耳文勛爵宣稱物理學該發現的已經都發現了之後，五年內愛因斯坦就發表了特別相對論論文，徹底取代過去兩個世紀以來稱霸科學界的牛頓運動定律。愛因斯坦的理論不光是給物理學帶來新發展，更是替新物理學時代揭開序幕。

愛因斯坦發表相對論論文的五十年後，科學哲學家暨科學社會學家孔恩（Thomas Kuhn）在《科學革命的結構》書中提出震撼科學界的觀點，主張科學的進步並非都是靠著努力不懈建構理論，接著去收集資料，然後回過頭來調整理論。最偉大的科學進步反而經常是透過革命。

當舊理論出現瑕疵，此時有人提出很棒的構想，最終推翻（或邊緣化了）舊理論。新的理論不見得能夠像舊理論那樣可以解釋所有現象，最初能夠用來支持論點的相關資料，也可能並不起眼。但新理論通常並不在意要去解釋確定的事實，只打算預測出新的事實。

孔恩的這番主張聽在科學家耳裡十分刺耳，一部分原因是因為孔恩把看似非理性的元素帶進科學進步的概念。科學家不是因為舊理論不再恰當，或是因為看到新資料才選擇跳船，拋棄舊理論，而是因為新的構想比起舊的構想在某方面更令人滿意，而且新的構想提出的科學方案更令人興奮，於是產生典範轉移（paradigm shift）。科學家總是想去摘取成熟可摘的「低垂果實」——也就是一些舊理論沒辦法解釋、新理論卻可以得出的驚人結論。

許多時候，就算許多科學家採用新的理論方法做研究，新的理論方法也可能會把他們帶進死胡同。即便如此，有些新典範確實能夠在極短時間突破舊的觀點，繼而取而代之。

尤其可以從心理學界一個明顯例子，看出新典範迅速竄起、舊典範幾乎立刻遭到棄置的現象。

從二十世紀初到一九六〇年代末期左右的這段期間，各種增強理論（reinforcement theories）稱霸心理學界。巴夫洛夫（Ivan Pavlov）證明過動物學習到特定且任意的刺激代表即將出現某種增強作用的話，該刺激就會如同增強媒介一樣引發同樣反應。先敲鐘，接著肉端出來，久了之後只要敲鐘也會引發和看到肉一樣的流口水反應。史金納（B.F. Skinner）證明過一旦特定行為被某種嚮往的刺激所增強時，則未來只要想獲得這種增強作用的話，就會做這樣子的行為。如果壓下橫桿就會出現食物，老鼠就會學會壓下橫桿。心理學家做過數以千計的實驗，都是用來檢驗巴夫洛夫及史金納理論原則所衍生出的相關假設。

在學習理論的全盛時期，心理學家認為大部分的人類行為都是模仿的結果。我看到小珍做出某種行為之後得到「正向增強作用」，於是我也模仿她的行為，以求獲得同樣的增強作用。反之，如果我看到她做某種行為，結果被懲罰，於是我也跟著避免做這樣的行為。不難看出，「替代增強理論」（vicarious reinforcement theory）很難用嚴謹的方法加以驗證，除了靠一些局部實驗來證明孩子有時候會短期模仿別人的行為。大人揍娃娃一拳，孩子也會跟著揍娃娃一拳。但這並不能證明會攻擊別人的大人，也是因為看到別人做出這種行為得到回報，於是成為這種人。

以往科學派心理學家都認為一定要用增強學習理論來詮釋每一種心理現象，不管研究的對象是動物或是人類。如果採用別的方法進行詮釋，這位科學家的研究就會被忽視，甚至更糟。

增強理論的致命弱點在於本質上是漸進式的。先是出現一道光，沒多久後發生電擊，反覆之後動物慢慢習得「看到光就表示電擊會發生」。又或者是動物壓下橫桿，食物就會出現，於是動物慢慢瞭解到壓橫桿表示有東西可以吃。

然而後來不斷發現到有些現象是動物馬上就會知道兩種刺激之間的關係。比方說，研究人員固定在鈴聲響起之後，隨即對老鼠施以電擊。於是只要鈴聲一響起，老鼠就會害怕起來（可以從蹲伏和排便的行為看出害怕）。但是如果鈴聲響起之前先出現一道光，而且沒有發生電擊的話，老鼠的害怕程度就會大幅下降——而且是在加入這道光的首次實驗就會如此。第二次實驗時，老鼠就變得像是完全不害怕了。因此，許多人認為有些類型的學習應該理解為「老鼠本身具有滿複雜的因果思考能力」。[1]

就在這個時間之謎被發現差不多同一時間，馬丁．賽利格曼（Martin Seligman）的研究成果也給傳統學習理論的核心教條帶來一記重擊。傳統理論的教條認為，將不同的刺激任意兩兩配對，動物也能學會刺激與刺激之間的關聯，[2]但賽利格曼卻證明這完全是錯的。第八章我們說過，如果沒有讓動物「準備好」去學習關聯性，牠們是學不會這種關聯性的。狗可以學會「右邊燈亮就向右走，左邊燈亮就不要往右走」，可是卻學不會「上面的燈亮起就往右走，下面的燈亮就不要往右走」。如果試著去教鴿子「看到燈亮時不要去啄，這樣才會得到飼料」，鴿子最後就會餓死。

學習理論無法解釋「有些關聯性可以快速學到，有些關聯性永遠也學不會」，但這個情況一開始並沒有威脅到學習理論。真正打垮學習理論的，不是這些異常案例，而是看似毫不相干的認知過程研究，像是記憶研究、基模對視覺感知與事件詮釋的作用研究，以及因果推理研究。

許多心理學者後來意識到真正該研究、真正有趣的現象是和思考有關，而不是學習。大量研究人員很快就轉身投入心智運作的研究，學習過程的研究則幾乎停擺。

與其說學習理論是被否證，不如說是被忽視。事後看起來，這整套研究變得像是科學哲學家殷薏．樂卡托斯（Imre Lakatos）所說的「退化性研究典範」（degenerative research paradigm），亦即做不出來有趣的研究結果了。研究做得越多，收穫卻越少。

新的機會出現在認知領域（以及之後的認知神經科學領域）。短短幾年內幾乎已經沒有人在做學習研究了，認知科學家也很少會認真看待學習理論學者對他們研究成果所做的詮釋。

不光是在科學界，科技、工業與商業上的重大變化往往也是起因於革命，而非演化。蒸汽機發明後，棉花就取代了羊毛，成為世上各地的製衣原料；火車的發明打破了製造業區域化的藩籬；工業化大量生產的時代來臨，就終結了傳統製作模式；網路一出現，沒多久就改變了……整個世界。

科學的典範轉移，和科技與商業的典範轉移很不一樣。相異之處在於科學的舊典範多半還是會保留下來。並不會因為認知科學出現，就取代所有的學習理論成果及相關解釋。認知科學只不過是形成一套學習理論框架下所無法形成的研究成果而已。

科學與文化

羅素曾經說過，科學家在研究動物解決問題的行為時，會從這些動物身上看到和自己國家類似的國民性。務實的美國人和重視理論的德國人，眼中所看到的事情截然不同。

美國人研究的動物會失控地跑來跑去，精力充沛，最後要碰運氣才能取得理想結果。德國人研究的動物則會安靜坐著思考，最後從內心意識想出解決方法。

羅素這番諷刺的話聽在心理學家的耳中，都會心有戚戚焉。沒有錯，認知科學革命的基礎就是由西歐人（特別是德國人）所建立的，他們主要研究的是感知與思考，不是學習。美國這塊土地長不太出來認知理論，而且若非受到歐洲人的刺激，否則肯定會更晚才出現思考的研究。所以歐洲人所創設的社會心理學門一開始就沒有「走向行為化」，絕非偶然。

科學家必須承認典範轉移具有非關理性的面向，也必須面對一個事實，那就是文化信念會深刻影響科學理論。

古希臘人相信宇宙是恆定的，從亞里斯多德直到愛因斯坦，科學家都對此信念十分著迷。反觀中國人確信世界永遠在變，對於脈絡之重視，促使中國人正確理解聲學、磁學與重力的道理。

在歐陸社會科學家的眼中，美國社會科學家有很僵化的「方法論個人主義」，不會去思考更大社會結構及時代精神（zeitgeist）的關聯性，甚至會對後兩者視而不見。社會與組織理論的重要進展主要是來自歐陸地區，而非英美地區。

西方靈長類學者在研究黑猩猩時，僅止於兩隻黑猩猩的互動行為，直到日本的靈長類學者提出研究成果，才終於了解到原來黑猩猩有很複雜的政治關係。

人們偏好的思考方法也會因文化而異。西方思考模式注重邏輯，東方思考模式重視辯證。同一件事，兩種不同的思考方法，結果真的可能會完全衝突。

科學理論迅速但不完全有道理的轉移，加上人們認識到科學觀點會受到文化的作用，因此「科學是純粹理性的，處理的是無可撼動的事實」這種看法受到了挑戰。可能也是因為出現這些偏差的現象，導致二十世紀末開始漸漸盛行一種徹底反科學的方法學。

現實就是文本

走出教堂後，我們（塞繆爾．約翰森 Samuel Johnson 與為他寫傳的詹姆士．波斯威爾 James Boswell）站在外頭小聊一會兒。談到柏克萊主教那番「物質不存在、宇宙一切事物都只是想像的」詭辯時，我們我們都確信主教的說法是錯的，卻無從反駁。我永遠記得約翰森當時用力踩在一塊石頭，力道之大讓腳彈了回來，他隨即開朗地說：「這不就反駁了嗎？」

——詹姆士・波斯威爾著，《塞繆爾・約翰森的一生》

如今，並不是所有人都願意像約翰森那樣，願意相信現實的存在。回顧第一章的那位棒球主審，他認為他沒有喊出好球壞球以前，不存在好球壞球的概念。許多自稱是後現代主義者或解構主義者的人，都會認同這位主審的看法。

德希達（Jacques Derrida）曾經說過：「文本之外一無所有。」認同者有時甚至會否認存在「文本之外」。「現實」純粹是建構的，除了詮釋以外，不存在他物。就算對這個世界某個面向的詮釋能廣為大家接受，甚至為所有人認同，仍無關宏旨，因為這種認同只不過表示存在彼此都接受的「社會建構」罷了。這個運動有一句話是這樣說的：沒有所謂事實，只有「各種真相體制」（regimes of truth）。

這種極端主觀派見解在一九七〇年代從法國傳入美國。解構主義的基本概念就是文本可以被拆解，拆解之後可以看出藏在這世界認知（包含佯裝成世界本質事實的宣稱）背後的意識形態、價值，以及任意性視角。

曾有位學生問一位人類學家，人類學家該如何因應生活在別種文化的人，他們的信念與行為特徵的信度問題。換言之，遇到不同人類學家做出不同詮釋時，該怎麼辦？她回答道：「不會有這種問題，因為人類學家的工作就是去詮釋我們看到的現象。不同人會有不同的假定與觀點，因此詮釋出現不同是可以預料的。」

這個答案令學生（還有我）感到震驚，而且反感。從事科學就是要取得共識。如果不同觀察者對於一種現象是否存在都沒有共識，科學詮釋根本無從做起。事情只會是一團亂。

當然我誤會了，我本來以為文化人類學家會自認是科學家。早年我在研究文化心理學時，曾經試圖接觸文化人類學家，想要向他們學習，同時也期待他們會有興趣想要瞭解我從事的跨文化思想與行為差異經驗性研究。令我詫異的是，大多數打著「文化人類學家」頭銜的學者都不想和我聊，也不想要使用我的資料，他們表示不會放著自己的詮釋不顧，而給我的證據「特別待遇」（他們的用詞）。

令我吃驚的是，後現代虛無主義竟然能夠強勢進入學術圈，從文學研究到歷史，乃至社會學，都可見其蹤跡。多強勢呢？有人跟我說過，有一次問某個學生是否覺得物理定律只是「有關自然界的武斷宣稱」，學生竟說「是啊」。哲學家暨政治科學家詹姆士・弗林（James Flynn）在某知名大學對學生做過調查，發現大部分人都認為科學只不過是一種觀點而已。[3] 這些不幸的學生，誠實說出心裡的答案，因為許多人文社會科學的課程會灌輸他們這樣的概念。難道說，這些領域的教授只是在自娛罷了，或是要刺激學生思考？請看以下這則物理學家和現代主義學者的故事。

一九九六年，紐約大學物理學教授艾倫．索柯（Alan Sokal）投稿到《社會文本》（Social Text），該期刊以後現代立場自豪，編輯群不乏知名學者。索柯投稿的文章標題是「打破疆界：展望變革性的量子重力詮釋學」，用意是想測試看看期刊能夠承受荒謬的底線。文章充斥著後現代術語，宣稱「獨立於人類個體之外的外在世界」是一種「後啟蒙時代以來長期宰制西方知識觀點的霸權教條」。由於科學研究「本質上是由一堆理論堆砌而且自我觀照」，因此「和其他由異議群體或邊緣群體所提出的反霸權論述相比之下，不得主張在知識論上享有特殊待遇地位」。於是宣告量子重力只是一種社會建構。

結果索柯的文章還未經同儕審查，就被該期刊接受刊登。《社會文本》刊出他的文章當天，索柯在《通用語》（Lingua Franca）雜誌上表示那篇文章只是一場偽科學騙局。《社會文本》的編輯卻說，索柯的文章「就算是惡搞，也不太會減損我們對這篇點出症狀文章的興趣。」

作家喬治．歐威爾（George Orwell）說過，有些事情愚蠢到只有知識分子才會相信。但持平來說，沒有人真的會認為現實只是文本而已，雖然許多人深信自己如此認為，或者曾經這樣認為，後現代主義已經逐漸從北美學術圈淡去，而且在法國老早就消失。

你如果有機會和後現代主義者聊天的話（不推薦這麼做），試試以下話題：問一下對方信用卡帳單的金額，是不是只是社會建構。或者問一下對方覺得社會上的權力差異現象，究竟只是詮釋的問題，還是真的存在於現實之中。

順便一提，我承認後現代主義者確實在權力、族群、性別等議題方面，有做出一些可信且重要的研究。比方說，人類學家安．絲朵樂（Ann Stoler）的研究很有趣，探討荷蘭人殖民印尼時期為了界定誰是白人，誰不是白人，所採用的一套不可靠、甚至可笑的標準，完全不像美國那套武斷、直截了當的方法：只要身上流著一滴非裔人的血，就算是黑人。當然美國的這套方法是一種社會建構，沒有事實的根據。絲朵樂的研究讓歷史學者、人類學者及心理學者都很有興趣，有助於人們進一步瞭解人類是如何將世界類別化，以及人類的動機會如何影響他們認識這個世界。

後現代主義者讓我感到格外諷刺的地方是，他們對現實的詮釋都不靠證據，而且完全沒有想到，其實可以拿心理學者所做的、沒那麼激進的研究成果當作證據。心理學者有個大貢獻，就是證實哲學家所說的：世上一切都是靠推論，從運動的感知乃至對內心運作的理解，皆是如此。世界上沒有一件事是光靠直覺就能夠直接、且每次都正確地去認識。

但是萬物皆是推論，並不表示所有推論都等值。下次和後現代主義者去逛動物園時，聽到他說「有長鼻子和長牙的大型動物就叫做大象」就叫做推論時，可別輕易認同他——因為那有可能是生理異常的老鼠。

你可以學到的事

科學不只是奠定在證據與面面俱到的理論——信念與直覺也可能會讓科學家忽視既定的科學假設與公認的事實。幾年前，文字經紀人約翰．布洛克曼（John Brockman）問一群科學家和公眾人物，有哪些事情是他們認為無法證實的，然後他把他們的答案收錄在一本書出版。[4] 其實，許多學者認為自己最重要研究背後的假設，都沒辦法被證實。我們這些外行人也別無選擇，只能跟著這樣做。

特定科學研究所依據的典範，以及形成科技、工業、企業基礎的典範，隨時會改變。有時候新典範會和舊典範並存，但彼此關係緊張；有時候新典範則會完全取代舊典範。

不同文化的實務與信念會帶來不同科學理論、典範，甚至是思考的方法。這個道理也適用於不同商業實務。

科學家所採取的近似理性（quasi-rational）作法，以及文化所加諸在信念體系與思考模式的作用，可能促使後現代主義者與解構主義者堅稱世界上沒有所謂事實，只存在社會公認的現實詮釋。這些後現代主義者與解構主義者很顯然言行不一，生活上並未遵循自己的看法，卻依舊花大量時間在大學從事教學與「研究」，推廣這類虛無式的觀點。難道當前流行排斥科學結論、偏好個人偏見的現象，就是因為它造成的？

結論

外行科學家的工具法寶

本書有壞消息，也有好消息。

壞消息是，我們對這個世界很多重要面向的認知，經常錯得離譜，認識世界的方法也有根本上的錯誤。

「人可以不透過理解事實，就能夠直接認識世界」的這種信念，哲學家稱之為「天真的實在論」。人類對這個世界方方面面的信念，都是基於無數種推論所形成，而且自己察覺不到推論時的心理過程。我們倚賴無數種基模與捷思法正確分類事物，即便是最單純的對象與事件，也是如此。

我們經常會忽略一件事，那就是人類行為、甚至是物體的行為，都會取決於脈絡；也經常忽略人的判斷與行為會受到社會影響力左右。

人的信念與行為會在無意識中受到無數個刺激作用影響，甚至渾然不知這些刺激存在。

我們自以為知道腦中發生什麼事，其實我們根本不知道。有時候我們可以正確辨識出做判斷或解決問題背後的心理過程，然而我們卻沒有去觀察這些過程，反而是拿理論套在這些過程上。不幸的是，通常這些理論是錯的。

我們也過度受到片面證據的影響。我們不知道要廣泛收集各種有助做判斷的資訊，使得片面證據的問題更加嚴重。我們以為大數法則也適用在微量數據的場合；我們在做某些重大判斷的時候（例如斷言他人的個性），即便手中的證據可能不足，卻依舊渾然不知。

就算是重要的事，我們也很難正確判斷事件之間的關聯性。如果我們自以為兩件事情之間有關連，那麼即使沒有，我們也會以為有。反之，只要我們認為兩者之間應該沒有關係，那麼即使兩者的關係非常強烈，我們也察覺不到。

對這個世界，我們各隨己意建構理論，卻很少察覺這並不代表我們的理論是正確的。尤其大家都是恣意的因果理論大師，隨便給定一個結果，人人會立刻自動、不假思索想出一套解釋原因的理論。就算想要檢驗這個理論，我們這些仰賴直覺的科學家卻往往漏洞百出，只會去找「能夠確認理論為真」的證據，卻遺漏「可能會推翻、會否定理論」的證據。當眼前出現足以推翻理論的證據時，又非常擅長找到藉口去忽略這些證據，絲毫未意識到多麼容易會替自己原本的理論找出特別理由。

總歸一句話：人類的信念經常錯得離譜，又過度有自信，認為自己有能力取得正確認識這個世界的新知識。此外，我們的行為也經常無助於促進自己、促進我們關切的人的利益。壞消息永遠伴隨著好消息。閱讀本書以前，你已經有自知之明，知道自己容易犯錯。現在你更加清楚自己犯錯的原因，而且懂得如何改進。本書的知識會讓你對這個世界有更正確的認知，你的行為也會變得更明智。書中的內容像是一面盾牌，使你下次遇到別人充滿瑕疵的論點時（例如來自朋友、熟人或媒體），能夠有效防禦。

你也會越來越自動去運用你在本書中學到的概念與規則，有時甚至沒有意識到自己正在這麼做。隨著時間過去，一定會變得如此。

只要把書中介紹的新工具多使用幾次，馬上就熟能生巧。你將會記得大數法則的意義，也會知道這個法則意味著要收集多少證據，而且每使用一次這個法則，往後就越有可能繼續使用它——而且會用在各種場合裡。遇到要解釋自己或別人的行為時，你也會記得要多加留意社會脈絡。若你這麼做，就會發現確實比起過去更能夠正確理解現象了，繼而讓你願意未來繼續頻繁運用這個概念。沉沒成本與機會成本的概念也將會跟隨你一輩子。

你會變成一個厲害的日常生活科學家。不過我也無意過度誇大你的思考改變，因為連我也經常忘了去實踐本書提及的原則。人類某些心理傾向真是根深蒂固，無法單靠學習新原則就能去除這些心理傾向的不良後果。但我知道只要好好認識這些不良的心理傾向，知道對抗它們的方法，就能調整這些傾向，讓損害降低。

和剛開始閱讀本書時相比，你現在也是個更精明的消費者，也更懂得判讀媒體報導。以下是幾則優質媒體的新聞報導與一則致編輯部的投書，這些都是我最近收集到的。

《紐約時報》指出，比起簡單辦婚禮的夫婦，婚禮辦得很盛大的夫婦，婚姻會更美滿。[1]我想你應該不會因此鼓勵親朋好友狂發喜帖。希望你有意識到：會舉辦盛大婚禮的人，平均年紀比較大，財力較好，夫妻認識時間比較久，而且比起婚禮辦得簡約的夫妻可能更加恩愛。所有這些因素都會和婚姻滿意度呈現相關。這則新聞報導完全無法告訴我們「婚禮規模大小與婚姻滿意度」之間確實存在相關性。

《美聯社》曾針對新款汽車做了一份行車安全報導，發現速霸陸 Legacy 轎車、豐田 Highlander 油電休旅車及其他車款的每百萬車輛死亡率，比起雪弗蘭皮卡、吉普休旅車低許多。希望你在看到這份報導時有察覺到：不同車款平均駕駛的里程相差很大，所以「每車死亡人數」是一種比較不準確的公路安全指標，較準確的是「每英里死亡人數」。更重要的是，不同車款的駕駛人特性也應該納入考慮。退休的老太太比較可能會開哪一種車款？四處奔波接送小孩參加活動的都會媽媽開的又是哪一種？桀傲不馴的年輕德州牛仔會開哪種車？被家長寵壞的加州青少年呢？

《華爾街日報》在二〇一二年曾刊登幾位麻省理工學院氣候科學家的共同投書，主張全球暖化現象並不大，而且明顯不再繼續暖化，證據是一九九八年至今全球氣溫並未上升。希望你有意識到要去問一件事：每年氣溫差異的標準差是多少。事實上，標準差頗大。而且，許多不完全隨機的過程長期下來會出人意表。氣溫的變化和許多現象一樣，不是線性發展，而是不規則、一陣一陣的。結果二〇一四年成為有紀錄以來最熱的一年。（這篇投書還有許多地方難以令人信服，像是共同署名者包括基因學者、太空梭設計師、前太空人，以及美國參議員，有點像是湊合各方專家的感覺。該篇投書還做了一個很不恰當的類比，那就是把據稱因為撰文質疑氣候變遷而遭到革職的期刊主編，拿來和前蘇聯時期質疑假科學家李森科基因觀點而遭處決的蘇聯科學家相提並論。簡直是在開玩笑。）

以往你可能會不假思索接受熟人或媒體的論點，如今你已有能力去駁斥，或已有足夠的理由懷疑他們的論點，也會比過去更加警覺，知道手邊的工具可能不夠用來檢驗某個論點。一般人很難去判斷有些論點的好壞，像是：「血管支架比冠狀動脈移植術更有助於解決主動脈栓塞」、「彗星撞擊後殘存的胺基酸可能是地球生命的起源」，或是「美國大陸棚的石油蘊藏量超過沙烏地阿拉伯」。大部份領域的資訊對我們都是陌生的，我們得仰賴別人，也就是你關心的領域所謂專家的意見。那麼，假定你能夠找到這種專家，應該要用什麼正確態度看待他們所說的話？

要怎麼看待所謂專家的意見，以下是哲學家羅素所提出的幾項「謙虛的建議」

如果專家的見解一致，則不該肯定相反意見。
如果專家的見解不一致，則不是專家的民眾就不要肯定任何一位專家的見解。
如果所有專家都認為沒有充分理由可以確定一種見解，則一般大眾切勿驟下定論。

這種建議，或許真的太謙虛了吧？

多年前我曾出席一場心理學系講座，講者自稱是電腦科學家，當年很少人用這種頭銜。他一開始就說：「我要談的問題是：如果哪天電腦能夠擊敗國際棋王、能夠寫出比人類優秀的小說或交響樂，還能夠回答連史上最有智慧的人都感到困難的問題，這對人類自我的觀念會產生什麼影響。」

接著他說的這番話，令現場聽眾倒抽一口氣。「兩件事得說在前頭。一、我不知道電腦以後有沒有可能辦得到這些事情。二、我是這間教室內唯一一個有權回答這個問題的人。」

我一直記得他的第二句話，實在是一番震撼教育，使得日後我都習慣用專家意見去檢驗別人的（和我自己的）論點。人們經常會對某些事情表達強烈的意見，而同時這些事情卻可能會有（事實上你確定會有）其他更專業的看法。在這個情形下，試問這個人究竟有沒有權利主張自己的意見是專業的，就像數十年前我聽到的那位電腦科學家？試問這個人是不是真的認為自己的意見來自專家意見？這個人是否知道專家之間有哪些不同的意見？甚至是否知道世界上有專家的存在？又是否在意有專家的存在？

科學家當然在意專家的存在，也經常會藉由質疑專家的見解而得到進步。我到目前的職涯就是很好的例子。經由漫漫長串的研究成果，會瞭解到專家（包括我在內）起初的見解錯了。以下幾個例子，就是我發現到別的專家結論有錯誤。

有些專家（包括我）以往的觀念錯了，正確的是：多數肥胖者其實並不是吃太多，而是心裡不想讓自己的脂肪組織低於某個設定點。

認知心理學家（還有我）以往的觀念錯了，正確的是：人缺乏內省的管道，可以掌握自己的心理過程。如果人對於自己心理過程的敘述正確，也只不過是因為剛好心中有個正確理論，讓他據以判斷事物或解決問題。但通常他心中的理論都是錯的。

以前我和許多研究統計推理的人想法一樣，覺得教別人統計原理對日常生活推理幫助不大。所幸我錯了。也幸好我錯了，才會寫出這本書。

經濟學家與增強理論心理學家長期以來認為，誘因（金錢誘因為主）是改變人的行為的最佳方法。其實金錢誘因常失效，甚至帶來反效果。許多比較便宜、較不強制的作法，更能改變人的行為。

將近一個世紀以來，研究智力的專家都認為智力基本上就是用標準化測驗衡量出來的智商（IQ），而且認為智商不太會受到環境因素影響，黑人與白人之間智商會有差異，部分是因為基因的關係。結果這些都是錯的。[2]

以上提到的領域都是我的專業，因此能夠面對不同專家意見的挑戰。不幸的是，我的專業僅侷限在少數領域，其他方面我也是外行科學家，每個人都是如此。那麼，該用什麼態度看待其他知識領域內的專家意見？

我的立場比羅素更進一步：不僅僅是「當專家意見一致時，我就不該認可相反的意見」而已，而是「不接受專家一致的見解，這樣可能不明智——除非你有很強的論據，讓你有別的專業立場可以質疑這種一般性共識」。如果以為自己的無知或是談話性節目的娛樂名人觀點，會比專家知識更有參考價值，就太過愚昧了。

當然，很多時候我們可能難以知道專家的共識究竟是什麼。甚至媒體經常會以「平衡報導」之名指出相反意見，讓你感覺困惑，不確定專家究竟有沒有共識。如果已經有專家對某個議題表示看法，媒體往往會再去找另一位「專家」表達反面的見解。即便我很確定專家都普遍支持某個立場，仍然經常會看到這種「平衡」作法。例如氣候專家幾乎一致認為氣候變遷是事實，而且部分原因來自人類活動。然而，據稱美國福斯新聞台總裁羅傑．艾爾斯（Roger Ailes）一直要求新聞報導內若有人認為氣候變遷是事實，就也必須同時呈現反面意見。

所以媒體報導很容易會誤導人，不論這麼做是基於政治目的，或更常是因為堅持平衡報導的謬誤所致，都會讓人以為專家意見存在重大分歧，繼而讓人認為支持哪一個立場都合理。但相信我，任何江湖郎中的話都可以找到博士學位的人來替他背書。演化？假的！外星人造訪地球？真的！施打疫苗會引起自閉症？會！服用大量維他命C可以治療普通感冒？對！

如今我們越來越容易曉得某些特定議題專家的共識是什麼。幸運的是，在衛生、教育這些大家必須要有正確知識的領域，可以透過 Mayo Clinic 及 What Works Clearinghouse 這類知名網站取得資訊，瞭解專家的共識。不過網路不是萬靈丹，如果你看到網路寫說某些行為會因性別而異，或是某些現象和男女生物上差異有關，就應該保持懷疑態度。

不妨參考以下的建議，這樣下次遇到與自己切身相關、或是對社會重要的議題時，就會知道該如何判讀專家意見。

1. 先瞭解一下這個問題有沒有所謂的專業知識。像是占星術就沒有專業知識。
2. 如果有所謂的專業知識，則去看看專家是否有一致見解。
3. 如果有一致見解，而且共識越強時，你就越可以接受。

邱吉爾曾經說過：「民主是最糟糕的政府形式——除了其他所有已經被嘗試過的方案。」同理，除了其他所有你可能會去請教意見的對象，專家是最不可被信任的對象。

而且別忘了，談到專家的專業知識，我可是這個問題的專家！

註釋

簡介

1. Gould, *The Panda's Thumb.*
2. Nisbett, "Hunger, Obesity and the Ventromedial Hypothalamus."
3. Polanyi, *Personal Knowledge.*
4. Nisbett, *The Geography of Thought.*
5. Lehman et al., "The Effects of Graduate Training on Reasoning"; Lehman, Darrin, and Nisbett, "A Longitudinal Study of the Effects of Undergraduate Education on Reasoning"; Morris and Nisbett, "Tools of the Trade."
6. Larrick, Morgan, and Nisbett, "Teaching the Use of Cost-Benefit Reasoning in Everyday Life"; Larrick, Nisbett, and Morgan, "Who Uses the Cost-Benefit Rules of Choice? Implications for the Normative Status of Microeconomic Theory"; Nis- bett et al., "Teaching Reasoning"; Nisbett et al., "Improving Inductive Inference" in Kahneman, Slovic, and Tversky, *Judgment Under Uncertainty*; Nisbett et al., "The Use of Statistical Heuristics in Everyday Reasoning."

第一章

1. Shepard, *Mind Sights: Original Visual Illusions, Ambiguities, and Other Anomalies.*
2. Higgins, Rholes, and Jones, "Category Accessibility and Impression Formation."
3. Bargh, "Automaticity in Social Psychology."
4. Cesario, Plaks, and Higgins, "Automatic Social Behavior as Motivated Prepara- tion to Interact."
5. Darley and Gross, "A Hypothesis-Confirming Bias in Labeling Effects."
6. Meyer and Schvaneveldt, "Facilitation in Recognizing Pairs of Words: Evidence of a Dependence Between Retrieval Operations."
7. Ross and Ward, "Naive Realism in Everyday Life: Implications for Social Conflict and Misunderstanding."
8. Jung et al., "Female Hurricanes Are Deadlier Than Male Hurricanes."
9. Alter, Drunk Tank Pink.
10. Berman, Jonides, and Kaplan, "The Cognitive Benefits of Interacting with Na- ture"; Lichtenfield et al., "Fertile Green: Green Facilitates Creative Performance"; Mehta and Zhu, "Blue or Red? Exploring the Effect of Color on Cognitive Task Performances."
11. Alter, Drunk Tank Pink.
12. Berger, Meredith, and Wheeler, "Contextual Priming: Where People Vote Affects How They Vote."
13. Rigdon et al., "Minimal Social Cues in the Dictator Game."
14. Song and Schwarz, "If It's Hard to Read, It's Hard to Do."
15. Lee and Schwarz, "Bidirectionality, Mediation, and Moderation of Metaphorical Effects: The Embodiment of Social Suspicion and Fishy Smells."
16. Alter and Oppenheimer, "Predicting Stock Price Fluctuations Using Processing Fluency."
17. Danziger, Levav, and Avnaim-Pesso, "Extraneous Factors in Judicial Decisions."
18. Williams and Bargh, "Experiencing Physical Warmth Influences Personal Warmth."
19. Dutton and Aron, "Some Evidence for Heightened Sexual Attraction Under Con- ditions of High Anxiety."
20. Levin and Gaeth, "Framing of Attribute Information Before and After Consuming the Product."
21. McNeil et al., "On the Elicitation of Preferences for Alternative Therapies."
22. Daniel Kahneman, Thinking, Fast and Slow.
23. Tversky and Kahneman, "Extensional Versus Intuitive Reasoning: The Conjunc- tion Fallacy in Probability Judgment."
24. Tversky and Kahneman, "Judgment Under Uncertainty: Heuristics and Biases."
25. Gilovich, Vallone, and Tversky, "The Hot Hand in Basketball: On the Mispercep- tion of Random Sequences."

第二章

1. Jones and Harris, "The Attribution of Attitudes."
2. Darley and Latané, "Bystander Intervention in Emergencies: Diffusion of Respon- sibility."
3. Darley and Batson, "From Jerusalem to Jericho: A Study of Situational and Dispo- sitional Variables in Helping Behavior."
4. Pietromonaco and Nisbett, "Swimming Upstream Against the Fundamental Attri- bution Error: Subjects' Weak

Generalizations from the Darley and Batson Study."
5. Humphrey, "How Work Roles Influence Perception: Structural-Cognitive Pro- cesses and Organizational Behavior."
6. Triplett, "The Dynamogenic Factors in Pacemaking and Competition."
7. Brown, Eicher, and Petrie, "The Importance of Peer Group ('Crowd') Affiliation in Adolescence."
8. Kremer and Levy, "Peer Effects and Alcohol Use Among College Students."
9. Prentice and Miller, "Pluralistic Ignorance and Alcohol Use on Campus."
10. Liu et al., "Findings from the 2008 Administration of the College Senior Survey (CSS): National Aggregates."
11. Sanchez-Burks, "Performance in Intercultural Interactions at Work: Cross-Cultural Differences in Responses to Behavioral Mirroring."
12. Goethals and Reckman, "The Perception of Consistency in Attitudes."
13. Goethals, Cooper, and Naficy, "Role of Foreseen, Foreseeable, and Unforeseeable Behavioral Consequences in the Arousal of Cognitive Dissonance."
14. Nisbett et al., "Behavior as Seen by the Actor and as Seen by the Observer."
15. Ibid.
16. Nisbett, The Geography of Thought; Nisbett et al., "Culture and Systems of Thought: Holistic Vs. Analytic Cognition."
17. Masuda et al., "Placing the Face in Context: Cultural Differences in the Percep- tion of Facial Emotion."
18. Masuda and Nisbett, "Attending Holistically vs. Analytically: Comparing the Context Sensitivity of Japanese and Americans."
19. Cha and Nam, "A Test of Kelley's Cube Theory of Attribution: A Cross-Cultural Replication of McArthur's Study."
20. Choi and Nisbett, "Situational Salience and Cultural Differences in the Corre- spondence Bias and in the Actor-Observer Bias."
21. Nisbett, *The Geography of Thought.*

第三章

1. Nisbett and Wilson, "Telling More Than We Can Know: Verbal Reports on Mental Processes."
2. Zajonc, "The Attitudinal Effects of Mere Exposure."
3. Bargh and Pietromonaco, "Automatic Information Processing and Social Percep- tion: The Influence of Trait Information Presented Outside of Conscious Awareness on Impression Formation."
4. Karremans, Stroebe, and Claus, "Beyond Vicary's Fantasies: The Impact of Sub- liminal Priming and Brand Choice."
5. Chartrand et al., "Nonconscious Goals and Consumer Choice."
6. Berger and Fitzsimons, "Dogs on the Street, Pumas on Your Feet."
7. Buss, *The Murderer Next Door: Why the Mind Is Designed to Kill.*
8. Wilson and Schooler, "Thinking Too Much: Introspection Can Reduce the Qual- ity of Preferences and Decisions."
9. Dijksterhuis and Nordgren, "A Theory of Unconscious Thought."
10. The interpretation that I (and the authors) prefer for the art poster, jam, and apart- ment studies has been questioned. I side with the authors, but the following refer- ences will get you in touch with the available evidence pro and con concerning the possibility that unconscious pondering of alternatives can result in superior choices: Aczel et al., "Unconscious Intuition or Conscious Analysis: Critical Ques- tions for the Deliberation-Without-Attention Paradigm"; Calvillo and Penaloza, "Are Complex Decisions Better Left to the Unconscious?"; Dijksterhuis, "Think Different: The Merits of Unconscious Thought in Preference Development and Decision Making"; Dijksterhuis and Nordgren, "A Theory of Unconscious Thought"; A. Dijksterhuis et al., "On Making the Right Choice: The Deliberation- Without-Attention Effect"; Gonzalo et al., " 'Save Angels Perhaps': A Critical Examination of Unconscious Thought Theory and the Deliberation-Without- Attention Effect"; Strick et al., "A Meta-Analysis on Unconscious Thought Effects."
11. Lewicki et al., "Nonconscious Acquisition of Information."
12. Klarreich, "Unheralded Mathematician Bridges the Prime Gap."
13. Ghiselin, ed. The Creative Process.
14. Maier, "Reasoning in Humans II: The Solution of a Problem and Its Appearance in Consciousness."
15. Kim, "Naked Self-Interest? Why the Legal Profession Resists Gatekeeping"; O'Brien, Sommers, and Ellsworth, "Ask and What Shall Ye Receive? A Guide for Using and Interpreting What Jurors Tell Us"; Thompson, Fong, and Rosenhan, "Inadmissible Evidence and Juror Verdicts."

第四章

1. Dunn, Aknin, and Norton, "Spending Money on Others Promotes Happiness."
2. Borgonovi, "Doing Well by Doing Good: The Relationship Between Formal Vol- unteering and Self-Reported Health and Happiness."

3. Heckman, "Skill Formation and the Economics of Investing in Disadvantaged Children"; Knudsen et al., "Economic, Neurobiological, and Behavioral Perspec- tives on Building America's Future Workforce."
4. Sunstein, "The Stunning Triumph of Cost-Benefit Analysis."
5. Appelbaum, "As U.S. Agencies Put More Value on a Life, Businesses Fret."
6. NBC News, "How to Value Life? EPA Devalues Its Estimate."
7. Appelbaum, "As U.S. Agencies Put More Value on a Life, Businesses Fret."
8. Kingsbury, "The Value of a Human Life: $129,000."
9. Desvousges et al., "Measuring Non-Use Damages Using Contingent Valuation: An Experimental Evaluation of Accuracy."
10. Hardin, "The Tragedy of the Commons."

第五章

1. Larrick, Morgan, and Nisbett, "Teaching the Use of Cost-Benefit Reasoning in Everyday Life"; Larrick, Nisbett, and Morgan, "Who Uses the Cost-Benefit Rules of Choice? Implications for the Normative Status of Microeconomic Theory." These papers report this and all the remaining findings in this section.
2. Larrick, Nisbett, and Morgan, "Who Uses the Cost-Benefit Rules of Choice? Implications for the Normative Status of Microeconomic Theory."
3. Larrick, Morgan, and Nisbett, "Teaching the Use of Cost-Benefit Reasoning in Everyday Life."

第六章

1. Thaler and Sunstein, *Nudge: Improving Decisions About Health, Wealth, and Happiness*.
2. Kahneman, Knetch, and Thaler, "Experimental Tests of the Endowment Effect and the Coase Theorem."
3. Kahneman, *Thinking, Fast and Slow*.
4. Fryer et al., "Enhancing the Efficacy of Teacher Incentives Through Loss Aver- sion: A Field Experiment."
5. Kahneman, *Thinking, Fast and Slow*.
6. Samuelson and Zeckhauser, "Status Quo Bias in Decision Making."
7. Thaler and Sunstein, *Nudge: Improving Decisions About Health, Wealth, and Happiness*.
8. Ibid.
9. Investment Company Institute, "401(K) Plans: A 25-Year Retrospective."
10. Thaler and Sunstein, Nudge: Improving Decisions About Health, Wealth, and Happiness.
11. Madrian and Shea, "The Power of Suggestion: Inertia in 401(K) Participation and Savings Behavior."
12. Benartzi and Thaler, "Heuristics and Biases in Retirement Savings Behavior."
13. Iyengar and Lepper, "When Choice Is Demotivating: Can One Desire Too Much of a Good Thing?"
14. Thaler and Sunstein, *Nudge: Improving Decisions About Health, Wealth, and Happiness*.
15. Ibid.
16. Schultz et al., "The Constructive, Destructive, and Reconstructive Power of Social Norms."
17. Perkins, Haines, and Rice, "Misperceiving the College Drinking Norm and Related Problems: A Nationwide Study of Exposure to Prevention Information, Perceived Norms and Student Alcohol Misuse"; Prentice and Miller, "Pluralistic Ignorance and Alcohol Use on Campus."
18. Goldstein, Cialdini, and Griskevicius, "A Room with a Viewpoint: Using Social Norms to Motivate Environmental Conservation in Hotels."
19. Lepper, Greene, and Nisbett, "Undermining Children's Intrinsic Interest with Extrinsic Reward: A Test of the Overjustification Hypothesis."

第三篇

1. Lehman, Lempert, and Nisbett, "The Effects of Graduate Training on Reasoning: Formal Discipline and Thinking About Everyday Life Events."

第七章

1. Kuncel, Hezlett, and Ones, "A Comprehensive Meta-Analysis of the Predictive Validity of the Graduate Record Examinations: Implications for Graduate Student Selection and Performance."
2. Kunda and Nisbett, "The Psychometrics of Everyday Life."
3. Rein and Rainwater, "How Large Is the Welfare Class?"
4. Kahneman, Thinking, *Fast and Slow*.

第八章

1. Smedslund, "The Concept of Correlation in Adults"; Ward and Jenkins, "The Display of Information and the Judgment of Contingency."
2. Zagorsky, "Do You Have to Be Smart to Be Rich? The Impact of IQ on Wealth, Income and Financial Distress."
3. Kuncel, Hezlett, and Ones, "A Comprehensive Meta-Analysis of the Predictive Validity of the Graduate Record Examinations: Implications for Graduate Student Selection and Performance."
4. Schnall et al., "The Relationship Between Religion and Cardiovascular Outcomes and All-Cause Mortality: The Women's Health Initiative Observational Study (Electronic Version)."
5. Arden et al., "Intelligence and Semen Quality Are Positively Correlated."
6. Chapman and Chapman, "Genesis of Popular but Erroneous Diagnostic Obser- vations."
7. Ibid.
8. Seligman, "On the Generality of the Laws of Learning."
9. Jennings, Amabile, and Ross, "Informal Covariation Assessment: Data-Based Vs. Theory-Based Judgments," in Tversky and Kahneman, *Judgment Under Uncertainty*.
10. Valochovic et al., "Examiner Reliability in Dental Radiography."
11. Keel, "How Reliable Are Results from the Semen Analysis?"
12. Lu et al., "Comparison of Three Sperm-Counting Methods for the Determina- tion of Sperm Concentration in Human Semen and Sperm Suspensions."
13. Kunda and Nisbett, "Prediction and the Partial Understanding of the Law of Large Numbers."
14. Ibid.
15. Fong, Krantz, and Nisbett, "The Effects of Statistical Training on Thinking About Everyday Problems."

第九章

1. Christian, "The A/B Test: Inside the Technology That's Changing the Rules of Business."
2. Carey, "Academic 'Dream Team' Helped Obama's Effort."
3. Moss, "Nudged to the Produce Aisle by a Look in the Mirror."
4. Ibid.
5. Ibid.
6. Cialdini, *Influence: How and Why People Agree to Things*.
7. Silver, *The Signal and the Noise*.

第十章

1. See, e.g., McDade et al., "Early Origins of Inflammation: Microbial Exposures in Infancy Predict Lower Levels of C-Reactive Protein in Adulthood."
2. Bisgaard et al., "Reduced Diversity of the Intestinal Microbiota During Infancy Is Associated with Increased Risk of Allergic Disease at School Age."
3. Olszak et al., "Microbial Exposure During Early Life Has Persistent Effects on Natural Killer T Cell Function."
4. Slomski, "Prophylactic Probiotic May Prevent Colic in Newborns."
5. Balistreri, "Does Childhood Antibiotic Use Cause IBD?"
6. Ibid.
7. Ibid.
8. Hamre and Pianta, "Can Instructional and Emotional Support in the First-Grade Classroom Make a Difference for Children at Risk of School Failure?"
9. Kuo and Sullivan, "Aggression and Violence in the Inner City: Effects of Environ- ment via Mental Fatigue."
10. Nisbett, *Intelligence and How to Get It: Why Schools and Cultures Count*.
11. Deming, "Early Childhood Intervention and Life-Cycle Skill Development."
12. Magnuson, Ruhm, and Waldfogel, "How Much Is Too Much? The Influence of Preschool Centers on Children's Social and Cognitive Development."
13. Roberts et al., "Multiple Session Early Psychological Interventions for Prevention of Post-Traumatic Disorder."
14. Wilson, *Redirect: The Surprising New Science of Psychological Change*.
15. Pennebaker, "Putting Stress into Words: Health, Linguistic and Therapeutic Implications."
16. Wilson, *Redirect: The Surprising New Science of Psychological Change*.
17. Ibid.
18. Ibid.
19. Prentice and Miller, "Pluralistic Ignorance and Alcohol Use on Campus."

第十一章

1. Cheney, "National Center on Education and the Economy: New Commission on the Skills of the American Workforce."
2. Heraty, Morley, and McCarthy, "Vocational Education and Training in the Repub- lic of Ireland: Institutional Reform and Policy Developments Since the 1960s."
3. Hanushek, "The Economics of Schooling: Production and Efficiency in Public Schools"; Hoxby, "The Effects of Class Size on Student Achievement: New Evi- dence from Population Variation"; Jencks et al., *Inequality: A Reassessment of the Effects of Family and Schooling in America.*
4. Krueger, "Experimental Estimates of Education Production Functions."
5. Shin and Chung, "Class Size and Student Achievement in the United States: A Meta-Analysis."
6. Samieri et al., "Olive Oil Consumption, Plasma Oleic Acid, and Stroke Incidence."
7. Fong et al., "Correction of Visual Impairment by Cataract Surgery and Improved Survival in Older Persons."
8. Samieri et al., "Olive Oil Consumption, Plasma Oleic Acid, and Stroke Incidence."
9. Humphrey and Chan, "Postmenopausal Hormone Replacement Therapy and the Primary Prevention of Cardiovascular Disease."
10. Klein, "Vitamin E and the Risk of Prostate Cancer."
11. Offit, *Do You Believe in Magic? The Sense and Nonsense of Alternative Medicine.*
12. Ibid.
13. Lowry, "Caught in a Revolving Door of Unemployment."
14. Kahn, "Our Long-Term Unemployment Challenge (in Charts)."
15. Bertrand and Mullainathan, "Are Emily and Greg More Employable Than Laki- sha and Jamal? A Field Experiment on Labor Market Discrimination."
16. Fryer and Levitt, "The Causes and Consequences of Distinctively Black Names."
17. Ibid.
18. Ibid.
19. Ibid.
20. Milkman, Akinola, and Chugh, "Temporal Distance and Discrimination: An Audit Study in Academia." Additional analysis of data provided by Milkman.
21. Levitt and Dubner, *Freakonomics.*
22. Ibid.
23. Ibid.
24. I have discussed the evidence on the importance of the environment for intelli- gence in Nisbett, *Intelligence and How to Get It*, and in Nisbett et al., "Intelligence: New Findings and Theoretical Developments."
25. Munk, The Idealist.
26. Ibid.
27. Mullainathan and Shafir, *Scarcity: Why Having Too Little Means So Much.*
28. Chetty, Friedman, and Rockoff, "Measuring the Impacts of Teachers II: Teacher Value-Added and Student Outcomes in Adulthood."
29. Fryer, "Financial Incentives and Student Achievement: Evidence from Random- ized Trials."
30. Fryer et al., "Enhancing the Efficacy of Teacher Incentives Through Loss Aver- sion: A Field Experiment."
31. Kalev, Dobbin, and Kelley, "Best Practices or Best Guesses? Assessing the Efficacy of Corporate Affirmative Action and Diversity Policies."
32. Ayres, "Fair Driving: Gender and Race Discrimination in Retail Car Negotiations."
33. Zebrowitz, *Reading Faces: Window to the Soul?*

第十二章

1. Strack, Martin, and Stepper, "Inhibiting and Facilitating Conditions of the Human Smile: A Nonobtrusive Test of the Facial Feedback Hypothesis."
2. Caspi and Elder, "Life Satisfaction in Old Age: Linking Social Psychology and History."
3. Schwarz and Clore, "Mood, Misattribution, and Judgments of Well-Being: Infor- mative and Directive Functions of Affective States."
4. Schwarz, Strack, and Mai, "Assimilation-Contrast Effects in Part-Whole Question Sequences: A Conversational Logic Analysis."
5. Asch, "Studies in the Principles of Judgments and Attitudes."
6. Ellsworth and Ross, "Public Opinion and Capital Punishment: A Close Examina- tion of the Views of Abolitionists and Retentionists."
7. Saad, "U.S. Abortion Attitudes Closely Divided."

8. Ibid.
9. Weiss and Brown, "Self-Insight Error in the Explanation of Mood."
10. Peng, Nisbett, and Wong, "Validity Problems Comparing Values Across Cultures and Possible Solutions."
11. Schmitt et al., "The Geographic Distribution of Big Five Personality Traits: Patterns and Profiles of Human Self-Description Across 56 Nations."
12. Heine et al., "What's Wrong with Cross-Cultural Comparisons of Subjective Likert Scales?: The Reference Group Effect."
13. Naumann and John, "Are Asian Americans Lower in Conscientiousness and Openness?"
14. College Board, "Student Descriptive Questionnaire."
15. Heine and Lehman, "The Cultural Construction of Self-Enhancement: An Ex- amination of Group-Serving Biases."
16. Heine, *Cultural Psychology*.
17. Straub, "Mind the Gap: On the Appropriate Use of Focus Groups and Usability Testing in Planning and Evaluating Interfaces."

第十三章

1. Morris and Nisbett, "Tools of the Trade: Deductive Reasoning Schemas Taught in Psychology and Philosophy"; Nisbett, Rules for Reasoning.
2. Cheng and Holyoak, "Pragmatic Reasoning Schemas"; Cheng et al., "Pragmatic Ver- sus Syntactic Approaches to Training Deductive Reasoning."
3. Cheng and Holyoak, "Pragmatic Reasoning Schemas"; Cheng et al., "Pragmatic Versus Syntactic Approaches to Training Deductive Reasoning."
4. Lehman and Nisbett, "A Longitudinal Study of the Effects of Undergraduate Education on Reasoning."
5. Ibid.

第十四章

1. Graham, *Later Mohist Logic, Ethics, and Science*.
2. Ibid.
3. Chan, "The Story of Chinese Philosophy"; Disheng, "China's Traditional Mode of Thought and Science: A Critique of the Theory That China's Traditional Thought Was Primitive Thought."
4. Peng, "Naive Dialecticism and Its Effects on Reasoning and Judgment About Con- tradiction"; Peng and Nisbett, "Culture, Dialectics, and Reasoning About Contra- diction"; Peng, Spencer-Rodgers, and Nian, "Naive Dialecticism and the Tao of Chinese Thought."
5. Ji, Su, and Nisbett, "Culture, Change and Prediction."
6. Ji, Zhang, and Guo, "To Buy or to Sell: Cultural Differences in Stock Market Decisions Based on Stock Price Trends."
7. Peng and Nisbett, "Culture, Dialectics, and Reasoning About Contradiction."
8. Ara Norenzayan et al., "Cultural Preferences for Formal Versus Intuitive Reasoning."
9. Norenzayan and Kim, "A Cross-Cultural Comparison of Regulatory Focus and Its Effect on the Logical Consistency of Beliefs."
10. Watanabe, "Styles of Reasoning in Japan and the United States: Logic of Educa- tion in Two Cultures."
11. Logan, *The Alphabet Effect*.
12. Flynn, *Asian Americans: Achievement Beyond IQ*.
13. Ibid.
14. Dweck, *Mindset: The New Psychology of Success*.
15. Aronson, Fried, and Good, "Reducing Stereotype Threat and Boosting Aca- demic Achievement of African-American Students: The Role of Conceptions of Intelligence."
16. Basseches, "Dialectical Schemata: A Framework for the Empirical Study of the Development of Dialectical Thinking"; Basseches, *Dialectical Thinking and Adult Development*; Riegel, "Dialectical Operations: The Final Period of Cognitive Development."
17. Grossmann et al., "Aging and Wisdom: Culture Matters"; Grossmann et al., "Rea- soning About Social Conflicts Improves into Old Age."
18. Grossmann et al., "Aging and Wisdom: Culture Matters."
19. Grossmann et al., "Reasoning About Social Conflicts Improves into Old Age."

第六篇

1. Stich, ed., Collected Papers: Knowledge, Rationality, and Morality, 1978–2010.

第十五章

1. Nisbett, "Hunger, Obesity and the Ventromedial Hypothalamus."
2. Herman and Mack, "Restrained and Unrestrained Eating."
3. Akil et al., "The Future of Psychiatric Research: Genomes and Neural Circuits."
4. Nock et al., "Measuring the Suicidal Mind: Implicit Cognition Predicts Suicidal Behavior."
5. Kraus and Chen, "Striving to Be Known by Significant Others: Automatic Activa- tion of Self-Verification Goals in Relationship Contexts"; Andersen, Glassman, and Chen, "Transference Is Social Perception: The Role of Chronic Accessibility in Significant-Other Representations."
6. Cohen, Kim, and Hudson, "Religion, the Forbidden, and Sublimation"; Hudson and Cohen, "Taboo Desires, Creativity, and Career Choice."
7. Samuel, *Shrink: A Cultural History of Psychoanalysis in America.*
8. Lakatos, *The Methodology of Scientific Research Programmes: Philosophical Papers*, volume 1.

第十六章

1. Holyoak, Koh, and Nisbett, "A Theory of Conditioning: Inductive Learning Within Rule-Based Default Hierarchies"; Kamin, " 'Attention-Like' Processes in Classical Conditioning."
2. Seligman, "On the Generality of the Laws of Learning."
3. Flynn, *How to Improve Your Mind: Twenty Keys to Unlock the Modern World.*
4. Brockman, *What We Believe but Cannot Prove.*

結論

1. Parker-Pope, "The Decisive Marriage."
2. Nisbett, *Intelligence and How to Get It: Why Schools and Cultures Count.*

書目

Aczel, B., B. Lukacs, J. Komlos, and M.R.F. Aitken. "Unconscious Intuition or Conscious Analysis: Critical Questions for the Deliberation-Without-Attention Paradigm." *Judgment and Decision Making* 6 (2011): 351–58.

Akil, Huda, et al. "The Future of Psychiatric Research: Genomes and Neural Circuits." *Science* 327 (2010): 1580–81.

AlDabal, Laila, and Ahmed S. BaHammam. "Metabolic, Endocrine, and Immune Con- sequences of Sleep Deprivation." *Open Respiratory Medicine Journal* 5 (2011): 31–43.

Alter, Adam. Drunk Tank Pink. New York: Penguin Group, 2013.

Alter, Adam, and Daniel M. Oppenheimer. "Predicting Stock Price Fluctuations Using Processing Fluency." *Proceedings of the National Academy of Science* 103 (2006): 9369–72.

Andersen, Susan M., Noah S. Glassman, and Serena Chen. "Transference Is Social Perception: The Role of Chronic Accessibility in Significant-Other Representations." *Journal of Personality and Social Psychology* 69 (1995): 41–57.

Appelbaum, Binyamin. "As U.S. Agencies Put More Value on a Life, Businesses Fret." *The New York Times*. Published electronically February 16, 2011. http://www.nytimes.com/2011/02/17/business/economy/17regulation.html?pagewanted all&_r 0.

Arden, Rosalind, L. S. Gottfredson, G. Miller, and A. Pierce. "Intelligence and Semen Quality Are Positively Correlated." *Intelligence* 37 (2008): 277–82.

Aronson, Joshua, Carrie B. Fried, and Catherine Good. "Reducing Stereotype Threat and Boosting Academic Achievement of African-American Students: The Role of Conceptions of Intelligence." *Journal of Experimental Social Psychology* 38 (2002): 113–25.

Asch, S. E. "Studies in the Principles of Judgments and Attitudes: II. Determination of Judgments by Group and by Ego Standards." *Journal of Social Psychology* 12 (1940): 584–88.

Aschbacher, K., et al. "Combination of Caregiving Stress and Hormone Therapy Is Associated with Prolonged Platelet Activation to Acute Stress Among Postmenopausal Women." *Psychosomatic Medicine* 69 (2008): 910–17.

Ayres, Ian. "Fair Driving: Gender and Race Discrimination in Retail Car Negotiations." *Harvard Review* 104 (1991): 817–72.

Balistreri, William F. "Does Childhood Antibiotic Use Cause IBD?" *Medscape Today* (January 2013). http://www.medscape.com/viewarticle/777412.

Bargh, John A. "Automaticity in Social Psychology." In *Social Psychology: Handbook of Basic Principles*, edited by E. T. Higgins and A. W. Kruglanski, 1–40. New York: Guilford, 1996.

Bargh, John A., and Paula Pietromonaco. "Automatic Information Processing and Social Perception: The Influence of Trait Information Presented Outside of Conscious Awareness on Impression Formation." *Journal of Personality and Social Psychology* 43 (1982): 437–49.

Basseches, Michael. "Dialectical Schemata: A Framework for the Empirical Study of the Development of Dialectical Thinking." *Human Development* 23 (1980): 400–21.

———. *Dialectical Thinking and Adult Development*. Norwood, NJ: Ablex, 1984. Beccuti, Guglielmo, and Silvana Pannain. "Sleep and Obesity." Current Open Clinical Nutrition and Metabolic Care 14 (2011): 402–12.

Benartzi, Shlomo, and Richard H. Thaler. "Heuristics and Biases in Retirement Savings Behavior." *Journal of Economic Perspectives* 21 (2007): 81–104.

Berger, Jonah, and Gráinne M. Fitzsimons. "Dogs on the Street, Pumas on Your Feet." *Journal of Marketing Research* 45 (2008): 1–14.

Berger, Jonah, M. Meredith, and S. C. Wheeler. "Contextual Priming: Where People Vote Affects How They Vote." Proceedings of the National Academy of Science 105 (2008): 8846–49.

Berman, M. G., J. Jonides, and S. Kaplan. "The Cognitive Benefits of Interacting with Nature." *Psychological Science* 19 (2008): 1207–12.

Bertrand, Marianne, and Sendhil Mullainathan. "Are Emily and Greg More Employable Than Lakisha and Jamal? A Field Experiment on Labor Market Discrimination." National Bureau of Economic Research Working Paper No. 9873, 2003.

Bisgaard, H., N. Li, K. Bonnelykke, B.L.K. Chawes, T. Skov, G. Pauldan-Muller, J. Stokholm, B. Smith, and K. A. Krogfelt. "Reduced Diversity of the Intestinal Microbiota During Infancy Is Associated with Increased Risk of Allergic Disease at School Age." *Journal of Allergy and Clinical Immunology* 128 (2011): 646–52.

Borgonovi, Francesca. "Doing Well by Doing Good: The Relationship Between Formal Volunteering and Self-Reported Health and Happiness." *Social Science and Medicine* 66 (2008): 2321–34.

Brockman, John. *What We Believe but Cannot Prove*. New York: HarperCollins, 2006. Brown, B. Bradford, Sue Ann Eicher, and Sandra Petrie. "The Importance of Peer Group ('Crowd') Affiliation in Adolescence." *Journal of Adolescence* 9

(1986): 73–96.
Buss, David M. *The Murderer Next Door: Why the Mind Is Designed to Kill*. New York: Penguin, 2006.
Calvillo, D. P., and A. Penaloza. "Are Complex Decisions Better Left to the Unconscious?" *Judgment and Decision Making* 4 (2009): 509–17.
Carey, Benedict. "Academic 'Dream Team' Helped Obama's Effort." *The New York Times*. Published electronically Nov. 13, 2013. http://www.nytimes.com/2012/11/13/health/dream-team-of-behavioral-scientists-advised-obama-ampaign.html?pagewanted all.
Caspi, Avshalom, and Glen H. Elder. "Life Satisfaction in Old Age: Linking Social Psychology and History." *Psychology and Aging* 1 (1986): 18–26.
Cesario, J., J. E. Plaks, and E. T. Higgins. "Automatic Social Behavior as Motivated Preparation to Interact." *Journal of Personality and Social Psychology* 90 (2006): 893–910.
Cha, J-H, and K. D. Nam. "A Test of Kelley's Cube Theory of Attribution: A Cross- Cultural Replication of McArthur's Study." *Korean Social Science Journal* 12 (1985): 151–80.
Chan, W. T. "The Story of Chinese Philosophy." In *The Chinese Mind: Essentials of Chinese Philosophy and Culture*, edited by C. A. Moore. Honolulu: East-West Center Press, 1967.
Chapman, Loren J., and Jean P. Chapman. "Genesis of Popular but Erroneous Diagnostic Observations." *Journal of Abnormal Psychology* 72 (1967): 193–204.
Chartrand, Tanya L., J. Huber, B. Shiv, and R. J. Tanner. "Nonconscious Goals and Consumer Choice." *Journal of Consumer Research* 35 (2008): 189–201.
Cheney, Gretchen. "National Center on Education and the Economy: New Commission on the Skills of the American Workforce." National Center on Education and the Economy, 2006.
Cheng, P. W., and K. J. Holyoak. "Pragmatic Reasoning Schemas." *Cognitive Psychology* 17 (1985): 391–416.
Cheng, P. W., K. J. Holyoak, R. E. Nisbett, and L. Oliver. "Pragmatic Versus Syntactic Approaches to Training Deductive Reasoning." *Cognitive Psychology* 18 (1986): 293–328.
Chetty, Rag, John Friedman, and Jonah Rockoff. "Measuring the Impacts of Teachers II: Teacher Value-Added and Student Outcomes in Adulthood." *American Economic Review* 104 (2014): 2633–79.
Choi, Incheol. "The Cultural Psychology of Surprise: Holistic Theories, Contradiction, and Epistemic Curiosity." PhD thesis, University of Michigan, 1998.
Choi, Incheol, and Richard E. Nisbett. "Situational Salience and Cultural Differences in the Correspondence Bias and in the Actor-Observer Bias." *Personality and Social Psychology Bulletin* 24 (1998): 949–60.
Christian, Brian. "The A/B Test: Inside the Technology That's Changing the Rules of Business." *Wired* (2012).
http://www.wired.com/business/2012/04/ff_abtesting/.
Cialdini, Robert B. *Influence: How and Why People Agree to Things*. New York: Quill, 1984.
CNN. "Germ Fighting Tips for a Healthy Baby." http://www.cnn.com/2011/HEALTH/02/02/healthy.baby.parenting/index.html.
Cohen, Dov, Emily Kim, and Nathan W. Hudson. "Religion, the Forbidden, and Sublimation." *Current Directions in Psychological Science* (2014): 1–7.
College Board. "Student Descriptive Questionnaire." Princeton, NJ: Educational Test- ing Service, 1976–77.
CTV. "Infants' Exposure to Germs Linked to Lower Allergy Risk." http://www.ctvnews.ca/infant-s-exposure-to-germs-linked-to-lower-allergy- risk-1.720556.
Danziger, Shai, J. Levav, and L. Avnaim-Pesso. "Extraneous Factors in Judicial Decisions." *Proceedings of the National Academy of Science* 108 (2011): 6889–92.
Darley, John M., and C. Daniel Batson. "From Jerusalem to Jericho: A Study of Situational and Dispositional Variables in Helping Behavior." *Journal of Personality and Social Psychology* 27 (1973): 100–119.
Darley, John M., and P. H. Gross. "A Hypothesis-Confirming Bias in Labeling Effects." *Journal of Personality and Social Psychology* 44 (1983): 20–33.
Darley, John M., and Bibb Latané. "Bystander Intervention in Emergencies: Diffusion of Responsibility." *Journal of Personality and Social Psychology* 8 (1968): 377–83.
Deming, David. "Early Childhood Intervention and Life-Cycle Skill Development." *American Economic Journal: Applied Economics* (2009): 111–34.
Desvousges, William H., et al. "Measuring Non-Use Damages Using Contingent Valuation: An Experimental Evaluation of Accuracy." In *Research Triangle Institute Monograph 92-1*. Research Triangle Park, NC: Research Triangle Institute, 1992.
Dijksterhuis, Ap. "Think Different: The Merits of Unconscious Thought in Preference Development and Decision Making." *Journal of Personality and Social Psychology* 87 (2004): 586–98.
Dijksterhuis, Ap, M. W. Bos, L. F. Nordgren, and R. B. van Baaren. "On Making the Right Choice: The Deliberation-Without-Attention Effect." *Science* 311 (2006): 1005–1007.

Dijksterhuis, Ap, and Loran F. Nordgren. "A Theory of Unconscious Thought." *Perspectives on Psychological Science* 1 (2006): 95.

Disheng, Y. "China's Traditional Mode of Thought and Science: A Critique of the Theory That China's Traditional Thought Was Primitive Thought." *Chinese Studies in Philosophy* (Winter 1990–91): 43–62.

Dunn, Elizabeth W., Laura B. Aknin, and Michael I. Norton. "Spending Money on Others Promotes Happiness." *Science* 319 (2008): 1687–88.

Dutton, Donald G., and Arthur P. Aron. "Some Evidence for Heightened Sexual Attraction Under Conditions of High Anxiety." *Journal of Personality and Social Psychology* 30 (1974): 510–51.

Dweck, Carol S. *Mindset: The New Psychology of Success*. New York: Random House, 2010.

Ellsworth, Phoebe C., and Lee Ross. "Public Opinion and Capital Punishment: A Close Examination of the Views of Abolitionists and Retentionists." *Crime and Delinquency* 29 (1983): 116–69.

Flynn, James R. *Asian Americans: Achievement Beyond IQ*. Hillsdale, NJ: Lawrence Erlbaum, 1991.

———. *How to Improve Your Mind: Twenty Keys to Unlock the Modern World*. London: Wiley-Blackwell, 2012.

Fong, Calvin S., P. Mitchell, E. Rochtchina, E. T. Teber, T. Hong, and J. J. Wang. "Correction of Visual Impairment by Cataract Surgery and Improved Survival in Older Persons." *Ophthalmology* 120 (2013): 1720–27.

Fong, Geoffrey T., David H. Krantz, and Richard E. Nisbett. "The Effects of Statistical Training on Thinking About Everyday Problems." *Cognitive Psychology* 18 (1986): 253–92.

Fryer, Roland G. "Financial Incentives and Student Achievement: Evidence from Randomized Trials." *Quarterly Journal of Economics* 126 (2011): 1755–98.

Fryer, Roland G., and Steven D. Levitt. "The Causes and Consequences of Distinctively Black Names." *The Quarterly Journal of Economics* 119 (2004): 767–805.

Fryer, Roland G., Steven D. Levitt, John List, and Sally Sadoff. "Enhancing the Efficacy of Teacher Incentives Through Loss Aversion: A Field Experiment." National Bureau of Economic Research Working Paper No. 18237, 2012.

Ghiselin, Brewster, ed. The Creative Process. Berkeley and Los Angeles: University of California Press, 1952/1980.

Gilovich, Thomas, Robert Vallone, and Amos Tversky. "The Hot Hand in Basketball: On the Misperception of Random Sequences." Cognitive Personality 17 (1985): 295–314.

Goethals, George R., Joel Cooper, and Anahita Naficy. "Role of Foreseen, Foreseeable, and Unforeseeable Behavioral Consequences in the Arousal of Cognitive Disso- nance." *Journal of Personality and Social Psyhology* 37 (1979): 1179–85.

Goethals, George R., and Richard F. Reckman. "The Perception of Consistency in Attitudes." *Journal of Experimental Social Psychology* 9 (1973): 491–501.

Goldstein, Noah J., Robert B. Cialdini, and Vladas Griskevicius. "A Room with a Viewpoint: Using Social Norms to Motivate Environmental Conservation in Hotels." *Journal of Consumer Research* 35 (2008): 472–82.

Gonzalo, C., D. G. Lassiter, F. S. Bellezza, and M. J. Lindberg. " 'Save Angels Perhaps': A Critical Examination of Unconscious Thought Theory and the Deliberation- Without-Attention Effect." *Review of General Psychology* 12 (2008): 282–96.

Gould, Stephen J. "The Panda's Thumb." In *The Panda's Thumb*. New York: W. W. Norton, 1980.

Graham, Angus C. *Later Mohist Logic, Ethics, and Science*. Hong Kong: Chinese U, 1978.

Grossmann, Igor, Mayumi Karasawa, Satoko Izumi, Jinkyung Na, Michael E. W. Varnum, Shinobu Kitayama, and Richard E. Nisbett. "Aging and Wisdom: Culture Matters." *Psychological Science 23* (2012): 1059–66.

Grossmann, Igor, Jinkyung Na, Michael E. W. Varnum, Denise C. Park, Shinobu Kitayama, and Richard E. Nisbett. "Reasoning About Social Conflicts Improves into Old Age." *Proceedings of the National Academy of Sciences* 107 (2010): 7246–50.

Hamre, B. K., and R. C. Pianta. "Can Instructional and Emotional Support in the First-Grade Classroom Make a Difference for Children at Risk of School Failure?" *Child Development* 76 (2005): 949–67.

Hanushek, Eric A. "The Economics of Schooling: Production and Efficiency in Public Schools." *Journal of Economic Literature* 24 (1986): 1141–77.

Hardin, Garrett. "The Tragedy of the Commons." *Science* 162 (1968): 1243–45. Heckman, James J. "Skill Formation and the Economics of Investing in Disadvantaged Children." Science 312 (2006): 1900–1902.

Heine, Steven J. *Cultural Psychology*. New York: W. W. Norton, 2008.

Heine, Steven J., and Darrin R. Lehman. "The Cultural Construction of Self- Enhancement: An Examination of Group-Serving Biases." *Journal of Personality and Social Psychology* 72 (1997): 1268–83.

Heine, Steven J., Darrin R. Lehman, K. Peng, and J. Greenholtz. "What's Wrong with Cross-Cultural Comparisons of Subjective Likert Scales?: The Reference Group Effect." *Journal of Personality and Social Psychology* 82 (2002): 903–18.

Heraty, Noreen, Michael J. Morley, and Alma McCarthy. "Vocational Education and Training in the Republic of Ireland: Institutional Reform and Policy Developments Since the 1960s." *Journal of Vocational Education and Training* 52

(2000): 177–99.
Herman, C. Peter, and Deborah Mack. "Restrained and Unrestrained Eating." *Journal of Personality* 43 (1975): 647–60.
Higgins, E. Tory, W. S. Rholes, and C. R. Jones. "Category Accessibility and Impres- sion Formation." *Journal of Experimental Social Psychology* 13 (1977): 141–54.
Holyoak, Keith J., Kyunghee Koh, and Richard E. Nisbett. "A Theory of Conditioning: Inductive Learning Within Rule-Based Default Hierarchies." *Psychological Review* 96 (1989): 315–40.
Hoxby, Caroline M. "The Effects of Class Size on Student Achievement: New Evidence from Population Variation." *Quarterly Journal of Economics* 115 (2000): 1239–85.
Hudson, Nathan W., and Dov Cohen. "Taboo Desires, Creativity, and Career Choice." Unpublished manuscript, 2014.
Humphrey, Linda L., and Benjamin K. S. Chan. "Postmenopausal Hormone Replacement Therapy and the Primary Prevention of Cardiovascular Disease." *Annals of Internal Medicine* 137 (2002). Published electronically August 20, 2002. http:// annals.org/article.aspx?articleid 715575.
Humphrey, Ronald. "How Work Roles Influence Perception: Structural-Cognitive Processes and Organizational Behavior." *American Sociological Review* 50 (1985): 242–52.
Inhelder, B., and J. Piaget. *The Growth of Logical Thinking from Childhood to Adolescence*. New York: Basic Books, 1958.
Investment Company Institute. "401(K) Plans: A 25-Year Retrospective." 2006. http:// www.ici.org/pdf/per12-02.pdf.
Iyengar, Sheena S., and Mark R. Lepper. "When Choice Is Demotivating: Can One Desire Too Much of a Good Thing?" *Journal of Personality and Social Psychology* 79 (2000): 995–1006.
Jencks, Christopher, M. Smith, H. Acland, M. J. Bane, D. Cohen, H. Gintis, B. Heyns, and S. Mitchelson. *Inequality: A Reassessment of the Effects of Family and Schooling in America*. New York: Harper and Row, 1972.
Jennings, Dennis, Teresa M. Amabile, and Lee Ross. "Informal Covariation Assessment: Data-Based Vs. Theory-Based Judgments." In *Judgment Under Uncertainty: Heuristics and Biases*, edited by Amos Tversky and Daniel Kahneman. New York: Cambridge University Press, 1980.
Ji, Li-Jun, Yanjie Su, and Richard E. Nisbett. "Culture, Change and Prediction." *Psychological Science* 12 (2001): 450–56.
Ji, Li-Jun, Zhiyong Zhang, and Tieyuan Guo. "To Buy or to Sell: Cultural Differences in Stock Market Decisions Based on Stock Price Trends." *Journal of Behavioral Decision Making* 21 (2008): 399–413.
Jones, Edward E., and Victor A. Harris. "The Attribution of Attitudes." *Journal of Experimental Social Psychology* 3 (1967): 1–24.
Jung, K., S. Shavitt, M. Viswanathan, and J. M. Hilbe. "Female Hurricanes Are Deadlier Than Male Hurricanes." *Proceedings of the National Academy of Science* (2014). Published electronically June 2, 2014.
Kahn, Robert. "Our Long-Term Unemployment Challenge (in Charts)." 2013. http:// blogs.cfr.org/kahn/2013/04/17/our-long-term-unemployment-challenge-in-charts/.
Kahneman, Daniel. *Thinking, Fast and Slow*. New York: Farrar, Straus and Giroux, 2011.
Kahneman, Daniel, Jack L. Knetch, and Richard H. Thaler. "Experimental Tests of the Endowment Effect and the Coase Theorem." In *Tastes for Endowment, Identity, and the Emotions, vol. 3 of The New Behavioral Economics*, edited by E. L. Khalil, 119–42. International Library of Critical Writings in Economics. Cheltenham, U.K.: Elgar, 2009.
Kalev, Alexandra, Frank Dobbin, and Erin Kelley. "Best Practices or Best Guesses? Assessing the Efficacy of Corporate Affirmative Action and Diversity Policies." *American Sociological Review* 71 (2006): 589–617.
Kamin, Leon J. " 'Attention-Like' Processes in Classical Conditioning." In *Miami Symposium on the Prediction of Behavior: Aversive Stimulation*, edited by M. R. Jones. Miami, FL: University of Miami Press, 1968.
Karremans, Johan C., Wolfgang Stroebe, and Jasper Claus. "Beyond Vicary's Fantasies: The Impact of Subliminal Priming and Brand Choice." *Journal of Experimental Social Psychology* 42 (2006): 792–98.
Keel, B. A. "How Reliable Are Results from the Semen Analysis?" *Fertility and Sterility* 82 (2004): 41–44.
Kim, Sung Hui. "Naked Self-Interest? Why the Legal Profession Resists Gatekeeping." *Florida Law Review* 63 (2011): 129–62.
Kingsbury, Kathleen. "The Value of a Human Life: $129,000." *Time*. Published electronically May 20, 2008. http://www.time.com/time/health/article/0,8599,1808049,00.html.
Klarreich, Erica. "Unheralded Mathematician Bridges the Prime Gap." *Quanta Magazine*. May 19, 2013. www.quantamagazine.org/20130519-unheralded-mathematician-bridges-the-prime-gap/.
Klein, E. A. "Vitamin E and the Risk of Prostate Cancer: The Selenium and Vitamin E Cancer Prevention Trial." *Journal of the American Medical Association* 306 (2011). Published electronically October 12, 2011. http://jama.jamanetwork.com/article.aspx?articleid 1104493.
Knudsen, Eric I., J. J. Heckman, J. L. Cameron, and J. P. Shonkoff. "Economic, Neurobiological, and Behavioral Perspectives on Building America's Future Work- force." *Proceedings of the National Academy of Science* 103 (2006): 10155–62.
Kraus, Michael W., and Serena Chen. "Striving to Be Known by Significant Others: Automatic Activation of Self-Verification Goals in Relationship Contexts." *Journal of Personality and Social Psychology* 97 (2009): 58–73.

Kremer, Michael, and Dan M. Levy. "Peer Effects and Alcohol Use Among College Students." National Bureau of Economic Research Working Paper No. 9876, 2003.
Krueger, Alan B. "Experimental Estimates of Education Production Functions." *Quarterly Journal of Economics* 114 (1999): 497–532.
Kuncel, Nathan R., Sarah A. Hezlett, and Deniz S. Ones. "A Comprehensive Meta-Analysis of the Predictive Validity of the Graduate Record Examinations: Implications for Graduate Student Selection and Performance." *Psychological Bulletin* 127 (2001): 162–81.
Kunda, Ziva, and Richard E. Nisbett. "Prediction and the Partial Understanding of the Law of Large Numbers." *Journal of Experimental Social Psychology* 22 (1986): 339–54.
———. "The Psychometrics of Everyday Life." *Cognitive Psychology* 18 (1986): 195–224.
Kuo, Frances E., and William C. Sullivan. "Aggression and Violence in the Inner City: Effects of Environment via Mental Fatigue." *Environment and Behavior* 33 (2001): 543–71.
Lakatos, Imre. *The Methodology of Scientific Research Programmes. Vol. 1, Philosophical Papers*. Cambridge: Cambridge University Press, 1978.
Larrick, Richard P., J. N. Morgan, and R. E. Nisbett. "Teaching the Use of Cost- Benefit Reasoning in Everyday Life." *Psychological Science* 1 (1990): 362–70.
Larrick, Richard P., R. E. Nisbett, and J. N. Morgan. "Who Uses the Cost-Benefit Rules of Choice? Implications for the Normative Status of Microeconomic Theory." *Organizational Behavior and Human Decision Processes* 56 (1993): 331–47.
Lee, S.W.S., and N. Schwarz. "Bidirectionality, Mediation, and Moderation of Metaphorical Effects: The Embodiment of Social Suspicion and Fishy Smells." *Journal of Personality and Social Psychology* (2012). Published electronically August 20, 2012.
Lehman, Darrin R., Richard O. Lempert, and Richard E. Nisbett. "The Effects of Graduate Training on Reasoning: Formal Discipline and Thinking About Every- day Life Events." *American Psychologist* 43 (1988): 431–43.
Lehman, Darrin R., and Richard E. Nisbett. "A Longitudinal Study of the Effects of Undergraduate Education on Reasoning." *Developmental Psychology* 26 (1990): 952–60.
Lepper, Mark R., David Greene, and Richard E. Nisbett. "Undermining Children's Intrinsic Interest with Extrinsic Reward: A Test of the Overjustification Hypothesis." *Journal of Personality and Social Psychology* 28 (1973): 129–37.
Levin, Irwin P., and Gary J. Gaeth. "Framing of Attribute Information Before and After Consuming the Product." *Journal of Consumer Research* 15 (1988): 374–78.
Levitt, Steven D., and Stephen J. Dubner. *Freakonomics: A Rogue Economist Explores the Hidden Side of Everything*. New York: William Morrow, 2005.
Lewicki, Pawel, Thomas Hill, and Maria Czyzewska. "Nonconscious Acquisition of Information." *American Psychologist* 47 (1992): 796–801.
Lichtenfield, S., A. J. Elliot, M. A. Maier, and R. Pekrun. "Fertile Green: Green Facilitates Creative Performance." *Personality and Social Psychology Bulletin* 38 (2012): 784–97.
Liu, Amy, S. Ruiz, L. DeAngelo, and J. Pryor. "Findings from the 2008 Administration of the College Senior Survey (CSS): National Aggregates." Los Angeles: University of California, Los Angeles, 2009.
Logan, Robert K. *The Alphabet Effect*. New York: Morrow, 1986.
Lowry, Annie. "Caught in a Revolving Door of Unemployment." *The New York Times*, November 16, 2013.
Lu, J-C, F. Chen, H-R Xu, and N-Q Lu. "Comparison of Three Sperm-Counting Methods for the Determination of Sperm Concentration in Human Semen and Sperm Suspensions." *LabMedicine* 38 (2007): 232–36.
Madrian, Brigitte C., and Dennis F. Shea. "The Power of Suggestion: Inertia in 401(K) Participation and Savings Behavior." *Quarterly Journal of Economics* 116, no. 4 (2001): 1149–1225.
Magnuson, K., C. Ruhm, and J. Waldfogel. "How Much Is Too Much? The Influence of Preschool Centers on Children's Social and Cognitive Development." *Economics of Education Review* 26 (2007): 52–66.
Maier, N.R.F. "Reasoning in Humans II: The Solution of a Problem and Its Appearance in Consciousness." *Journal of Comparative Psychology* 12 (1931): 181–94.
Masuda, Takahiko, P. C. Ellsworth, B. Mesquita, J. Leu, and E. van de Veerdonk. "Plac- ing the Face in Context: Cultural Differences in the Perception of Facial Emotion." *Journal of Personality and Social Psychology* 94 (2008): 365–81.
Masuda, Takahiko, and Richard E. Nisbett. "Attending Holistically Vs. Analytically: Comparing the Context Sensitivity of Japanese and Americans." *Journal of Personality and Social Psychology* 81 (2001): 922–34.
McDade, T. W., J. Rutherford, L. Adair, and C. W. Kuzawa. "Early Origins of Inflammation: Microbial Exposures in Infancy Predict Lower Levels of C-Reactive Protein in Adulthood." *Proceedings of the Royal Society B* 277 (2010): 1129–37.
McNeil, B. J., S. G. Pauker, H. C. Sox, and A. Tversky. "On the Elicitation of Preferences for Alternative Therapies." *New England Journal of Medicine* 306 (1982): 943–55.
McPhee, J. "Draft No. 4: Replacing the Words in Boxes." *The New Yorker*, April 29, 2013. Mehta, R., and R. Zhu. "Blue or

Red? Exploring the Effect of Color on Cognitive Task Performances." Science 323 (2009): 1226–29.
Meyer, David E., and R. W. Schvaneveldt. "Facilitation in Recognizing Pairs of Words: Evidence of a Dependence Between Retrieval Operations." *Journal of Experimental Psychology* 90 (1971): 227–34.
Milkman, Katherine L., Modupe Akinola, and Dolly Chugh. "Temporal Distance and Discrimination: An Audit Study in Academia." *Psychological Science* (2012): 710–17.
Morris, Michael W., and Richard E. Nisbett. "Tools of the Trade: Deductive Reasoning Schemas Taught in Psychology and Philosophy." In *Rules for Reasoning*, edited by Richard E. Nisbett. Hillsdale, NJ: Lawrence Erlbaum, 1993.
Moss, Michael. "Nudged to the Produce Aisle by a Look in the Mirror." *The New York Times*. Published electronically August 28, 2013. http://www.nytimes.com/2013/08/28/dining/wooing-us-down-the-produce-aisle.html.
Mullainathan, Sendhil, and Eldar Shafir. *Scarcity: Why Having Too Little Means So Much*. New York: Times Books, 2013.
Munk, Nina. The Idealist. New York: Doubleday, 2013.
Naumann, Laura P., and O. John. "Are Asian Americans Lower in Conscientiousness and Openness?" Unpublished manuscript, 2013.
NBC News. "How to Value Life? EPA Devalues Its Estimate." Published electronically July 10, 2008. http://www.nbcnews.com/id/25626294/ns/us_news-environment/t/how-value-life-epa-devalues-its-estimate/#.Ucn7ZW3Q5Zp.
Nisbett, Richard E. *The Geography of Thought: How Asians and Westerners Think Differently and Why*. New York: The Free Press, 2003.
———. "Hunger, Obesity and the Ventromedial Hypothalamus." *Psychological Review* 79 (1972): 433–53.
———. *Intelligence and How to Get It: Why Schools and Cultures Count*. New York: W. W. Norton, 2009.
———. *Rules for Reasoning*. Hillsdale, NJ: Lawrence Erlbaum, 1993.
Nisbett, Richard E., C. Caputo, P. Legant, and J. Maracek. "Behavior as Seen by the Actor and as Seen by the Observer." *Journal of Personality and Social Psychology* 27 (1973): 154–64.
Nisbett, Richard E., Geoffrey T. Fong, Darrin R. Lehman, and P. W. Cheng. "Teaching Reasoning." *Science* 238 (1987): 625–31.
Nisbett, Richard E., David H. Krantz, Christopher Jepson, and Geoffrey T. Fong. "Improving Inductive Inference." In *Judgment Under Uncertainty: Heuristics and Biases*, edited by D. Kahneman, P. Slovic, and A. Tversky. New York: Cambridge University Press, 1982.
Nisbett, Richard E., David H. Krantz, C. Jepson, and Ziva Kunda. "The Use of Statis- tical Heuristics in Everyday Reasoning." *Psychological Review*90 (1983): 339–63.
Nisbett, Richard E., K. Peng, I. Choi, and A. Norenzayan. "Culture and Systems of Thought: Holistic Vs. Analytic Cognition." *Psychological Review* 108 (2001): 291–310. Nisbett, Richard E., and L. Ross. *Human Inference: Strategies and Shortcomings of Social Judgment*. Englewood Cliffs, NJ: Prentice-Hall, 1980.
Nisbett, Richard E., and Timothy De Camp Wilson. "Telling More Than We Can Know: Verbal Reports on Mental Processes." *Psychological Review* 84 (1977): 231–59.
Nock, Matthew K., J. M. Park, C. T. Finn, T. L. Deliberto, H. J. Dour, and M. R. Banaji. "Measuring the Suicidal Mind: Implicit Cognition Predicts Suicidal Behavior." *Psychological Science* (2010). Published electronically March 9, 2010. http://psssagepub.com/content/21/4/511.
Norenzayan, Ara, and B. J. Kim. "A Cross-Cultural Comparison of Regulatory Focus and Its Effect on the Logical Consistency of Beliefs." Unpublished manuscript, 2002.
Norenzayan, A., E. E. Smith, B. J. Kim, and R. E. Nisbett. "Cultural Preferences for Formal Versus Intuitive Reasoning." *Cognitive Science* 26 (2002): 653–84.
O'Brien, Barbara, Samuel R. Sommers, and Phoebe C. Ellsworth. "Ask and What Shall Ye Receive? A Guide for Using and Interpreting What Jurors Tell Us." Digital com- mons at Michigan State University College of Law (2011). Published electronically January 1, 2011. http://digitalcommons.law.msu.edu/cgi/viewcontent.cgi?article 1416 &context facpubs.
Offit, Paul A. *Do You Believe in Magic? The Sense and Nonsense of Alternative Medicine*. New York: Harper-Collins, 2013.
Olszak, Torsten, D. An, S. Zeissig, M. P. Vera, J. Richter, A. Franke, J. N. Glickman et al. "Microbial Exposure During Early Life Has Persistent Effects on Natural Killer T Cell Function." *Science* 336 (2012): 489–93.
Parker-Pope, Tara, "The Decisive Marriage." The Well Column, *The New York Times*, August 25, 2014. www.well.blogs.nytimes.com/2014/08/25/the-decisive-marriage/?_r=0.
Peng, Kaiping. "Naive Dialecticism and Its Effects on Reasoning and Judgment About Contradiction." PhD dissertation, University of Michigan, 1997.
Peng, Kaiping, and Richard E. Nisbett. "Culture, Dialectics, and Reasoning About Contradiction." *American Psychologist* 54 (1999): 741–54.
Peng, Kaiping, Richard E. Nisbett, and Nancy Y. C. Wong. "Validity Problems Com- paring Values Across Cultures and Possible Solutions." *Psychological Methods* 2 (1997): 329–44.
Peng, Kaiping, Julie Spencer-Rodgers, and Zhong Nian. "Naive Dialecticism and the Tao of Chinese Thought." In

Indigenous and Cultural Psychology: Understanding People in Context, edited by Uichol Kim, Kuo-Shu Yang, and Kwang-Kuo Hwang. New York: Springer, 2006.

Pennebaker, James W. "Putting Stress into Words: Health, Linguistic and Therapeutic Implications." *Behavioral Research and Therapy* 31 (1993): 539–48.

Perkins, H. Wesley, Michael P. Haines, and Richard Rice. "Misperceiving the College Drinking Norm and Related Problems: A Nationwide Study of Exposure to Prevention Information, Perceived Norms and Student Alcohol Misuse." *Journal of Studies on Alcohol* 66 (2005): 470–78.

Pietromonaco, Paula R., and Richard E. Nisbett. "Swimming Upstream Against the Fundamental Attribution Error: Subjects' Weak Generalizations from the Darley and Batson Study." *Social Behavior and Personality* 10 (1982): 1–4.

Polanyi, Michael. *Personal Knowledge: Toward a Post-Critical Philosophy*. New York: Harper & Row, 1958.

Prentice, Deborah A., and Dale T. Miller. "Pluralistic Ignorance and Alcohol Use on Campus: Some Consequences of Misperceiving the Social Norm." *Journal of Personality and Social Psychology* 64 (1993): 243–56.

Rein, Martin, and Lee Rainwater. "How Large Is the Welfare Class?" Challenge (September–October 1977): 20–33.

Riegel, Klaus F. "Dialectical Operations: The Final Period of Cognitive Development." *Human Development* 18 (1973): 430–43.

Rigdon, M., K. Ishii, M. Watabe, and S. Kitayama. "Minimal Social Cues in the Dictator Game." *Journal of Economic Psychology* 30 (2009): 358–67.

Roberts, N. P., N. J. Kitchiner, J. Kenardy, and J. Bisson. "Multiple Session Early Psychological Interventions for Prevention of Post-Traumatic Disorder." *Cochrane Summaries* (2010). http://summaries.cochrane.org/CD006869/multiple-session-early-psychological-interventions-for-prevention-of-post-traumatic-stress-disorder.

Ross, L., and A. Ward. "Naïve Realism in Everyday Life: Implications for Social Conflict and Misunderstanding." In *Values and Knowledge*, edited by E. Reed, T. Brown, and E. Turiel. Hillsdale, NJ: Erlbaum, 1996.

Saad, Lydia. "U.S. Abortion Attitudes Closely Divided." Gallup Poll (2009). http:// www.gallup.com/poll/122033/u.s.-abortion-attitudes-closely-divided.aspx.

Samieri, C., C. Feart, C. Proust-Lima, E. Peuchant, C. Tzourio, C. Stapf, C. Berr, and P. Barberger-Gateau. "Olive Oil Consumption, Plasma Oleic Acid, and Stroke Incidence." *Neurology* 77 (2011): 418–25.

Samuel, Lawrence R. *Shrink: A Cultural History of Psychoanalysis in America*. Lin- coln, NE: University of Nebraska Press, 2013.

Samuelson, William, and Richard J. Zeckhauser. "Status Quo Bias in Decision Making." *Journal of Risk and Uncertainty* 1 (1988): 7–59.

Sanchez-Burks, Jeffrey. "Performance in Intercultural Interactions at Work: Cross- Cultural Differences in Responses to Behavioral Mirroring." *Journal of Applied Psychology* 94 (2009): 216–23.

Schmitt, David P., J. Allik, R. R. McCrae, and V. Benet-Martinez. "The Geographic Distribution of Big Five Personality Traits: Patterns and Profiles of Human Self- Description Across 56 Nations." *Journal of Cross-Cultural Psychology* 38 (2007): 173–212.

Schnall, E., S. Wassertheil-Smoller, C. Swencionis, V. Zemon, L. Tinker, J. O'Sullivan, et al. "The Relationship Between Religion and Cardiovascular Outcomes and All- Cause Mortality: The Women's Health Initiative Observational Study (Electronic Version)." *Psychology and Health* (2008): 1–15.

Schultz, P. Wesley, J. M. Nolan, R. B. Cialdini, N. J. Goldstein, and V. Griskevicius. "The Constructive, Destructive, and Reconstructive Power of Social Norms." *Psychological Science* 18 (2007): 429–34.

Schwarz, Norbert, and Gerald L. Clore. "Mood, Misattribution, and Judgments of Well-Being: Informative and Directive Functions of Affective States." *Journal of Personality and Social Psychology* 45 (1983): 513–23.

Schwarz, Norbert, Fritz Strack, and Hans-Peter Mai. "Assimilation-Contrast Effects in Part-Whole Question Sequences: A Conversational Logic Analysis." *Public Opinion Quarterly* 55 (1991): 3–23.

Seligman, Martin E. P. "On the Generality of the Laws of Learning." *Psychological Review* 77 (1970): 127–90.

Shepard, Roger N. *Mind Sights: Original Visual Illusions, Ambiguities, and Other Anomalies*. New York: W. H. Freeman and Company, 1990.

Shin, In-Soo, and Jae Young Chung. "Class Size and Student Achievement in the United States: A Meta-Analysis." *Korean Educational Institute Journal of Educational Policy* 6 (2009): 3–19.

Silver, Nate. *The Signal and the Noise*. New York: The Penguin Press, 2012.

Slomski, Anita. "Prophylactic Probiotic May Prevent Colic in Newborns." *Journal of the American Medical Association* 311 (2014).

Smedslund, Jan. "The Concept of Correlation in Adults." *Scandinavian Journal of Psychology* 4 (1963): 165–73.

Song, H., and N. Schwarz. "If It's Hard to Read, It's Hard to Do." *Psychological Science* 19 (2008): 986–88.

Stephens-Davidowitz, Seth. "Dr. Google Will See You Now." *The New York Times*, August 11, 2013.

Stich, Stephen, ed. *Collected Papers: Knowledge, Rationality, and Morality, 1978–2010*. New York: Oxford, 2012.

Strack, Fritz, Leonard L. Martin, and Sabine Stepper. "Inhibiting and Facilitating Conditions of the Human Smile: A

Nonobtrusive Test of the Facial Feedback Hypothesis." *Journal of Personality and Social Psychology* 53 (1988): 768–77.
Straub, Kath. "Mind the Gap: On the Appropriate Use of Focus Groups and Usability Testing in Planning and Evaluating Interfaces." In *Human Factors International: Free Resources Newsletter*, September 2004.
Strick, M., A. Dijksterhuis, M. W. Bos, A. Sjoerdsma, and R. B. van Baaren. "A Meta- Analysis on Unconscious Thought Effects." *Social Cognition* 29 (2011): 738–62.
Sunstein, Cass R. "The Stunning Triumph of Cost-Benefit Analysis." *Bloomberg View* (2012). Published electronically September 12, 2012. http://www.bloomberg.com/news/2012-09-12/the-stunning-triumph-of-cost-benefit-analysis.html.
Thaler, Richard H., and C. R. Sunstein. *Nudge: Improving Decisions About Health, Wealth, and Happiness*. New York: Penguin Books, 2008.
Thompson, William C., Geoffrey T. Fong, and D. L. Rosenhan. "Inadmissible Evidence and Juror Verdicts." *Journal of Personality and Social Psychology* 40 (1981): 453–63.
Triplett, Norman. "The Dynamogenic Factors in Pacemaking and Competition." *American Journal of Psychology* 9 (1898): 507–33.
Tversky, Amos, and Daniel Kahneman. "Extensional Versus Intuitive Reasoning: The Conjunction Fallacy in Probability Judgment." *Psychological Review* 90 (1983): 293–315.
———. "Judgment Under Uncertainty: Heuristics and Biases." *Science* 185 (1974): 1124–31.
Valochovic, R. W., C. W. Douglass, C. S. Berkey, B. J. McNeil, and H. H. Chauncey. "Examiner Reliability in Dental Radiography." *Journal of Dental Research* 65 (1986): 432–36.
Ward, W. D., and H. M. Jenkins. "The Display of Information and the Judgment of Contingency." *Canadian Journal of Psychology* 19 (1965): 231–41.
Watanabe, M. "Styles of Reasoning in Japan and the United States: Logic of Education in Two Cultures." Paper presented at the American Sociological Association, San Francisco, CA, 1998.
Weiss, J., and P. Brown. "Self-Insight Error in the Explanation of Mood." Unpublished manuscript, 1977.
Williams, Lawrence E., and John A. Bargh. "Experiencing Physical Warmth Influences Personal Warmth." *Science* 322 (2008): 606–607.
Wilson, Timothy D. *Redirect: The Surprising New Science of Psychological Change*. New York: Little, Brown, 2011.
Wilson, T. D., and J. W. Schooler. "Thinking Too Much: Introspection Can Reduce the Quality of Preferences and Decisions." *Journal of Personality and Social Psychology* 60 (1991): 181–92.
Wolf, Pamela H., J. H. Madans, F. F. Finucane, and J. C. Kleinman. "Reduction of Cardiovascular Disease–Related Mortality Among Postmenopausal Women Who Use Hormones: Evidence from a National Cohort." *American Journal of Obstetrics and Gynecology* 164 (1991): 489–94.
Zagorsky, Jay L. "Do You Have to Be Smart to Be Rich? The Impact of IQ on Wealth, Income and Financial Distress." *Intelligence* 35 (2007): 489–501.
Zajonc, Robert B. "The Attitudinal Effects of Mere Exposure." *Journal of Personality and Social Psychology* 9 (1968): 1–27.
Zebrowitz, Leslie. *Reading Faces: Window to the Soul?* Boulder, CO: Westview Press, 1997.

聰明思考

大師教你 100 多種關於生活、財富、職場、人生的智慧推論心智工具，讓人做出正確抉擇

MINDWARE: Tools for Smart Thinking

作者　李查・尼茲比（Richard Nisbett）
譯者　陳映廷、謝孟達
行銷企畫　劉妍伶
執行編輯　陳希林
封面設計　陳文德
版面構成　綠貝殼資訊有限公司

發行人　王榮文
出版發行　遠流出版事業股份有限公司
地址　104005 臺北市中山區中山北路 1 段 11 號 13 樓
客服電話　02-2571-0297
傳真　02-2571-0197
郵撥　0189456-1
著作權顧問　蕭雄淋律師

2021 年 10 月 01 日　初版一刷
定價　新台幣 380 元（如有缺頁或破損，請寄回更換）

ISBN　978-957-32-9278-4
遠流博識網　http://www.ylib.com　E-mail: ylib@ylib.com

遠流出版公司

國家圖書館出版品預行編目（CIP）資料

聰明思考：大師教你 100 多種關於生活、財富、職場、人生的智慧推論心智工具，讓人做出正確抉擇／李查・尼茲比（Richard Nisbett）著；陳映廷、謝孟達譯 . -- 初版 . -- 臺北市：遠流出版事業股份有限公司，2021.10
400 面；14.8×21 公分
譯自：Mindware : tools for smart thinking
ISBN 978-957-32-9278-4（平裝）
1. 思考　2. 思維方法　3. 決策管理
176.4　　110014295